Gerald Messadié
Moisés
**
El profeta fundador

Colección Bestseller Mundial

Gerald Messadié
MOISÉS

✶✶

El profeta fundador

Traducción de Manuel Serrat

PLANETA

Este libro no podrá ser reproducido, ni total ni parcialmente, sin el previo
permiso escrito del editor. Todos los derechos reservados.

Título original: *Moïse. Le Prophète fondateur*

© 1998, Éditions Jean-Calude Lattès
© 1999, por la traducción, Manuel Serrat
© 1999, Editorial Planeta S. A.
　　Córcega, 273-279, 08008 Barcelona (España)
Diseño de la sobrecubierta: Jordi Salvany
Ilustración de la sobrecubierta: detalle de *Moisés,* de Miguel Ángel,
San Pedro ad Vincola, Roma (foto Scala)
Primera edición: noviembre de 1999
ISBN 84-08-03317-4
ISBN 2-7096-1894-X editor J.-C. Lattès, París, edición original

Primera reimpresión argentina: marzo de 2000
© Editorial Planeta Argentina S.A.I.C.
　　Independencia 1668, 1100 Buenos Aires
　　Grupo Planeta
ISBN 950-49-0367-3
Hecho el depósito que prevé la ley 11.723
Impreso en la Argentina

Ni el propio Dios sabría subsistir sin los profetas
LUTERO

LA RUTA DEL ÉXODO HACIA CANAÁN

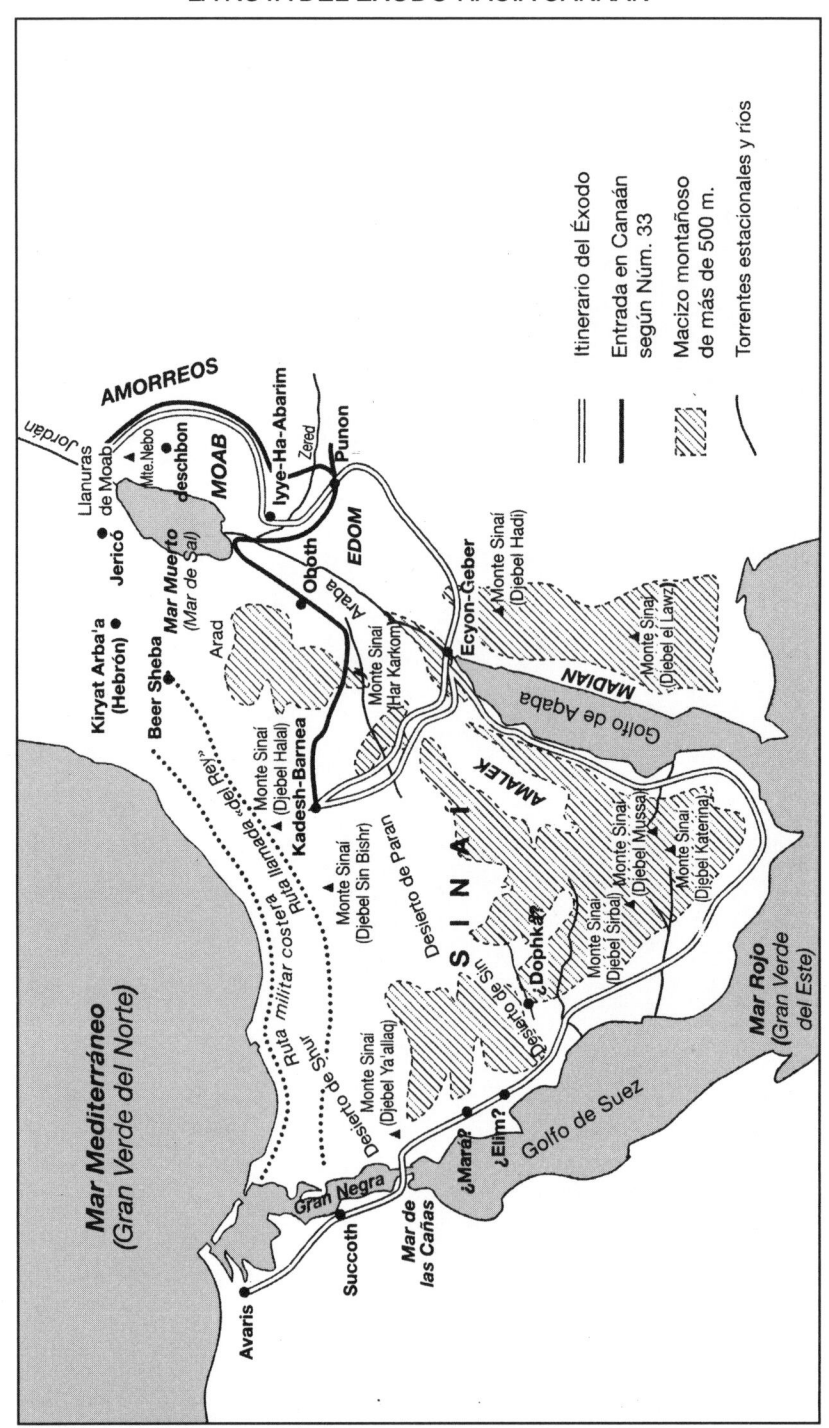

Prefacio

EL HOMBRE QUE HIZO EL MUNDO MODERNO

El primer volumen de la reconstrucción novelesca de la vida de Moisés, *Moisés. Un príncipe sin corona*, presentaba el molde histórico en el que se fundió el personaje: la corte y el Egipto de Ramsés II. Monarquía muy centralizada, de una formidable expansión conquistadora y corrupción endémica eran los rasgos dominantes de ese famoso período del Antiguo Egipto. Creo que no es posible hacer historia sin presentar, a la vez, el molde y el personaje que de él salió. El molde forma, el personaje se reforma.

Educado en palacio, entre la arrogante frivolidad de la corte, el joven Moisés, de sangre real por su madre, se separa de ella en lo físico y en lo moral. En lo físico, Moisés es enviado como intendente de los edificios reales al Bajo Egipto, región olvidada hasta entonces por la capital y en la que Seti I y luego Ramsés II, su megalómano hijo, construyen encarnizadamente nuevas ciudades a la medida de su orgullo. Allí descubre a los hebreos o apiru, inmigrados cuatro siglos antes siguiendo la estela de Jacob, los obreros que construyen con sus manos esas ciudades.

Pero los hebreos ya no son inmigrantes bienvenidos, protegidos como antaño por el poder real; han sido degradados al rango de casi esclavos, explotables a voluntad. El Pentateuco, es decir, los cinco primeros libros del Antiguo Testamento, hace de Moisés «un gran personaje del reino de Egipto». La fórmula está sin duda calcada del modelo de José, consejero de un faraón de los hicsos, invasores que habían sometido al país y con quienes los hebreos mantenían hereditariamente relaciones de entendimiento. Pero la definición no es falsa por completo. No dice que en el Egipto de Ramsés sólo era posible tener poder en la Administración. Moisés fue pues un gran intendente.

En el Bajo Egipto, Moisés aprende dos virtudes que no se practicaban, ciertamente, en el Egipto de Ramsés, el verdadero, el histórico: la rebeldía y la espiritualidad. La rebeldía, sin duda, se la inspiran los hebreos, con el rechazo que les producen los manejos de la corte y de los administradores de provincia. Por su parte, la espiritualidad le llega inspirada por uno de los sacerdotes supervivientes de la religión, ya maldita, del «rey loco», Akenatón, que fundó una especie de monoteísmo, siguiendo tal vez, por otra parte, el ejemplo de los hebreos. La rebeldía hace que Moisés cometa un asesinato, el de un capataz bestial, y este hecho le obliga a huir al desierto del Sinaí. Oye allí la voz de Yahvé, que le ordena liberar a su pueblo del yugo del faraón. Y organiza, a distancia, el éxodo.

Termina aquí la primera parte de la historia.

La segunda parte es más delicada de reconstruir. El Pentateuco ofrece, en efecto, versiones contradictorias, como mínimo, de la gigantesca epopeya del éxodo. Escritos varios siglos después de los acontecimientos, los cinco libros extraen, cada cual, una interpretación de la historia de acuerdo con las cuatro grandes escuelas de los redactores que construyeron o, mejor, reconstruyeron el relato. Los episodios más célebres son objeto de versiones diametralmente opuestas. Para unos, por ejemplo, el golpe en la roca, por medio del cual Moisés hace brotar un manantial para saciar la sed de los hebreos, es una prueba de la misión divina que le ha sido impuesta; para los otros, en cambio, es el error fatal que le valdrá el castigo supremo: por no haber golpeado la roca en nombre de Yahvé, nunca verá la Tierra Prometida.

Me ha sido pues necesario trazar una línea entre estas contradicciones, recurriendo al análisis histórico, psicológico, textual y, más aún, a las lagunas. Vemos así que, cuando huyó a Arabia, actualmente Arabia Saudita, Moisés fue recibido por un sacerdote-hechicero madianita, Jethro, y que éste le dio en matrimonio a su hija Sephira. La mujer de Moisés hubiera merecido, sin duda, una mención algo afectuosa en el Pentateuco, puesto que se afirma que fue escrito por la propia mano del profeta. Pues bien, sólo se la menciona dos veces y, además, de modo expeditivo. Concibió de él dos varones, cuyos descendientes fueron los respetados levitas. ¿Le siguió en el éxodo? Sin duda alguna. ¿Por qué pues ese silencio? Porque era extranjera.

Éste es sólo un ejemplo; hay muchos más. ¿Para qué escribir, por otra parte, si no para hacer compartir al lector análisis, descubrimientos, hipótesis? Para intentar presentarle ese carácter, fuera de toda norma, que fue Moisés, poseído por la misión divina pero, sin embargo, profundamente humano, colérico, angustiado, de una generosidad de la que el Pentateuco, lamentablemente, sólo ofrece un débil reflejo, pues era necesario ser generoso para proclamar la benevolencia con el extranjero: «No olvidéis que fuisteis extranjeros en Egipto.»

Las posteriores generaciones de escribas le colocaron una máscara de tirano, pero yo le creo profundamente bueno. Sacó a los hebreos de Egipto para entregarles Canaán. La tarea era dura, pues no habían tenido jefe desde hacía muchas generaciones. Llevaban en su vientre la nostalgia de las ocas y los melones de Egipto, le dieron guerra hasta el final, asaeteándole con sus recriminaciones sobre el agua y la carne, y con sus disensiones, reprochándole haberse casado con una madianita, llegando hasta discutirle la autoridad divina. Pero el carácter del jefe estaba bien templado: era del mismo metal que Jacob, el tercer patriarca, que vio una noche al propio Yahvé y se batió contra aquel poder terrorífico e informe, lo que le valió cambiar su nombre por el de Israel: *Ezra-El*, «el que lucha contra Dios». Moisés, que se encontró con Dios y habló con él, no se dejará vencer por los descendientes de Israel.

Debilitado por el esfuerzo, la contrariedad, la frustración, murió antes de llegar a la Tierra Prometida, sin duda hacia los cincuenta años. No creo que eso fuera una venganza de Yahvé. Dios no se venga. La venganza es un sentimiento humano. Incluso el celoso Dios del Antiguo Testamento no pudo evitar la ternura para con ese gigante tras cuyos pasos siguen caminando aún, tres mil trescientos años después, judíos, cristianos y musulmanes.

Como puede verse, admiro a Moisés más allá de los textos reducidos, arcaicos y, me atrevo a decirlo, de una desconcertante pobreza afectiva para con ese jefe espiritual y político de primera magnitud. Incomparablemente mayor que el antepasado Abraham, merecía mucho más, por ejemplo, que una anónima tumba en las llanuras de Moab. Pues, sin él, ¿qué seríamos hoy? ¿Qué sería el mundo moderno sin los tres monoteísmos? ¿Habríamos tenido sin él a Jesús?

París, abril de 1998.

G. M.

I
El éxodo

1

LA URGENCIA

Un furioso viento, sin duda suscitado por apresurados espíritus, corría de sur a norte bajo un cielo violáceo y rugiente. Hacía chasquear los mantos y doblegaba los bosquecillos de juncos, despeinaba a los hombres y levantaba el polvo, que formaba entonces rabiosos torbellinos que apenas duraban unos instantes. Cualquiera que lo hubiese observado hubiera llegado a la conclusión de que era el norte, y, en ese caso, el golfo del mar Rojo y el canal del mar de las Cañas, justo debajo, lo que atraía de ese modo entidades superiores hacia la baja atmósfera. Se estaba preparando allí un acontecimiento inmenso.

Lo más extraño de la agitación celestial consistía en los movimientos de las nubes, por las que asomaba de vez en cuando un agujero de luz, sin duda el fulgurante ojo del Creador –¿qué, si no?–, que vigilaba un momento crucial de su mundo.

Crucial, en efecto: algunos miles de esclavos, atrapados en las convulsiones siempre dudosas y confusas de la historia de los hombres, se disponían a abandonar un reino espléndido para recorrer esas tierras hirsutas y vagas a las que se denomina desierto. Se abrían paso por infinitas extensiones de juncos, y éstos sacudían sus cabezas con incredulidad. «¿Pero cómo –parecían decirles– abandonáis las fértiles tierras del Gran Río, sus templos dorados, su buena caza y sus jugosos frutos? ¿Pero adónde vais, hijos de Abraham?»

Ellos mismos lo ignoraban. Ni el hombre ni la mujer entrevén nunca el designio del destino, y sólo reconocen, en el mejor de los casos, sus líneas gruesas, jamás las finas, y no comprenden nada, sin duda por su bien, del espantoso texto del Creador. Algunas briznas de signos, sueños, el recuerdo de antiguas palabras habían provocado estremecimientos del yo. Algunos rencores habían fermentado. Había soplado la llamada del gran horizonte. Una tumultuosa impaciencia había llevado hasta el hervor esas cubas tenebrosas de insaciable avidez y de visiones luminosas, de garabateados temores y espléndidos impulsos, de odios ridículos y sueños trascendentes, de codicias fornicadoras y ternuras angélicas, el alma en fin. El Señor había dirigido su dedo hacia el este. «Partid, es la hora.»

Nadie sospechaba que los revoloteos del corazón, las jadeantes ansiedades y los desgarrones provocados por la orden suprema conducían, de hecho, a un destino, nadie, salvo Mosis. Y apenas. Poseídos por la reciente embriaguez de la libertad, los lejanos descendientes de Abraham pisoteaban la ribera occidental de la Gran Negra. Algunas mujeres lloraban y gritaban, algunos hombres levantaban los brazos al cielo y, como para aumentar la confusión, soplaban en unos buccinos, grandes conchas convertidas en trompas gracias a un agujero en el extremo pequeño de la espiral. Aquello provocaba un infernal estruendo que acabó asustando a los asnos y el ganado que los fugitivos se habían llevado en su éxodo. Quienes estaban en la orilla contemplaban las rizadas aguas de la Gran Negra, preguntándose si realmente iban a cruzarlas y cómo lo harían. Nunca habían visto aquel mar, no les decía nada bueno; sabían sencillamente que el agua ahoga.

Pensaban también que seguían aún en la tierra de Egipto y que, en cualquier momento, los ejércitos de Ramsés podían surgir en un estruendo de bronce y reducirlos a todos a carroña para los buitres.

Mosis era consciente de ello. Desconfiaba de Ramsés y de las promesas reales. Pero pensaba, oscuramente, que el Señor no podía haberlos llevado tan lejos para entregarlos a la espada del tirano.

Antes de bajar de los hombros de quienes habían cargado con él, para que el pueblo entero pudiese ver a su libertador y él, por su parte, pudiera verlos a todos, Mosis lanzó una última mirada al gigantesco trigal cuyas espigas eran seres humanos. Un silencio perfecto reinó en la orilla egipcia del mar de las Cañas, surcado sólo por el ruido del viento. Los apiru entornaban los ojos en la borrasca, contemplando a aquel jefe que, hasta entonces, les era desconocido a casi todos. Un hombre joven y fuerte de rostro imperioso, enmarcado por mechones castaños que el viento llenaba de vehemencia y cerrados por una barba. Ése era, pues, aquel a quien el Señor de Abraham había hablado, tras cuatro siglos de silencio. Una furiosa ráfaga levantó su manto y formó una especie de alas que palpitaban, horizontales, a su espalda.

–¡Alabad al Señor! –gritó con toda la fuerza de sus pulmones, tendiendo los brazos al cielo–. ¡Alabad a vuestro libertador!

Fueron repitiéndose la orden y un confuso rugido se levantó del trigal, hasta sus confines más alejados.

–¡Gloria a nuestro Señor! ¡Gloria a nuestro libertador!

La respuesta se hizo más fuerte aún, un trueno que parecía más un fenómeno natural que voces humanas. Las gaviotas se asustaron.

Finalmente, Mosis se apoyó en los hombros de quienes le llevaban, su hermano Aarón y Arphaxad, y saltó ágilmente al suelo, con el rostro grave, casi preocupado. Los jefes o, al menos, quienes parecían serlo, se apretujaban a su alrededor, observándolo ansiosamente, con el rostro tenso, a la espera de una orden. Y, sin embargo, no decía palabra, pues intentaba impregnarse de la inmensidad del acontecimiento, pero sin perder el sentimiento de la urgencia.

Su emoción había estado a la altura del número y las circunstancias, pero ahora cedía el paso al sentimiento de una decisión superior: sólo un Dios, y el mayor de todos ellos, podía haber arrancado a tanta gente de sus hogares y haberles convencido de que se dejaran guiar hacia una nueva tierra. Eran casi treinta mil almas, que habían abandonado una tierra donde, antaño, creyeron poder arraigarse. Y todo ello por la palabra de un desconocido que aseguraba que el propio Señor se le había manifestado en su omnipotencia; Mosis era consciente de ello, resultaba casi absurdo y aquello nunca hubiera sucedido sin la secreta esperanza de los apiru de dirigirse a un país que sería el suyo y que no llevara el nombre de Servidumbre. Un auténtico, un maravilloso país, aquel del que los Antiguos aseguraban, a veces, sin creer demasiado en ello, que el Dios de Abraham se lo había prometido. En otra parte, lejos de los capataces furiosos, de los trabajos, de la humillación. Lejos del servicio de aquel rey loco que no acababa de cubrir la tierra de edificios destinados a celebrar su gloria. No era el viento marino lo que hacía ondear aquellas espigas, sino la esperanza. Él nada tenía que ver en tan extraordinaria empresa; era sólo un ejecutor. Sí, la mano del Señor se había posado en él, como tan a menudo le habían dicho.

–¡Todo eso es mayor que tú, Ramsés! –murmuró–. El Señor es mayor que todos tus dioses que charlan, ladran, ululan y gruñen.

Dio un taconazo en el suelo; estaba impaciente por abandonar la tierra de Egipto. Pero debía estar a la altura de su tarea. Aarón observó el gesto sin comprenderlo.

El viento, por fin, secó las lágrimas y el ruido de las olas recuperó sus derechos. El intempestivo griterío de las gaviotas dominó las exclamaciones, las imploraciones, las exaltadas plegarias, tanto como las voces de las madres que no encontraban ya a sus hijos y de los ancianos que se quejaban de sus pies, de sus espaldas, de sus cabezas. Y cuando la embriaguez del reencuentro con aquel pueblo que el Señor le había confiado se hubo disipado, allí, en la ribera occidental del mar de las Cañas que le separaba de la libertad, Mosis fue presa del pánico. Tendría que conducirles hacia la seguridad y, luego, hacia la libertad; a treinta o cuarenta mil personas, hombres, mujeres, niños, ancianos, llegados del Bajo Egipto sólo por su palabra tal como los jefes se la habían transmitido, convencidos por él más que por ellos mismos de que era la estrella de su destino y de que el Señor de Abraham les guiaría hacia un mañana libre y próspero.

Una cosa era haberlo deseado, y otra muy distinta asumir la intendencia, casi militar, de aquella población. Y Mosis se vio asaltado por una sensación de urgencia. Ramsés era vengativo, podía muy bien cambiar de opinión y hacer que su ejército persiguiera a los exiliados en potencia. Sería una matanza. Estaban ya a media jornada y, aunque la travesía del mar de las Cañas se iniciara inmediatamente, era dudoso que acabara antes de caer la noche. Quedaba por saber, además, si el mar de las Cañas disuadiría a los egipcios de perseguir por el desierto a aquellos antiguos esclavos, a los que consideraban indirectamente responsables de la hecatombe de chiquillos que había convencido a Ramsés de que les dejara partir.

Mosis recorrió con la mirada el vasto espejo del agua que, ante él, reflejaba el cielo plateado. Un verdadero mar, pero salpicado de bosquecillos de cañas altas como un hombre y fértiles en trampas. A veces, la profundidad era de un codo, otras, podían ahogarse. Había allí, lo sabía desde sus trabajos de reconocimiento con los arquitectos, un canal que utilizaban los barcos de fondo plano; ahora bien, ese canal pasaba a través de dos vados y, si se utilizaban esos vados, era preciso meterse en el agua hasta el pecho. Por allí deberían pasar, pues no se trataba de tomar la ruta costera.

Se hallaba sumido en sus pensamientos cuando vio llegar a una delegación de hombres con los rostros trastornados, las cejas levantadas, las manos tendidas ante sí y a punto de derramar lágrimas. Eran los jefes de los clanes, Enoch, Jernuel, Guershom, Libni, Mahli y todos los demás. Le agarraron por un brazo, luego por el otro. «¡El Señor! ¡El Todopoderoso! ¡Se te apareció! ¡Por nuestra salvación! ¡Que las bendiciones asciendan hacia él durante los siglos de los siglos! ¡Eres nuestro jefe! ¡Hágase su voluntad!»

Mosis no conseguía decir una palabra, aquellos hombres hablaban al mismo tiempo espurreando abundantemente, vehementes, patéticos, exaltados, inspirados, proféticos. No escuchaban nada y los había, incluso, que querían hacer allí mismo un sacrificio: habían traído corderos, palomas...

–Ni hablar –interrumpió Mosis.
–¿Por qué?
–No tenemos tiempo que perder.
–Pero un sacrificio al Señor, nuestro salvador, sin duda tenemos tiempo de...
–Estamos aquí porque nos preparamos para cruzar el mar de las Cañas y a poner agua entre los egipcios y nosotros, de acuerdo con la voluntad del Señor, no para entregarnos a celebraciones.

Cuando hubieron regresado a sus puestos, visiblemente decepcionados, Mosis le preguntó a Aarón:
–¿Qué te dijo exactamente el mensajero de Ramsés cuando le viste?
–Dijo que nosotros mismos éramos una plaga en la faz de su país y que aquellas calamidades habían caído sobre su reino porque ofendíamos a los dioses de Egipto con nuestra presencia. Y dijo que, puesto que queríamos partir, el señor de los Dos Países se felicitaba por ello.

Aarón vaciló un instante y Mosis comprendió que callaba una parte del discurso.
–¿Qué más dijo?
–Que la venganza de Sekhmet contra los traidores y asesinos que nos dirigían sería terrible y que la diosa les destrozaría.

Los traidores era un plural que designaba a Mosis.
–¿Había un mensaje escrito? –preguntó.

–No. Era un mensaje verbal.

Mosis reflexionó un instante y siguió preguntando:

–¿Cuál es tu impresión?

–Que quería insultarnos –repuso Aarón.

Mosis reflexionó sobre este punto.

–Quisiera estar seguro de que estaba convencido de nuestra decisión, de que queríamos partir. ¿Cuántos víveres se han llevado los apiru?

–Aparte de algunos animales[1], como ves, pan, que piensan cocer en el camino, queso, huevos...

–¿Agua?

–¿Agua? Algunas calabazas, sí. ¿Por qué? ¿No hay agua en el lugar adonde nos llevas?

–¿Por qué no les has hecho tomar más provisiones? Es, de todos modos, un largo viaje.

Aarón miró a su hermano con aire asombrado, algo teñido de reproche:

–En cuanto el mensajero de Ramsés salió de Avaris, di orden de que se prepararan. Hemos seguido exactamente tus instrucciones. Habíamos reunido ya a nuestro pueblo en los alrededores de Avaris, seguros de que el Señor cumpliría su promesa. El mensajero llegó a media tarde. El tiempo necesario para hacer correr la voz, y la noche había caído. Comimos rápidamente y nos llevamos todo lo que pudimos sin que nos molestara. Como recomendaste, fijamos Succoth como punto de partida. Caminamos dos noches y un día para llegar y tardamos otra noche hasta Etam, luego media jornada para llegar aquí, donde tú nos habías citado. Y henos aquí[2]. Lo esencial era ponerse en camino, ¿comprendes? Partíamos, ¿no es cierto? Llegaremos, ¿verdad?

Mosis pensó unos instantes. Se extrañó de que los egipcios hubieran dejado pasar a toda aquella gente por Tjeku-Succoth, como decían los apiru en su lengua. Había allí, en efecto, una fortaleza que controlaba la ruta de acceso al Bajo Egipto. Los guardias fronterizos, a fin de cuentas, debieron de extrañarse viendo aquel río humano que escapaba de Egipto[3].

–¿Qué dijeron, en Tjeku –preguntó–, cuando vieron a tanta gente saliendo del reino?

–Explicamos que el faraón nos había expulsado y, de todos modos, no vieron gran cosa, era noche cerrada.

–¿De modo que los guardias no vieron cuántos erais? –murmuró Mosis como para sí.

—No, no creo que pudieran contarnos. ¿Qué importa? —preguntó Aarón.
—Claro que importa. Significa que Ramsés sólo mañana sabrá cuánta gente ha abandonado su país.
—¿Y qué?
—Pues que su sorpresa será muy grande. Y los efectos, imprevisibles.

Se felicitó por haber elegido Succoth como punto de reunión; si hubieran tenido la intención de oponerse a la partida de los apiru, los egipcios hubieran imaginado, sin duda, que éstos tomarían la ruta costera, que era la más fácil[4].

Arphaxad y Lumi se habían acercado a ellos y escuchaban la conversación. Todos aguardaban a que Mosis tomara una decisión, no iban a pasar la noche allí, sin moverse de aquel lugar.

—Llevan consigo, diría yo, víveres para tres días. ¿No bastará? El Señor proveerá.

—El Señor proveerá —repitió Arphaxad mirando a Mosis con unos ojos que pretendían ser tranquilizadores, ignorando sin duda que Mosis había hecho ya el viaje.

Tenía los ojos de la gente que intenta dar confianza aunque lo ignore todo de la realidad. Y Mosis no tenía medio de replegarse. Sólo podía ir hacia adelante. Evocó por un instante lo que ocurriría si revelaba la menor duda sobre el final de la aventura. Tal vez lo despedazaran. Arphaxad adivinó la inquietud de Mosis, pues le tomó del brazo y repitió:

—El Señor proveerá, Mosis. Nos ha conducido hasta aquí y nos conducirá más allá.

A fin de cuentas, aquella confianza era comunicativa y Mosis se apaciguó un poco.

—Bueno —dijo—, hay que darse prisa. Dile al jefe que todo el mundo se quite las sandalias. Vamos a cruzar los dos vados que están a un centenar de codos de aquí. Tú y yo permaneceremos a este lado del mar mientras ellos cruzan.

—¿No vas a hablarles? —se sorprendió Aarón—. ¿No vas a hablarles del Señor?

—El Señor no nos ha hecho salir de Egipto para que soltemos arengas en el camino —replicó Mosis.

—¿Por qué esa prisa? —preguntó Arphaxad.

—Desconfío de los egipcios —respondió Mosis evitando evocar la posibilidad de que una tormenta en la Gran Verde hiciera impracticable el mar de las Cañas.

19

Durante los últimos días el tiempo había sido extremadamente variable y la travesía desde Ecyon-Geber había resultado, a veces, peligrosa.

–¿Por qué? ¿No ha comprendido Ramsés que el Señor nos defiende? –preguntó Lumi–. ¿Se atreverá a desafiar al Señor que tantos males le ha infligido?

–El Señor, hasta hoy, no le ha infligido a Ramsés mal alguno –repuso Mosis–. La capacidad de venganza de Ramsés está intacta. Es muy capaz de cambiar de opinión y enviar tropas para que nos persigan. Estamos perdiendo el tiempo hablando. Debemos comenzar a cruzar. Que cada jefe de clan conduzca a los suyos.

El tono no admitía réplica y estaba, incluso, teñido de impaciencia. Aarón, Lumi, Arphaxad y los demás se dirigieron hacia atrás para explicarles a los jefes de clan que debían ponerse en camino. Acudieron pues, con Enoch a la cabeza, que iba acompañado por su mujer, sus hijos, un esclavo que no había querido quedarse atrás, temiendo sin duda sufrir la venganza egipcia y encargado de llevar dos corderos. Enoch se descalzó, contempló el agua y metió en ella un pie prudente.

–¡Es profundo! –le gritó a Mosis.

–El agua no llega más arriba de las rodillas –respondió Mosis–. ¡Mantened los pies en el vado! ¡Avanzad en línea recta!

Conocía aquel vado: tenía de cinco a seis codos de ancho, no había modo de apartarse de él. Enoch se cubrió la cabeza con su manto, se puso un fardo sobre el occipucio, lo sujetó con una mano y entró por fin en el agua seguido por su mujer, que le sujetaba el extremo del manto. Los jóvenes eran más ágiles, se lo habían tomado como un juego y adelantaban ya a su padre. Los corderos les siguieron sin resistirse demasiado, intentando incluso nadar para mantener la cabeza fuera del agua. Unas sesenta personas siguieron los pasos de los pioneros. Luego, Enoch, empujado por un brusco movimiento de la corriente, estuvo a punto de perder el equilibrio, levantó un brazo y gritó. Sus hijos volvieron sobre sus pasos para ayudarle a ponerse en pie. El vado no era más largo que quinientos codos, algo más profundo de vez en cuando, claro, pero, a fin de cuentas, bastaba con ver a los niños cruzando a grandes y alegres zancadas para comprender que no era una expedición peligrosa. Se les veía llegar a la otra orilla sin dificultades, apartando las cañas que, luego, los ocultaban de la vista. Pero aquello requería mucho tiempo a causa de las mujeres y los ancianos, puesto que no todos eran muy altos y se asustaban al tener el agua tan arriba, temiendo perder los bultos que llevaban en la cabeza.

–¿No terminaremos nunca? –gritó Mosis–. ¡Más de prisa! Aarón, encárgate del paso por este vado y dividamos la travesía entre éste y el otro, que está más abajo. Di a los demás que se reúnan allí conmigo.

El otro vado podía verse desde el primero[5]. Mosis se introdujo en él para dar ejemplo, agitando los brazos e invitando a los fugitivos, que muy pronto, en efecto, fueron igualmente numerosos en ambos vados.

Aquello duró horas y horas, luego, cuando el sol declinaba, uno de los jefes de clan, Mishael, que parecía tener más sentido común que los demás, se acercó a Mosis. Era un hombre de unos treinta años, de rostro nervioso, que por algún tiempo había sido capataz en Menfis.

–Mosis, hermano mío, sólo la mitad de nuestro pueblo ha cruzado los vados. La noche va a caer y eso provocará angustia si una mitad queda separada de la otra. Además, he creído comprender que quieres que crucemos lo antes posible.

Mosis le interrogó con la mirada.

–De modo que debemos seguir cruzando durante la noche –prosiguió Mishael–. ¿No crees que deberíamos iluminar el paso?

–Cierto –reconoció Mosis–. ¿Tenemos pez?

–He traído un gran bote.

–¿Y brasas?

–Y brasas[6].

–Muy bien –dijo Mosis–. Prepara dos antorchas, una para cada vado. Que el portador de cada antorcha se mantenga en mitad del vado, para iluminarlo a igual distancia e indicar el camino.

Las antorchas estuvieron listas en menos de media hora. El tiempo necesario para encender unas astillas y producir una llama para luego inflamar la pez. El propio Mishael se apostó en medio del primer vado y otro hombre, un joven al que Mosis no conocía, se apostó en medio del segundo, delante de Mosis. Las antorchas se despeinaron con el viento marino pero había pez bastante y de buena calidad para que no se apagaran.

–Estas llamas pueden atraer la atención de los egipcios –dijo Aarón acercándose.

–No hay egipcios por estos parajes. Sólo marineros en los barcos, y prefiero correr este riesgo antes que interrumpir la travesía hasta el alba –respondió Mosis, que comenzaba a sentir fatiga.

No era poco permanecer erguido, durante horas y horas, con los pies en el agua; no había descansado ni un solo instante desde la víspera y casi no había comido nada. Buscó en su zurrón y sacó pan e higos secos. Se preguntaba también sobre la resistencia de los demás, especialmente la de las mujeres y los ancianos, que caminaban desde hacía dos días y dos noches.

–Vuelve a tu puesto –le dijo a Aarón.

De pronto se oyeron unos gritos en la hilera que pasaba por el vado vigilado por Mosis. Una mujer había resbalado, había caído al agua y unos hombres la habían levantado. No se había hecho mucho daño, pero lloraba y gritaba, asegurando que había vivido demasiado y que todo aquello era superior a sus fuerzas. Unos parientes se acercaron a Mosis para quejarse de que la mujer estaba fatigada, que también ellos estaban cansados y no podían seguir avanzando.

–Se trata de vuestra libertad, de nuestra libertad –dijo Mosis.

–Sin duda –dijo un anciano–, pero no sabemos adónde vamos.

Tampoco Mosis lo sabía muy bien.

–De acuerdo –dijo–. Haced un alto en la otra orilla y descansad hasta el alba.

–¿Al aire libre? –preguntó el hombre, indignado[7].

–A fin de cuentas, no vais a levantar las tiendas para cuatro o cinco horas de sueño...

–¿Cuatro o cinco horas? –repitió el hombre, incrédulo–. ¡Pero estamos agotados, va a hacer tres noches y tres días que caminamos!

–He dicho cuatro o cinco horas, hasta el alba, eso es todo.

–¿Y adónde iremos luego?

–A Canaán –respondió Mosis al borde de la exasperación.

–¿Está lejos?

–Está lejos, sí.

Y volvió la espalda al hombre para ir a avisar a los dos portadores de antorchas y Aarón de que quienes quisieran hacer un alto al otro lado del mar de las Cañas podrían hacerlo hasta el alba, pero no más tarde. En aquella ventosa noche, era imposible encontrar a los jefes de clan para que se encargaran de transmitir las órdenes. La travesía se convirtió en desbandada y, una hora más tarde, no quedaba ya nadie en los vados: a uno y otro lado del mar de las Cañas, los fugitivos se habían acostado en las dunas, envueltos en sus mantas, para dormir un poco. Algunos habían tomado fuego de las antorchas para cocer pan. Entretanto, los clanes se habían deshecho y cada cual miraba por sí mismo.

Aquello comenzaba de un modo difícil y Mosis, que también estaba agotado, fue a relevar a Aarón de su guardia. Cada uno de ellos dormiría, por turno, tres horas. La travesía se reanudaría al día siguiente. Los portadores de antorchas regresaron, apagaron en la arena la llama y se acostaron a su vez. Mosis fue el primero en dormir, agotado por la fatiga. Se había envuelto en su manto y se había situado junto a una duna. El sueño cayó sobre él como la muerte.

2

«NO TIENEN DIOS DEL MAR»

Cuando Aarón fue a despertarle, en la segunda hora después de medianoche, ahogó un grito y retrocedió asustado. Mosis abrió los ojos, se levantó y saltó sobre él con el puño levantado. Luego quedó inmóvil y volvió hacia su hermano un rostro huraño.
–¡Aarón!
–Yo soy. ¿Qué te ocurre?
Mosis se pasó la mano por el rostro.
–Creía que... que eras Ramsés –dijo en tono cansado–. Ramsés, que venía a atacarme.
Se desperezó y bebió un gran trago de agua de su calabaza. La humedad de la noche le había calado hasta los huesos. Buscó con la mirada un fuego donde caldearse.
–Sólo piensas en Ramsés. Incluso sueñas con él. Voy a acostarme un poco.
–¿No hay novedad?
–Ninguna. Todos duermen, a uno y otro lado del mar.
–Te despertaré dentro de tres horas.
–¡Pero ni siquiera será el alba! –exclamó Aarón.
–Después de despertar a todo el mundo y de que la gente haya atravesado será el alba.
–¿Pero por qué tienes tanta prisa?
–Ya te lo he dicho. Desconfío de Ramsés. Os ha dejado salir con demasiada facilidad.
–¿No crees que tenga, ahora, miedo al Señor? –preguntó Aarón acostándose.

–No le tiene miedo a nadie –respondió Mosis alejándose en busca de una hoguera.

Encontró una que agonizaba lejos. Arrojó algo de leña que acababa de coger y el fuego crepitó con fuerza, humeando. Un anciano que dormía cerca de allí despertó y masculló; luego se acercó y, sentándose, le lanzó a Mosis una mirada opaca y legañosa. Estaba claro que no le había reconocido; tal vez ni siquiera le hubiera visto nunca. Murmuró:

–Ese Mosis está loco.

–¿Por qué? –quiso saber Mosis.

–¿Por qué nos han hecho salir de Egipto él y sus amigos? Estábamos bien allí, teníamos nuestras casas, nuestros rebaños, nuestros cultivos.

–Éramos esclavos –replicó Mosis.

–Éramos esclavos porque éramos pocos y no podíamos defendernos ni hacernos respetar. Es la suerte que nos aguarda vayamos adonde vayamos.

Tendió las manos hacia el fuego y prosiguió:

–Se lo he dicho a Korah. Pero Korah ha dicho que el tal Mosis había recibido la orden del Señor de Abraham.

–¿Y no le crees? –preguntó Mosis.

–No, no veo por qué ese Señor se manifiesta, tras cuatro siglos de silencio, para lanzarnos a una expedición agotadora sin saber adónde vamos. No ha dado signos de su existencia desde que llegamos a Egipto.

–Se ha manifestado porque ha visto que estábamos esclavizados –dijo Mosis.

Aullaron unos chacales.

–Tampoco he visto nunca que los dioses aparezcan para hablar con un mortal –prosiguió el anciano–. ¿De qué clan eres tú?

–De Levi[1].

El anciano inclinó la cabeza.

–Tienes la voz joven. Eres pues vigoroso. Pero muchos de nosotros no lo son y esta huida representa para ellos una prueba física que no verán finalizar.

–¿No crees en el Señor? –preguntó Mosis al cabo de cierto tiempo.

–Querría que el Señor creyera en mí –dijo el anciano–. ¿De qué sirve un dios si te deja sufrir? Trabajo desde los diez años, he llevado una vida honesta, he educado a mis hijos y mis hijos han educado a mis nietos, y heme aquí arrojado al desierto, de noche y al raso, como un hombre deshonesto. ¿Está ciego acaso el tal Señor?

–Espera.

–¿Y tú, en quién confías tú?

–En Mosis –dijo Mosis levantándose.

Dejó al anciano ante el fuego y se fue a caminar junto al agua, entre el susurrar de las cañas que pasaba de la tierna confidencia a la profecía del loco. Escrutó la noche como se intenta divisar la muerte en el horizonte y no vio nada. Contempló las estrellas y se dijo que estaban allí antes que él y que seguirían allí después. El viento se había hecho más fuerte y le ponía ansioso. Volvió hacia los grupos de durmientes y les miró como un padre mira a sus hijos dormidos. Ahora eran sus hijos. Se mostrarían, sin duda, ingratos con él, como lo eran para con su padre celestial. Suspiró. ¿Por qué el Señor le había confiado aquel fardo? ¿Porque era fuerte? ¿Acaso los fuertes pagaban siempre por su fuerza? Se aproximó una sombra.

–No duermes –afirmó el hombre, y Mosis reconoció la voz de Mishael.

–Hay que velar.

–¿Contra qué enemigo montas así guardia?

–Ramsés –dijo Mosis.

–¿Crees que nos atacaría por la noche? No vería mejor que nosotros.

–Puede mandar espías.

–¿Para qué?

–Para que le informen de nuestra posición. Y luego nos atacaría al alba.

–¿Para qué va a atacarnos? ¿Acaso no nos ha permitido partir? ¿No ha aprendido con los desastres?

–Su permiso era sólo un gesto de despecho, quería decirnos que no teníamos para él valor alguno. Pero lo creo capaz de faltar a su palabra, para hacernos pagar las calamidades que han caído sobre Egipto, para castigarnos también por nuestra huida. Y, sobre todo, le hemos privado de gran parte de su fuerza de trabajo.

–Y sin embargo –insistió Mishael–, se tomó la molestia de enviarle un mensajero a tu hermano para decirle que éramos libres de marcharnos. ¿Crees que es capaz de echarse atrás? ¿Que no tiene palabra?

–La única palabra de los fuertes es su fuerza.

–Tú le conoces. ¿Carece pues de honor?

–La fuerza no conoce el honor, Mishael. Ramsés está loco de poder. Tal vez su padre conociera el honor, porque tenía miedo de su dios epónimo, Seth. Pero Ramsés considera que es la divinidad encarnada. Como tal, piensa que no puede contradecirse. Todo lo que hace es, para él, justo, al igual que lo que hacen los dioses.

Mishael no dijo ya nada, abrumado por el realismo de su jefe. Mosis levantó los ojos hacia las estrellas; la quinta hora después de medianoche concluía. Comió un poco de pan y queso que había tomado en Ecyon-Geber, luego unos higos secos y bebió un largo trago de su calabaza. Se apartó para hacer sus necesidades y fue a despertar a Aarón.

El otro tenía el sueño pesado. Despertó por fin, se pasó las manos por el rostro, contempló la forma inclinada sobre él, suspiró y dijo:

–Es de noche todavía.

–Dentro de una hora llegará el alba. Levántate. Voy a despertar a quienes están en la orilla de Egipto y tú despierta a los que están en ésta.

Aarón se levantó por fin, respirando ruidosamente.

–Se levanta el viento –dijo Mosis–. Apresurémonos.

–¿Qué tiene que ver el viento?

–Te lo explicaré. O ya lo verás.

Buscó a Mishael con la mirada, no le encontró y gritó su nombre. Mishael acudió.

–Dispónte a encender las antorchas –le dijo Mosis.

–¿No aguardas al alba?

–No. Voy a la otra orilla. Los que estén listos para cruzar que comiencen a hacerlo en seguida. Necesito antorchas para pasar.

Mishael volvió instantes más tarde con una antorcha que chisporroteaba a causa de la arena que se había mezclado con la pez. Otra antorcha ardía en manos de un hombre, a pocos pasos de allí. Mosis encontró el vado. La corriente se había hecho mucho más fuerte. Se dirigió con cautos pasos a la ribera de Egipto.

–¡Sígueme! –le gritó a Mishael, que se hallaba en la ribera de Asia–. ¡Cuidado con la corriente!

Treparon por fin por la costa de Egipto, recuperaron el aliento y luego recorrieron los grupos de durmientes amontonados como muertos de una misteriosa batalla. Mosis calculó, a ojo de buen cubero, que había allí por lo menos quince millares de hombres.

–¡En pie! –les gritó con voz estentórea–. ¡En pie todo el mundo! ¡Hay que cruzar!

–¿A estas horas? –le lanzó una mujer–. ¿Acaso no tienes compasión en tu corazón?

–La compasión me hace hablar –repuso Mosis–. ¡Levantaos si os interesa vuestra vida! ¡Hay que pasar de una vez!

–¿En plena noche? –se indignó un hombre.

–El alba nacerá dentro de unos momentos –dijo Mosis–. Recoged vuestras cosas y preparaos.

Balaron unos corderos, lo que contribuyó a despertar a los humanos.

–¡Que los jefes de clan que estén entre vosotros se levanten y vengan! –gritó Mosis, iluminado por la antorcha de Mishael.

Aparecieron cinco o seis hombres con paso lento.

–¿Qué significan esas prisas? –preguntó uno de ellos, Kohath.

–Es preciso que todos hayamos cruzado antes de que se haya levantado por completo el día.

–¡Porque tú lo digas! –replicó Kohath.

–Lo digo por orden del Señor que nos protege. No vinisteis de Avaris para instalaros aquí, que yo sepa.

Los ecos de la conversación habían contribuido a despertar a los demás durmientes. Unos ataron sus fardos, otros fueron a hacer sus necesidades y pronto fueron varias docenas los que estaban listos.

–Enséñales el camino –le dijo Mosis a Mishael.

Fue a azuzar a los últimos recalcitrantes. Algunos no querían cruzar el mar de las Cañas antes de que hubiera amanecido por completo. La marcha hacia el vado se reanudó y el cielo palidecía imperceptiblemente. Mishael, de pie en medio de las aguas, invitaba a la gente con el gesto. Muy pronto, el flujo de los emigrantes tuvo la densidad de la víspera. Cuando las sombras de la noche palidecieron, Mosis fue a colocarse en mitad del otro vado, agitando los brazos y gritando: «¡Por aquí! ¡Por aquí! ¡De prisa!»

Una parte de la muchedumbre le alcanzó. Sostenía la mano de los ancianos y les tranquilizaba. En el otro vado, Mishael había apagado la antorcha. El viento comenzaba a soplar con violencia. Olas cada vez más fuertes saltaban por encima de los vados.

–¿Cuántos quedan? –le gritó Mosis, al cabo de una hora, a un hombre que avanzaba por su vado.

–Unos dos mil, no lo sé.

–Vuelve y diles que se apresuren.

El hombre obedeció, satisfecho de desempeñar un papel en la empresa. En medio de las aguas baló un cordero y, cuando acudieron en su ayuda, advirtieron que un pequeño tiburón, largo como el brazo, le había agarrado la cola y fue necesario golpearle para que soltara la presa. Mosis recordó que, en efecto, un poco más arriba, cerca de la Gran Negra, se reproducían los tiburones.

Muy pronto, el flujo de los emigrantes se hizo menos denso y, por el lado de Mosis, no había ya nadie. Corrió hacia la orilla, la escaló presuroso y escrutó el paisaje. Ya sólo hogueras que humeaban. Los últimos fugitivos bajaban por la orilla, hacia el vado donde estaba Mishael.

—¡De prisa, de prisa! —gritó.

Se pusieron en marcha chapoteando. Uno de ellos cayó y Mosis fue a levantarle.

—El agua está helada —gimió el fugitivo.

—¡Más aún lo está la muerte! —replicó Mosis.

El viento acribillaba a los hombres con la arena del desierto. Mosis fue el último en cruzar el vado y dio con Aarón.

—¡Diles que avancen! No vamos a quedarnos todo el día en esta orilla.

—¿Dónde estamos? —preguntó Aarón.

—En el lindero del desierto de Shur.

Aarón meditó unos instantes aquella respuesta, ignorando por completo lo que era aquel desierto.

—¿Adónde hay que ir? —preguntó.

—Hacia el sur[2].

El alba se anunciaba ventosa, cubierta de nubes y fría.

De pie en la ribera oriental del exilio, Mosis entornaba los ojos, recorriendo con la mirada el último paisaje de aquel Egipto al que decía adiós. Había nacido allí, allí le habían colmado de honores, pero sólo conservaba un sabor a ceniza. Los hombres habían puesto a los dioses a su servicio, pero Dios no era el servidor de nadie. ¡Pobres arrogantes! Creían luchar contra la corrupción con aromas y embalsamadores. «¡La corrupción está en vuestras cabezas!»

Un imperceptible estremecimiento nubló el horizonte hacia el norte, luego se precisó: eran los infantes de Ramsés, precedidos por doce carros y los gritos histéricos de las gaviotas.

—¡Ahí están! —exclamó con voz ahogada.

—¿Quiénes? —preguntó Aarón.

Mosis no respondió. Algunos hombres se habían acercado y se preguntaban qué estaban mirando, luego dejaron de preguntarlo.

—¡Exactamente lo que había temido! —murmuró Mosis—. ¡Vienen del norte! ¡Han intentado cerrarnos la ruta costera! Ésta es la razón de su retraso.

Aarón y los demás no comprendieron lo que Mosis decía y lanzaron unos gritos.

–¡Van a alcanzarnos! ¡Nos aniquilarán!
–De nada sirve huir –dijo Mosis–. Mejor será esperarlos aquí.
–¡Estás loco! –gritó un hombre.
–¿Corres tú más de prisa que un caballo? –le preguntó Mosis volviéndose hacia él.
–¡Tantos sufrimientos para nada! –suspiró otro–. ¡Estamos malditos!
–Debe de ser la primera guarnición de Avaris –dijo Mosis[3]–. Mil novecientos hombres.

Un estertor continuado brotaba de la garganta de Aarón.

–¿Podrán los carros cruzar los vados? –preguntó gimiendo.
–En tiempo ordinario sería posible –respondió Mosis–. Y a condición de conocer los vados.

Tal vez los mercaderes habían informado a los egipcios de la existencia de los vados, ¿pero les habrían informado también sobre el canal? Parecía dudoso que los carros pudieran atravesarlo, pensó Mosis. ¿Pero por qué habían venido entonces?

–Sin duda creían que estaríamos aún en su orilla –dijo Mosis.
–¡Nos habrían despedazado! –gritó uno de los hombres.
–Ahora comprendo tu prisa –le dijo Aarón a Mosis–. ¿Qué hacemos?
–¡Orad al Señor! –ordenó Mosis volviéndose.

Eran más de mil, ahora, los que miraban fascinados el avance de los egipcios, que parecían acercarse a la velocidad del viento. Muy pronto los carros estuvieron al borde de la otra orilla, cubierta de cañas. Mosis contó, otra vez, doce[4]. Cada uno de ellos llevaba un oficial, con su coraza y su casco, y un guerrero a su espalda. Se detuvieron y gritaron algo dirigido a los apiru. Injurias sin duda, pero el viento, que azotaba furiosamente los mantos de los fugitivos, arrastró las palabras hacia el desierto. Mosis intentó contarlos; eran, a primera vista, casi dos mil. Toda la primera guarnición de Avaris. Ramsés había concedido, pues, mucha más importancia a la marcha de los apiru de lo que permitía creer el mensaje dirigido a Aarón. Debió de calcular que dos mil hombres bastarían para diezmar el grueso de los fugitivos y hacer diez o veinte mil prisioneros. Seis o siete infantes egipcios recorrieron la orilla, sin duda en busca de los vados. Chapotearon unos momentos ante la vidriosa mirada de los apiru, luchando torpemente contra la corriente, que parecía furiosa. Finalmente, indicaron con sus gestos que habían encontrado uno.

–¡Hay que huir! –exclamó Aarón.

–Tranquilízate, ya te he dicho que de nada serviría –declaró Mosis con los ojos clavados en el mar de las Cañas, hacia el sur–. Sólo podemos esperar que nos ataquen en seguida.

Uno de los carros avanzó, traqueteante, hacia el vado; los caballos se encabritaron ante las olas. El oficial que lo montaba se volvió e hizo un gesto a los infantes, que bajaron también hacia el vado, aunque sin mayor seguridad que los fugitivos en su travesía. La primera oleada de infantes se metió en el agua, varios de ellos perdieron el equilibrio y lanzaron unos gritos. Uno, ignorando lo que era un vado, se vio atrapado en un macareo y los demás tuvieron que acudir en su auxilio. El primer carro se zambulló en las olas y otro le siguió de cerca, luego un tercero. Los oficiales estaban demasiado ocupados dominando a los caballos aterrorizados por la corriente que se arrojaba, de modo cada vez más furioso, en el gollete de la Gran Negra, al norte, como para prestar atención a los fugitivos que les miraban desde lo alto de la orilla habitados por el espanto. Pero, de vez en cuando, les lanzaban una inequívoca mirada. Comenzó a caer la lluvia.

–¡Mosis! –gimió Aarón.

Mosis seguía mirando, prietos los dientes, hacia el sur del mar de las Cañas.

Entonces ocurrió lo imposible.

Siete carros, en fila india, y un millar de soldados egipcios se debatían en el mar intentando mantener los pies en el vado cuando la tormenta se desencadenó de veras.

Una primera ola procedente del sur y tan alta como un hombre cayó sobre los egipcios. Los infantes perdieron pie y fueron a la deriva, los oficiales de los carros se desequilibraron, un carro volcó, los caballos se encabritaron y relincharon al tiempo que tiraban desordenadamente de unos carros, ahora vacíos, y hacían perder el equilibrio a los demás oficiales. Una segunda ola, más fuerte aún, acabó con los caballos y la mayoría de los infantes. Desde lo alto de la orilla de Egipto, los aurigas y los infantes que no habían comenzado aún a cruzar el mar contemplaron, consternados, el desastre de los suyos[5].

–No saben nadar –murmuró Mosis–. No tienen dios del mar, ¿verdad? Pero el Señor es también el Dios del mar.

Una vez más, Aarón no comprendió lo que decía. Había caído de rodillas y sollozaba bajo la lluvia y el viento.

–¡El Señor! ¡El Señor nos ha salvado! –gritaba. Y, agarrado a la mano de Mosis, le besaba–: ¡Lo sabías! ¡Lo sabías!

–¡Lo sabía! –gritaron los otros.

Le rodeaban en plena tempestad, con el rostro bañado por las lágrimas y la lluvia. Mosis, por su parte, no apartaba la mirada de la otra orilla. Ahora no era ya cuestión de que los egipcios cruzaran. Un caballo había conseguido deshacerse de su arnés y trepaba por la orilla donde se hallaban los apiru.

–Que lo cojan –ordenó Mosis.

Y, como si hubiera sido la propia voluntad del Señor, varios hombres se lanzaron tras el animal.

–¡Recoged agua de lluvia! –ordenó también, y él mismo abrió su calabaza y la depositó en el suelo para que fuese llenándose.

Los egipcios, en la otra orilla, parecían desamparados. Había cuerpos flotando en el agua. Un infante egipcio, otro luego y otro más consiguieron trepar por la orilla, hacia los apiru y, titubeando, acabaron derrumbándose, jadeantes. Mosis examinó al más cercano y le arrebató la daga que llevaba a la cintura.

–¡Acabemos con ellos! –gritó un jefe de clan.

–No –dijo Mosis–. Son nuestros prisioneros. ¡Nos ha llegado el tiempo de tener prisioneros!

–¿Vamos a alimentar ahora a los egipcios? –se indignó el hombre.

–Vamos a alimentar a nuestros esclavos –dijo Mosis.

Otros supervivientes trepaban por la ribera opuesta y luego caían al suelo.

–¿Por qué te quedas ahí? –preguntó Aarón con la voz quebrada.

–Quiero ver qué van a hacer ahora...

No aguardó mucho tiempo; los cinco carros que habían escapado al desastre comenzaban ya a dar media vuelta. Era la decisión más prudente, pues la violencia de la tempestad aumentaba.

–¡Ramsés! –gritó Mosis–. ¡El Dios de los apiru es el más grande!

Miró a los últimos egipcios que se batían en retirada. Su manto estaba empapado.

–Nuestras calabazas se habrán llenado –dijo.

Le encargó a Aarón que convocase a los jefes de clan. Mishael, que parecía sentir afecto por Mosis, y otros tres, uno de ellos un joven ebrio de orgullo, fueron a decirle que habían capturado a treinta y un prisioneros[6] y que tenían en su poder a cinco de los doce caballos de los carros.

–Vamos hacia el sur, que cada jefe se ponga a la cabeza de su clan –dijo Mosis–. Marcharemos todo el día y os diré dónde abrigaros cuando llegue la hora.

Advirtió que su voz era ronca. Y, de pronto, ante todos aquellos hombres y pese a los esfuerzos que hacía, vio brutalmente la muerte a la que habían escapado. Le dominó la emoción, todos sus miembros comenzaron a temblar, tomó su rostro entre las manos y lloró.

3

PRIMERAS PESADUMBRES

Avanzaban dominados todavía por la emoción. Sólo hablaban de ello: si el Señor no hubiera enviado su oleaje para ahogar al ejército egipcio, a estas horas sus cadáveres estarían esparcidos a millares por el desierto. Lloraban tanto que era posible preguntarse si se trataba realmente de gratitud, y los niños abrían unos ojos asustados y lloraban también ante la descripción de la muerte atroz que les había rozado.

Se habían agrupado una vez más por clanes, espontáneamente, y cada jefe avanzaba con sus hijos a su lado, las mujeres, las hermanas y las hijas detrás, luego el resto de parientes y allegados; los criados cerraban la marcha. El escaso ganado y los pocos asnos y mulos arrancados a la fértil tierra de Egipto iban a uno y otro lado. Mosis y Aarón marchaban a la cabeza, seguidos por Miriam y los suyos, así como la esposa de Aarón, Elisheba y sus cuatro hijos, Nadab, Abihu, Eleazar e Ithamar. Se volvían de vez en cuando para mostrar a los demás que iban en el clan de cabeza. Mosis había oído ya, dos o tres veces, a Miriam diciendo «mi hermano Mosis», y aquello le había irritado. ¿No estaba ya prediciendo el porvenir, como le había revelado, confuso, el propio Aarón?

–Dice que está poseída por el Señor.
–¿Desde cuándo? –preguntó Mosis.
–Hace unos meses –repuso Aarón sin gran convicción.

Desde que había sabido que Mosis había oído la voz del Todopoderoso en el desierto. ¡Sí!, habría que poner orden en todo aquello, cuando se presentara la ocasión. Por lo que a la mujer de Aarón se refería, Mosis la había visto, también, charlando como si ella hubiese organizado el paso del mar de las Cañas. La víspera, había tenido que reprender, y con dureza, a ambas comadres.

—¡Las mujeres detrás! —había ordenado en un tono que no admitía réplica, fulminando con la mirada a Miriam y Elisheba.

Ellas se habían quedado atónitas y Aarón apenas había emitido un sonido de protesta.

¡Ah!, realmente Sephira, su esposa, no se habría comportado como aquel gallinero... ¡Sephira, la inteligencia de la gracia, la gracia de la inteligencia! El pensamiento de Mosis derivó irresistiblemente hacia aquella a la que consideraba su verdadera, su única esposa, pero se obligó a pensar en otra cosa. Volvería a verla, lo sabía. El Señor no iba a separarle del único vínculo que conservaba con este mundo material. De ella obtenía sus fuerzas y gracias a ella podría ejecutar la voluntad del Señor. Un hombre solo se devora las entrañas, solía decirse, antaño, en Egipto.

Decidió de pronto que montaría uno de los caballos capturados; era el mejor modo de mantener a las mujeres a distancia. Envió a uno de los hijos de Aarón a buscar una de las monturas. El muchacho regresó una hora más tarde con dos caballos y Mosis decidió darle el segundo a Aarón, que tuvo gran trabajo para izarse hasta la silla y luego para mantenerse en ella, pero que, no deseando desacreditarse públicamente, se obstinó en hacerlo.

Mosis no tardó en descubrir una ventaja suplementaria. Además de reservar sus fuerzas, dominaba el paisaje y, de vez en cuando, volvía los ojos hacia la otra orilla de la Gran Verde, acechando con ansiedad a eventuales observadores egipcios. Pero las orillas del mar se alejaban cada vez más y, al cabo de una hora, la costa egipcia ya sólo fue una línea blanca más allá de las aguas. No se veía ya nada en aquella línea, donde había enterrado una juventud, intrigas, humores, mujeres.

No se veían ya los palacios de Menfis ni los granados de Avaris, las intrigas de Hape-Nakht, los escribas ante sus ábacos ni las brujerías de Buto. Ni siquiera se veían ya los dos hijos que Mosis había dejado allí[1], que los ojos de los cortesanos mirarían sin duda con reprobación y que crecerían con otro nombre.

Sin embargo, algo preocupaba a Mosis. Mientras él servía en Egipto, Seti y Ramsés habían hecho construir galeras que recorrían la Gran Verde del este. Seguía existiendo el riesgo de que, en su furor, Ramsés enviara algunas para perseguir a los fugitivos. Eran galeras grandes, cada una de las cuales podía transportar unos sesenta arqueros. Quinientos o seiscientos arqueros podían, con sus arcos compuestos, infligirles cuantiosas pérdidas. Por lo tanto, Mosis inspeccionaba el mar, buscando velas sospechosas. Conocía el velamen de las galeras: una vela grande y una pequeña. Pero, desde la partida, sólo había visto una embarcación mercante de una sola vela cuadrada, que sin duda volvía de Kush[2]. Dirigió pues la mirada hacia adelante.

El desierto. El desierto que había conocido unos años antes cuando, también él, había evitado la ruta costera y había bajado hacia el sur como guiado por un presentimiento. Por la mano del Señor. Ante él el desierto, hasta el infinito. Las montañas rosas y amarillas a la izquierda, el mar a la derecha. Reconocía los embriones de pistas, aquel pedregal fracturado por la intemperie y los pasos de los camellos, y reconocía también el modo como las zarzas y los espinos se apartaban, baldados ya, acosados, abrumados por los calores infernales, el rabioso viento, las febriles roeduras de los insectos, los lagartos, los hambrientos carroñeros y las águilas, así como por el frío penetrante de las noches.

Aarón, que no conocía aquellos parajes, miraba a su alrededor, consternado por la desnudez del paisaje. Áridas montañas, arena, la mar... Nada veía de la riqueza del desierto, no distinguía los tamariscos ni las acacias, ni tampoco las ziziphoras de frutos comestibles, minúsculos, almizclados y anaranjados; no reconocía las retamas ni tampoco la artemisa blanca, como Hussam y sus hijos le habían enseñado, antaño, a Mosis. Alimentaba la nostalgia de los cultivos. Mosis lo adivinó por su mirada desolada: quería un mundo ya listo, bien provisto, con palmeras datileras doblándose bajo el peso de los frutos y mujeres de redondeadas caderas, al contrario que Mosis, para quien la carencia era la plenitud y cualquier sed, la promesa del agua. «En el fondo, estoy hecho para el desierto», se dijo melancólicamente Mosis. En el desierto había sido libre; había sobrevivido, se había batido y se había hallado, como aquel día, ante la zarza ardiente...

–¿Así es el lugar adonde vamos? –preguntó por fin Aarón.

–No. Canaán es verde y fértil. De momento estamos dando un rodeo –replicó Mosis.

–¿Por qué?

–Porque si tomáramos el camino directo, daríamos con los territorios controlados por los ejércitos de Ramsés. Por cierto –añadió–, tráeme a uno de los prisioneros.

Aarón obedeció y volvió, instantes más tarde, con un militar egipcio que tenía las muñecas atadas a la espalda. Mosis bajó del caballo y lo condujo por la brida para examinar de más cerca la pista y descubrir posibles rastros de paso reciente.

–¿Quién le ha atado las muñecas? –le preguntó a Aarón, que no supo responder.

Mosis desató al militar y ordenó que se soltaran las ataduras de todos los demás. Luego se dirigió, en su lengua, al egipcio.

–Atándote las manos no voy a convertirte en un prisionero.

–¿Cómo lo harás, entonces? –respondió frotándose las muñecas el egipcio, un muchacho de veinte años y fuertes mandíbulas.

–Haciéndote comprender que te interesa estar a mi servicio. ¿Cuál era tu rango en el ejército?

–Sigo siendo oficial de carros –respondió el egipcio.

–De momento eres mi prisionero –dijo Mosis–. ¿De dónde veníais cuando llegasteis al mar de las Cañas?

–De Sin, en la ruta costera.

Ésa era, pues, la razón de que el ejército egipcio hubiera llegado con tanto retraso. Pese a su lentitud, los fugitivos habían podido completar la fatídica travesía.

–¿Creísteis poder alcanzarnos en Sin?

–Sí, queríamos cortaros el camino del Sinaí. Pero cuando los guardias fronterizos nos dijeron que no os habían visto, pensamos que habíais tomado una ruta hacia el sur y que estabais todavía en tierras del reino.

–¿Sabes por qué cambió el rey de opinión, cuando nos había autorizado a partir? –preguntó Mosis.

–En el ejército nunca creímos que partiríais. ¿Por qué os habéis marchado?

–Estábamos cansados. Vuestro país se había convertido en una inmensa prisión.

El oficial le dio vueltas a la respuesta, pero no pareció comprender su alcance.

–¿Y adónde vais ahora? –inquirió.

–A Canaán, de donde vinimos.

–¿Qué hay allí que no haya en Egipto?

–La libertad.

También esta noción dejó perplejo al egipcio. ¿Qué podía ser para él la libertad? Era libre en su país y no concebía que para otros pudiera ser distinto.

–Hablando tan bien el egipcio, debes de ser el sobrino de Userpetre, ¿no? –prosiguió.

–Sí.

–¿Y eres el jefe de los apiru?
–Sí.
–En el ejército hemos oído hablar de ti. Userpetre, si te alcanza, te servirá como pasto a los perros.
–No me alcanzará.
–¿Por qué?
–Porque mi Dios es más poderoso que los suyos y os ha vencido.
–¿Hemos sido vencidos? –se extrañó el otro–. ¡Pero si no tenéis ni una lanza!
–Como puedes ver, no son necesarias lanzas para hacer prisioneros –dijo Mosis inclinándose para examinar de más cerca la pista.
–¿Qué se necesita, entonces?
–Un Dios.
–También nosotros tenemos dioses.
–Pues no os salvaron de las aguas. Ni de las langostas, ni de que el Nilo se ensangrentara, ni de las ranas, ni de los mosquitos. Ni de la muerte de vuestros recién nacidos –respondió Mosis.
El egipcio reflexionó unos instantes.
–Y sin embargo, eran tus dioses –dijo–. ¿No eres acaso el sobrino de Userpetre?
–¿Qué dioses son esos? –replicó Mosis–. Dioses con cabeza de animal, dioses que se matan entre sí... No, no son ya mis dioses. El verdadero Dios se me manifestó.
–¿Cuál es tu dios? –preguntó el egipcio.
–Es el que es.
–Eso no significa nada.
–Tal vez tus oídos estén tapados y seas ciego. Tal vez no has visto los tormentos que cayeron sobre Egipto porque Ramsés se negaba a dejarnos partir. ¿Y no has visto hace muy poco cómo ha terminado con los soldados que nos perseguían?
–Dime cuál es tu dios. Si tan poderoso es, quiero que sea el mío –exclamó el soldado con intensidad.
–Renuncia entonces a tus dioses.
–¿Por qué, es acaso enemigo de los otros dioses?
–No hay otros dioses, sólo existe él –gritó Mosis con fuerza.
–¿Qué aspecto tiene?
–No tiene ningún aspecto y los tiene todos, puesto que creó este mundo.
El cielo, ennegrecido hasta entonces por las nubes, se despejó de pronto, pero el viento seguía soplando con fuerza y el mar cabrilleaba. Poco después de media jornada, cuatro jefes de clan,

Kohath, su abuelo, Mahli, Josué y Korah, se acercaron a Mosis y Aarón.

–Ahora que hemos salido ya de Egipto y no hay prisa –dijeron–, quisiéramos hacer un alto para comer un poco y descansar. Muchos están fatigados.

Mosis estuvo de acuerdo, tras observar que era mejor no prolongar los altos para no alargar el viaje.

–¿Cuándo encontraremos víveres y agua? –siguió preguntando Korah.

–Agua, no antes de tres días, por lo menos –repuso recordando el viaje que antaño había realizado por la región; y también en aquella época había avanzado sin hacer demasiadas paradas, salvo de noche.

Miriam había aparecido detrás de los jefes, acompañada por su marido; escuchaba con aquella expresión eternamente contrariada de la que nunca parecía prescindir.

–¿Qué cantidad de agua os queda? –preguntó Mosis–. Os recomendé que llenarais vuestras calabazas cuando llovió, allí, en el mar de las Cañas.

–Eso hicimos. Pero sólo nos queda para un día o dos, y aún...

–Diles que beban con precaución.

–Bueno, eso por lo que se refiere al agua –prosiguió Korah–. ¿Pero y los víveres?

–¿Habéis traído pan, ¿no? –preguntó Aarón–. Y queso, y huevos, dátiles, higos...

–Sí, pero no habrá más que para cuatro o cinco días...

–Muy bien, pues entonces veremos –replicó Mosis.

–Espera un poco –intervino otro jefe de clan, Jemuel, que se había unido a los demás–, ¿estás diciéndonos que no hay víveres en Canaán?

–Nunca he dicho algo semejante –explicó Mosis–. Canaán es una tierra fértil y el Señor nunca nos habría liberado de Egipto para llevarnos a vivir en el desierto. Pero el camino hasta Canaán es largo, pasa por el desierto, y hasta que lleguemos habrá que vivir con poco. ¿Queda claro?

Los jefes de clan permanecieron unos instantes silenciosos, luego Jemuel continuó:

–¿A cuántos días está Canaán?

Mosis estuvo pensando unos momentos.

–No puedo decíroslo con precisión. Uno o dos meses, según el paso al que vayamos.

–¿Uno o dos meses? –exclamaron los jefes–. ¡Pero moriremos de hambre y de sed!

Y lanzaron malevolentes miradas al egipcio, que no se había separado de Mosis, diciéndose que éste y los demás prisioneros serían, además, bocas inútiles.

–¡Hay mujeres que están amamantando! –dijo alguien.

–Tendrán prioridad para el agua y los víveres. ¿No habéis visto, acaso, cómo el Señor hizo perecer a los hijos de los egipcios y respetó a los nuestros? ¿Creéis que va a dejar morir a los niños de pecho? El Señor no ha dejado que sucumbierais a manos del ejército de Ramsés –dijo Mosis con una irritación apenas contenida–, y de eso hace sólo unas horas. ¿Tan corta es pues vuestra memoria? ¿Creéis que va a dejaros morir de hambre y de sed? ¿O es que no creéis en el Señor?

–¡Perdónanos, perdónanos! –se apresuraron a decir los jefes–. Creemos en el Señor, Mosis, ¿cómo osaríamos...? Sólo estábamos haciendo unas preguntas materiales...

Mosis inclinó la cabeza, pero todos pudieron ver que se había ensombrecido. Los jefes volvieron a sus puestos, salvo Josué, uno de los hijos de Nun[3], fornido mocetón en quien Mosis se había fijado durante el paso del mar de las Cañas, a causa de la energía que había desplegado para ayudar a las mujeres y los ancianos, sin que nunca una sombra se leyese en su rostro impasible.

–Mosis –dijo–, ¿son los egipcios nuestros únicos enemigos?

Al menos éste no hablaba de pan ni de vino...

–¿Qué quieres decir?

–Quiero decir que, salvo por los bastones de los jefes y los ancianos y las dagas que algunos poseen, no tenemos una sola arma por si nos atacan. Ni una lanza, ni un arco, ni una flecha. He oído decir que has recorrido ya esta región y te pregunto si no debemos temer a otros enemigos.

–Hay pandillas de bandoleros, pero no darían la talla ante nosotros. Algunas decenas de jinetes que atacan a las caravanas, pero no podrían hacernos mucho daño.

–¿Nadie más?

–No lo sé –respondió Mosis, a quien la pregunta se le ocurría por primera vez.

Antaño le habían recibido bien, porque era joven, fuerte, apuesto y, sobre todo, iba solo. Pero ¿qué ocurriría con las poblaciones que vieran llegar a decenas de miles de extranjeros? ¿Acaso no existía el riesgo de que les consideraran invasores?

–¿Qué propones que hagamos? –le preguntó al joven.

–Veo que, de todos modos, hay árboles en este país –declaró Josué–. Podríamos cortar las ramas más rectas y trabajarlas para hacerlas más rectas aún y aguzarlas, endurecer luego las puntas al fuego. Eso, a fin de cuentas, supondría algunas armas...

Mosis inclinó la cabeza, recordando cómo le había costado, antaño, confeccionar un arco.

–Hay muchos jóvenes entre nosotros –prosiguió Josué–, podrían hacerlo mientras caminan y eso les ocuparía durante las paradas.

–Es una excelente idea –dijo Mosis–. Elegid las ramas más largas, o los cipreses jóvenes y rectos; pronto los encontraremos en nuestro camino. ¿Pero no hay también honderos entre vosotros?

–Sí.

–Diles que recojan algunos buenos guijarros y se entrenen.

El muchacho inclinó la cabeza y regresó hacia los suyos.

Miriam sucedió a Josué. Fruncía el ceño.

–Mosis –dijo–, hay entre nosotros gente que confía ciegamente en ti, pero hay otros que sólo partieron porque no querían quedarse solos en Egipto.

–¿Y qué? –preguntó Mosis.

–Nos quedan muy pocos víveres –siguió ella–, y si comenzamos a tener hambre y sed, esa gente se rebelará. ¿Estás seguro del camino que nos haces seguir?

–Lo recorrí ya cuando huí –dijo Mosis–. Es penoso, pero no mortal. Si no creen que el Señor les hizo salir de Egipto y les protege, están perdidos.

–¡Tienen que verlo, Mosis! –gritó Miriam en un tono apasionado–. Tienen que ver que el Señor les protege. Aarón me lo ha dicho, nos lo dijo, ¡tú viste al Señor en una llama! –Así interpretaban, pues, el episodio de la zarza ardiente–. Pero ellos no han visto nada.

–¿Qué me estás pidiendo? –preguntó Mosis al cabo de un rato.

–Te pido que no olvides que toda esa gente no cree en el Señor –dijo ella sosteniendo la mirada de su hermano.

–¿En qué creen, pues?

–Creen en toda clase de dioses, ¿no lo sabías? Nos conoces mal. Viviste en la corte del rey, como un príncipe, y apenas conoces nuestra lengua. Creen en Baal, en Apis, en Osiris y en Isis. Cuando les hablas del Señor, piensan que se trata de Baal u otro cualquiera de esos dioses.

–¿Y qué? –preguntó Mosis en tono sombrío, molesto ante la condescendencia de su hermana.

–Es preciso mostrarles que el Señor no es uno de estos dioses –dijo Miriam–. Y hay que hacerlo pronto, lo antes posible.

Mosis inclinó la cabeza y ella se marchó dándose aires de importancia. No estaba en un error, pero se equivocaba haciéndolo saber con excesiva torpeza.

Habían decidido una primera parada, pero Aarón tuvo que correr por entre la muchedumbre para impedir que se levantaran las tiendas. Algunos querían hacer la siesta, otros protegerse del viento o del sol...

–No –gritaba Aarón–, sólo nos detenemos para comer y descansar un poco. ¡Debemos proseguir nuestra marcha!

Los niños y los jóvenes se habían diseminado hacia el mar y, como la mayoría no lo había visto nunca, se zambulleron desnudos lanzando gritos.

Mosis recorrió aquella gran muchedumbre y oyó, al pasar, que una mujer decía: «Estábamos bien en Egipto. Y henos aquí, en el desierto, sin nada.»

Miriam tenía razón: sería preciso mostrárselo.

Su pensamiento se abandonó, por un momento, a los recuerdos, a sus encuentros con Lumi, Arphaxad y algunos ancianos en las cálidas noches de Avaris, cuando se acercaban a él para pedirle que les guiara hacia un imaginario exilio. Buscó en su memoria el perfume de loto que exhalaban los pechos de su concubina Buto, los vigilantes gatos desperezándose en el jardín de granados y de asfódelos, el temblor de los papiros en el crepúsculo del color del albaricoque. Las languideces y las frustraciones que se tejían a la sombra del poder.

Ya no existían. La potencia de ultramundo había hablado. Las vibraciones de la Gran Voz habían dispersado aquellas chucherías que le habían parecido una vida, el remedo del poder, el sexo fácil, las sillas de ébano y las mesas de alabastro, como el viento dispersa el polvo en el camino. Una voluntad superior le había forjado un destino y se lo había puesto en los hombros, como un pectoral hecho de estrellas.

No habría podido permanecer en Egipto, aunque no hubiera matado al capataz. Era demasiado corrupto. Y, a fin de cuentas, sí, prefería el olor del polvo al de los almendros en flor y las pequeñas bailarinas perfumadas con jazmín.

«Capataz de Yahvé –murmuró mientras caminaba junto al mar–, eso es lo que soy.»

4

EL ORO DE LOS PRÍNCIPES,
LA SANGRE DE LA LIBERTAD

Cuando hubieron encontrado un lugar donde refugiarse para pasar la noche, al pie de las montañas, cuando hubieron encendido las hogueras y se les pudo convencer de que hicieran una comida frugal, para ahorrar víveres, cuando por fin hubieron levantado sus tiendas para pasar la noche, Mosis compartió la de Aarón. Enviaron a Elisheba a dormir, con sus hijos, a la tienda de Miriam.

–¿Realmente deseaban la libertad? –preguntó Mosis en un tono desencantado.

–¿No lo escuchaste con tus propios oídos cuando estabas en Egipto? –exclamó Aarón–. ¿Y habría yo seguido tus instrucciones si no hubieran querido marcharse? ¿Podría haberlo hecho? Cada noche venían a preguntarme si había recibido al mensajero del rey, si tenía noticias tuyas.

–Y luego se produjo la sedición...

–¡Es una prueba! –exclamó Aarón.

–¿Cómo ocurrió?

–¿Recuerdas al nuevo nomarca, el que Ramsés había elegido?

–Setepentoth.

Mosis no guardaba de él un cálido recuerdo: un joven enteco y pedante, buen administrador pero franco como un zorro sujeto por una correa. Recordó brevemente Avaris, el calor, el olor de las acacias en flor mezclándose con el del estiércol, los perros enloquecidos que corrían por las calles, el relente casi sofocante de las intrigas...

–Setepentoth, sí. Cuando te marchaste hubo de pronto un vacío. A fin de cuentas, tú representabas a Ramsés, eras un freno para los funcionarios. Toda tu autoridad, de hecho, recayó en Setepentoth, puesto que también él era un hombre de confianza del rey. Bueno, al cabo de algún tiempo, supongo que el poder se le subió a la cabeza. Los criados me contaban que los propietarios de la región visitaban su casa. Daban gracias a Amón por haberles librado de ti. No era tolerable que el poder real pudiera haberse entregado a exacciones como las que habían sufrido de tu parte...

Mosis escuchaba divertido.

–Para esa gente, en efecto, la justicia suponía una exacción.

–Sus argumentos se enardecían. Para el rey, seguían diciendo, el Bajo Egipto sólo servía para recaudar impuestos y proporcionar mano de obra barata. Su suerte apenas era más envidiable que la de los apiru, clamaban. En el fondo, a Menfis le importaba un pimiento Avaris. Ramsés había ido una sola vez y lo ideal, ¡ah!, lo ideal hubiera sido que el Bajo Egipto fuese un país aparte, bajo la dirección de un espíritu tan ilustrado como Setepentoth...

–¿Y qué nos importaba a nosotros todo eso? –interrumpió Mosis.

–Comenzamos a recibir visitas de escribas que sonreían abiertamente, lo que suponía una novedad. Nos hacían pequeños regalos y nos soltaban inesperados discursos: en el fondo, estábamos allí desde hacía tanto tiempo que éramos como ellos, egipcios, y comenzaban a compadecernos.

–¡A compadecernos!

–Nuestra infeliz suerte se debía a la crueldad de la gente de Menfis, pues comenzaban a decir «la gente de Menfis». Si el Bajo Egipto se librara del poder real, nuestra suerte mejoraría mucho... Tras varias semanas de esos manejos, Arphaxad y algunos otros jefes les preguntaron, claramente, adónde querían llegar. Entonces nos propusieron el siguiente trato: si ayudábamos al nomarca a liberarse de Menfis, seríamos generosamente recompensados en oro, plata y cobre, y podríamos comprar tierras. Pero habría que combatir contra los soldados del rey. Respondimos que exigíamos el pago de antemano. Tras varios días de discusiones, lo aceptaron[1].

–¿Quiénes eran esos emisarios?

–Escribas que nos visitaban en plena noche y apenas decían sus nombres. Pero el pago, en efecto, llegó. A sacos llenos. Los grandes granjeros habían contribuido y no se habían mostrado avaros. Deseaban tener su ejército privado de apiru, pues nunca habrían encontrado suficientes campesinos para defenderles, y las guarniciones reales, sin duda, se habrían puesto al lado de Ramsés. Ni siquiera lográbamos pesar todo aquel oro, aquella plata, aquel cobre. Se nos informó luego de que el levantamiento se produciría dos días más tarde. Tendríamos que tomar por asalto las guarniciones de Avaris y hacer prisioneros a los soldados del rey. Y construir también, a toda prisa, grandes barricadas en las rutas de Menfis, para impedir el paso a las tropas de Ramsés.

–¿Y lo aceptasteis todo?

–Eso responde a tu pregunta sobre el deseo de libertad. Queríamos, querían tan ardientemente su libertad que habrían colaborado con Apofis.

–¿Y cómo fracasó eso?

–Al día siguiente llegó un destacamento de tropas de Menfis. Los oficiales detuvieron a Setepentoth y toda su familia y los llevaron a Menfis. Todos los grandes granjeros fueron detenidos y encarcelados. Un general de Ramsés tomó de inmediato el puesto del nomarca.

–Ciertamente les traicionaron, sin duda el muy zorro de HapeNakht. ¿Y vosotros?

–Nos quedamos con el oro. Pero estábamos inquietos. Si los granjeros y Setepentoth contaban que nos habían pagado para que tomáramos partido por ellos, estábamos listos. Entonces nos llegó el mensaje de Ramsés. Levantamos el campo con la prisa que puedes imaginar.

–Y seguís teniendo el oro.

–Lo tenemos.

Mosis pensó largo rato.

–Me cuesta comprender que este pueblo sea tan pusilánime –dijo tendiéndose a medias apoyado en un codo–. Han visto, esta misma mañana, cómo la voluntad del Señor, ¿qué si no?, ha provocado esa marejada y ha ahogado a los egipcios. Pero durante todo el día sólo he oído quejas por los víveres, el agua, el vino, ¡qué sé yo...! ¿Acaso no han comprendido que la libertad sólo se conquista a costa de sacrificios? Hasta ahora no hemos sufrido sed, ni hambre, no hemos tenido que defendernos contra los animales salvajes, ¿pero qué pasará cuando debamos afrontar verdaderas pruebas?

–Los jefes están convencidos, Mosis –dijo Aarón en un tono que quería ser apaciguador–. Convencerán a los demás. Pero la masa, ¿qué quieres?, ni siquiera sabe quién es el Señor. Un dios, como Amón o Ra... En Egipto tenían una tierra, aunque no fuera la suya. Y ahora están en el desierto, obligados a confiar en la palabra de un solo hombre... Compréndelo.

–Comprendo que los jefes que han venido a interrogarme no parecían más ilustrados que los demás.

–Tal vez no sepan quién es el Señor, Mosis. Hace ya cuatro siglos... ¡Cuatro siglos!

–Lo sé –dijo Mosis–. Mañana haremos un sacrificio al Señor para manifestar públicamente nuestra obediencia a su voluntad.

–¿Y con qué harás el sacrificio? –preguntó Aarón, alarmado.

–Hay ovejas, corderos...

–¡Ni lo sueñes! –exclamó Aarón–. ¡Se disponen a sacrificarlos para sí mismos en cuanto hagamos un alto lo bastante largo! Habría una revuelta si...

–¡No habrá revuelta en absoluto! –interrumpió Mosis–. Haremos un sacrificio y luego se comerán al animal. Es absolutamente necesario hacer un sacrificio al Señor.

–No prevés bastante los detalles, Mosis –dijo Aarón–. ¡No van a repartir un cordero entre treinta mil personas! Y si sólo se repartieran los trozos de cordero entre unos pocos, veinte personas como máximo, eso crearía envidias y aumentaría, más aún, las recriminaciones. Tanto más cuanto has preferido tomar prisioneros egipcios más que matarlos. Mejor será aguardar para hacer el sacrificio a hacer un alto lo bastante largo para poder matar otros animales y, sobre todo, para avituallarnos.

Mosis aceptó el razonamiento de Aarón.

–¡Entonces, oraremos públicamente al Señor!

–Eso me parece prudente –dijo Aarón–. Pero, dime, ¿cuánto tiempo te parece que tardaremos en poder avituallarnos?

–No lo sé –dijo Mosis–. La primera ciudad que encontré en este camino, El Alaat, está por lo menos a ocho días de aquí, al paso que vamos. Hay allí pastores a los que podremos comprar algunos corderos, campesinos que podrán proporcionarnos harina, habas y lentejas. Pero no estoy seguro de que sus provisiones y sus rebaños sean suficientes y haya para todo el mundo. Treinta mil personas supone alimentar a todo un pueblo. De todos modos, en El Alaat no podremos darnos un banquete.

–¿Y cómo vamos a pagar a los pastores y campesinos? –preguntó Aarón.

De nuevo el lado práctico de Aarón, que a menudo divertía a Mosis pero que esta vez le molestó.

–¿Y de qué va a servir, entonces, vuestro oro?

Adivinaba la respuesta: les repugnaba ceder el oro para alimentarse cuando, probablemente, habían esperado encontrar, al salir de Egipto, un país acogedor y casas ya instaladas, con ollas y marmitas. Mosis reconoció el familiar aullido de los chacales en la noche, que inquietó a los ocupantes de la tienda vecina. Un hombre gritó en la oscuridad que era preciso montar guardia contra las bestias salvajes. Era la voz del marido de Miriam. Aquel hombre ignoraba, aparentemente, que los chacales no atacaban a los humanos sino sólo a los animales y que les excitaba, sin duda, el olor de los corderos. Mosis fue a tranquilizarle y regresó.

–Se hace tarde –dijo Aarón–. Voy a acostarme, porque supongo que nos levantaremos al amanecer.

Estaban ya tendidos en la tienda, que chasqueaba al viento, cuando resonó en la oscuridad la voz de Aarón.

–¿Cómo sabías que habría una marejada en el mar de las Cañas?

La pregunta enojó a Mosis. Aarón no creía, pues, por completo, en la intervención del Señor, o tal vez no lo creyera en absoluto.

–No sabía que habría una marejada –repuso–. Sólo sabía que subiría la marea, como todas las mañanas. La marejada provocada por la tormenta ha sido voluntad del Señor. Evidentemente, yo no podía prever la tempestad.

La explicación fue seguida por un largo silencio. Pero Aarón era tozudo.

–¿Habría bastado la marea ordinaria para impedir que el ejército egipcio nos persiguiera?

–Sí. Los carros no habrían podido cruzar. Se habrían encallado en las aguas y habrían sido arrastrados de todos modos. Sin duda se hubieran producido menos muertos, pero el ataque egipcio hubiese fracasado.

–¿Por eso nos hiciste cruzar el mar de las Cañas?

–Sí.

–¿Estabas, pues, seguro del éxito?

–El Señor quiso que yo conociera el mar de las Cañas y los dos vados, cuando el ejército egipcio no los conocía, y por eso tomé la responsabilidad de cruzar por allí –repuso Mosis.

–¿Cómo sabías, pues, que el ejército egipcio ignoraba la marea del mar de las Cañas y la existencia de los vados?

–El ejército egipcio nunca tuvo la ocasión de cruzar el mar de las Cañas, puesto que dispone de la ruta costera. Había pocas posibilidades de que conociese el fenómeno de la marea y menos aún el de las fuertes marejadas que puede producir una tormenta. Como máximo, podría haber oído hablar de los dos vados.

–Por lo tanto, ¿nos ha salvado tu conocimiento del mar de las Cañas? –preguntó Aarón.

–Escúchame, Aarón –dijo Mosis, a quien esta conversación impacientaba–, lo que yo sabía es también cosa del Señor. Al igual que las calamidades que cayeron sobre Egipto antes de que Ramsés nos autorizara a partir.

Tardó algún tiempo en dormirse, turbado por el escepticismo de su hermanastro. El Señor le había elegido, a él, a Mosis, como instrumento para la liberación de los apiru. Era evidente, pero los demás no estaban convencidos de ello. Todavía no.

«Soy la levadura –se dijo–. Y la pasta es pesada.»

5

LA LEVADURA

El alba encontró a Mosis vigilante, con los sentidos y el espíritu alerta. Salió de la tienda para hacer sus necesidades en el canchal, al pie de las montañas. El cielo se aclaraba. En la grisalla del amanecer, unos miles de tiendas se estremecían al viento, dominadas por las siluetas de los cinco caballos y los asnos. Unos treinta mil seres humanos dormidos aún, un futuro pueblo flotando en el limbo ante la mirada del Señor. Mosis se volvió y sus ojos se demoraron en una gran roca plana, alta como dos hombres, que se erguía en una gran extensión salpicada de maleza; sería una tribuna adecuada. Un leopardo se había agazapado encima y miraba, también, el paisaje. La coincidencia hizo sonreír a Mosis. Lanzó una piedra contra el animal y le alcanzó en los cuartos traseros. La fiera huyó. Mosis fue a bañarse en el mar, frío todavía, para despejarse.

Volvió a la tienda para despertar a Aarón, bebió un trago de agua y estimó, agitando su calabaza, que le quedaba lo bastante para aquel día y el siguiente, pero que después comenzaría la sed. La situación se haría difícil, pues se podía comer poco pero era preciso beber bastante.

–¡Mosis! –gritó una voz de mujer en el exterior.

Salió. Miriam le tendía un bol de leche y media torta.

–Había reservado esto para ti.

Vaciló. ¿De cuándo sería aquella leche?

–La herví ayer por la noche –dijo ella adivinando su reserva–. Hoy necesitarás fuerzas. Porque vas a hablarles hoy, ¿no es cierto?

Tomó el pan y el bol sin responder, y entró en la tienda. ¿Quería acaso dictarle su conducta? Aarón salía pesadamente del sueño; también a él le faltaba levadura.

Por primera vez, una imagen de Aarón sin los adornos del afecto natural o forzado se impuso a Mosis. Un hombre oscilando entre los treinta y los cuarenta años, que tendía a echar barriga, con los pies planos y amenazado por la calvicie y cierta cobardía. No tenía remedio, el Señor derramaba sus gracias sobre unos y se las negaba a otros, y esas gracias se concedían en bloque, las del espíritu junto a las del cuerpo: Ali y sus hermanos, Stitho, tenían un espíritu tan flexible como sus articulaciones, un modo rápido, angelical, de concordar con el mundo, la capacidad de cambiar en un instante, al igual que el viento, alados los pies y sutil el ingenio. No era el caso de Aarón. Debieron de concebirle un día que sus padres tenían la panza llena de habas y cebollas.

–Levántate –le dijo Mosis–. También el día se levanta.

Aarón soltó una serie de gruñidos, jadeos y, tras aclararse la garganta, se sentó, dirigió a Mosis una mirada vidriosa y buscó algunas palabras para disimular, pero no las encontró. Había esperado, visiblemente, ver a su mujer junto a él, pero era su hermano, que se había levantado antes que él, fresco y dispuesto.

–Tenemos trabajo –dijo Mosis–. Ve a aliviar tu cuerpo y bebe agua. También puedes bañarte en el mar, eso despierta.

Aarón obedeció de mala gana. Mosis salió tras él y comprobó que Aarón había entrado en la tienda vecina. Necesitaba a las mujeres como los bebés necesitan a su madre: no como conquistador, no, ni como un alado mensajero, con la flor de la sonrisa en los labios y el rabo de bronce, no, como un mocoso que hubiera crecido mal, lleno de hernias y verrugas. De hecho, Aarón salió de la tienda con un bol de leche en las manos, seguido por tres de los cuatro hijos gruñones que Elisheba le había dado. ¡Ah! Éste no iba a ver la zarza ardiente. Bebió su bol de leche con aire friolento y, de pronto, captó la imagen de Mosis en el límite de su campo visual.

–Hace frío –gimió.

–Date prisa, Aarón –dijo Mosis en un tono doliente.

Y evaluó de pronto su soledad. Recorrió las hileras de acampados y le satisfizo encontrar, uno tras otro, a Josué y, luego, a Mishael. Tal vez éstos fueran compañeros, compañeros como los de antaño, como los que os miran con ardor mientras hacéis un arco. Josué estaba de pie desde hacía ya un rato, su cuerpo chorreaba agua de mar y se friccionaba con vigor y la mirada alegre.

–Eso despierta –dijo por decir algo.
Con semejantes mocetones sí podía hacerse algo. También Mishael llegó sonriendo. Mosis advirtió que una sonrisa, al despertar, era la bendición del mundo. El Señor había concedido su energía a la gente que se levanta pronto y alegre. Una vez más, su espíritu navegó hacia Sephira, que siempre despertaba fresca y dulce. Un manantial que volvía a manar.

–¿Qué hacemos hoy? –preguntó Mishael–. ¿Nos ponemos en seguida en camino o hay algo especial?

–Hay algo especial –dijo Mosis–, pero voy a hacerlo yo.

–¿Qué vas a hacer?

–Voy a recordaros lo que hacíamos –respondió Mosis.

Esperaron que se explicara, pero no lo hizo.

–Vosotros dos, id a despertar a la gente –dijo–. Tienen el sueño pegajoso.

Mishael se echó a reír.

–Mosis, estás hecho de aire y fuego; ¡no todo el mundo es así!

Mosis le dio una palmada en el hombro. Mishael y Josué recorrieron las tiendas cantando hasta desgañitarse: «¡En pie, ya es de día! ¡La noche ha muerto, el día ha nacido! ¡En pie para alabar al Señor!», tocando con la palma de la mano un tamboril que habían hallado no se sabe dónde.

Unos rostros furibundos asomaron por las puertas de las tiendas; unos se limitaban a mascullar, otros lanzaban imprecaciones contra ambos latosos.

–He aquí, realmente, a unos jóvenes habitados por la virtud –murmuró Mosis observando a Aarón, que se dirigía hacia el mar con paso doliente.

–¿Adónde va? –preguntó Elisheba.

–Va a bañarse en el mar como le he aconsejado, Elisheba –le dijo Mosis en un tono autoritario–. Devuelve el vigor.

–¿En el mar? ¡Pero está helado! ¡Le sentará mal! –gritó Elisheba disponiéndose a alcanzar a Aarón para impedir que se bañase.

–No está helado, sólo está frío. Quédate aquí o, mejor, ve a hacer lo mismo.

–Bien se ve que no tienes mujer que te haga entrar en razón, «Mosis» –dijo lanzándole una mirada rencorosa, y volvió a la tienda para seguir gritando.

Transcurrió más de una hora antes de que todos estuvieran listos. Mosis convocó a los jefes e hizo que, a su vez, reunieran a los apiru en torno a la gran roca que había descubierto. Cuando estuvieron allí, Mosis subió por detrás y apareció ante ellos. Le daba la espalda al sol y a la montaña, que brilló de pronto bañándole, sólo a él, con una luz dorada. Contempló por unos instantes aquel mar humano. Tal vez el Creador había contemplado con idéntica mirada la inerte materia a la que iba a prestar el estremecimiento de la vida y, luego, la identidad antes de la conciencia. Un caos de sentimientos miserables, de egoísmos irrisorios, de cálculos despreciables, de inquietudes veniales, de tormentos viscerales, de emociones ridículas, de frustraciones infantiles que sería preciso elevar hasta la suprema conciencia del Dios único. Estuvo a punto de sentirse cansado antes incluso de haber comenzado.

–Ayer –empezó, sin embargo, con voz fuerte– erais esclavos. Hoy sois hombres y mujeres libres que se dirigen al país de sus antepasados. Ayer, un rey que os despreciaba os tenía sometidos al sufrimiento de un trabajo sin descanso, para su propia gloria. Hoy vuestro sufrimiento sólo está destinado a glorificar a vuestro Dios libertador.

Su voz resonaba en las piedras y el eco brotaba con una fuerza mineral que él utilizaba como otras tantas puntas para hacer estallar la ganga en la que dormían todos aquellos cerebros.

–Sin ese Dios que os ha sacado de la esclavitud, seríais, aún, apenas mejores que el lodo del Nilo, pasando del sudor a las lágrimas y de las lágrimas al sudor. Estaríais sumidos en vuestra ciega pena, dominados por dioses con rostros de animales, de chacales, de cocodrilos, de monos, de hipopótamos, en resumen, dioses dignos de seres inferiores.

Escuchaban, ya era algo. Reconoció, en primera fila de sus oyentes, a Mishael y a Josué, y le impresionaron sus rostros ardientes. Éstos escuchaban con avidez.

–Y ese Dios, el Dios de vuestros antepasados Abraham y Jacob, ha desgarrado el sudario en el que estabais enterrados por años y años de servidumbre. Erais como cadáveres, y él os ha devuelto la vida. El Señor se me apareció en el desierto, como una llama que envolvía una zarza sin consumirla, como una voz más fuerte que todos los truenos, y me dijo: «¡Serás mi instrumento en la liberación de mi pueblo! ¡Ve a decirles que ha llegado la hora! ¡Ve, ve a decirle al faraón que debe dejarles marchar!»

El silencio comenzaba a penetrar en la muchedumbre y Mosis lo advertía.

–Yo escribí a Ramsés, yo, el servidor del Señor, por orden del

Señor. Le pedí que os dejara partir. Pero lo sabéis, lo visteis, Ramsés no creyó en la voluntad de ese Dios. Ramsés es el servidor de los dioses con rostro de bestia, de los dioses que sólo hablan de instintos animales. Y el Señor manifestó por primera vez su poder y su cólera, lo sabéis, lo visteis: el Nilo se volvió rojo como la sangre y su agua se volvió imbebible. ¿No lo visteis acaso?

–Lo vimos –respondieron unas voces al frente de las cuales estaban las de Mishael, Aarón y Josué.

Era la primera vez que la muchedumbre reaccionaba.

«Señor –pensó Mosis–, dame, dame la levadura para que se levante esa pesada pasta.»

–Pero Ramsés no teme al Señor, no lo conoce. Ramsés es como la bestia salvaje que no conoce la flecha del cazador. Y el Señor cubrió el país de ranas, ¿no lo visteis?

–¡Lo vimos! –respondieron unas voces más numerosas aún que la primera vez.

–Pero Ramsés permaneció sordo y el Señor hizo que invadieran el país los mosquitos, los mosquitos que transmiten las fiebres, y todo el país se vio así infestado, salvo el Bajo Egipto donde vosotros vivíais. Y Ramsés siguió sordo, no quería oír las advertencias del mayor poder del universo. Entonces el Señor hizo caer piedras del cielo. ¿No lo visteis?

–¡Lo vimos! –gritó un torrente de voces.

–Pero el cráneo de Ramsés es más duro aún que las piedras del cielo, entonces el Señor hirió al rey en la riqueza de su reino, cubrió el país de nubes de langostas que devoraron las cosechas. Y el Señor hizo reinar la noche en pleno día, sé que todos lo visteis. Y Ramsés seguía sordo. Entonces el Señor, que quería liberaros, a vosotros, a los apiru, en nombre de la promesa que él había hecho a vuestros antepasados, el Señor perdió la paciencia, envío fiebres mefíticas que mataron a los niños de corta edad y a mucha gente de edad madura. Eso no lo visteis porque, en su bondad para con vosotros, el Señor respetó el Bajo Egipto donde vivíais, pero sé que lo supisteis. Entonces, incluso los sacerdotes de los dioses con rostro de animales tuvieron miedo. Vieron que las generaciones futuras estaban pagando el precio de la bestial obstinación de Ramsés. Comprendieron que sus dioses inferiores eran incapaces de resistir a nuestro Dios único, fueron a suplicar a Ramsés que nos dejara partir. Y fue entonces cuando Ramsés envió un mensajero para concedernos, por fin, el derecho a marcharnos.

Mosis recuperó el aliento y recorrió con la mirada su inmenso auditorio. Estaban sentados, aguardaban la prosopopeya que no podían prever, pero que adivinaban difusamente.

–Vuestros jefes fueron a advertiros de que había llegado la hora de la partida. Os citaron en Succoth, como el Señor me había ordenado que os dijera, y luego os llevaron a la orilla del mar de las Cañas, como el Señor me había ordenado también que os dijera. Porque el Señor es de una sabiduría y una clarividencia infinitas. Había comprendido la doblez de Ramsés. Sabía que Ramsés iba a mandar a sus ejércitos para deteneros, y sabía también que Ramsés enviaría a sus ejércitos por la ruta costera. Por eso os hizo partir por la ruta del sur, ¡la que Ramsés no había previsto! ¿Lo veis, hijos de Abraham? ¿Lo veis ahora? La voluntad del Señor que os ha hecho salir de Egipto, os ha protegido hasta aquí. ¿Lo veis?

–¡Lo vemos! –gritaron.

–En su omnisciencia, el Señor condujo el ejército del faraón hasta el mar de las Cañas y entonces, por su voluntad, las aguas que os habían dejado pasar se cerraron sobre los carros y los soldados de Ramsés –levantó los brazos y los ojos al cielo–. ¿Quién puede compararse a ti, Señor de todos los dioses? ¿Quién puede compararse a ti en su majestuoso poder? Tu amor ha conducido a tu pueblo a través de los peligros, tu fuerza ha hecho que se hundieran los carros de los enemigos de tu pueblo como plomo fundido[1].

Escuchaban, atónitos.

–¿Sentís ahora la fuerza del Señor?

–¡Sentimos la fuerza del Señor!

Percibía claramente las voces de Mishael, de Josué, de Aarón en primera fila, y las de miles de hombres y mujeres tras ellos.

–¡No, no hacéis más que adivinarla! Pues aunque cada uno de vosotros viviera tantos años como granos de arena hay en el desierto, sólo podría ver una ínfima parte. Porque el poder de vuestro Señor es infinito. ¿Comprendéis que el Señor es vuestro Dios y que es el Dios único?

–¡Comprendemos que el Señor es nuestro Dios y nuestro Dios único! –repitieron.

–Quiero oíros decir a todos que el Señor os protege.

–¡El Señor nos protege! –clamaron.

Nunca tantas voces habían sido un eco de la suya: la montaña resonó.

—Pero el Señor se ha indignado ante vuestra ingratitud —prosiguió Mosis—. Se manifestó a mí para anunciaros su intención de liberaros. Os ha prodigado desde hace semanas las pruebas de su bondad, de su protección y de su poder, y unas horas después de haber cruzado el mar de las Cañas bajo su protección, habéis comenzado a quejaros. ¿Es éste el comportamiento de unos hijos agradecidos?

Un pesado silencio acogió la pregunta.

—¡Lo lamentamos! —clamaron unas voces en primera fila, y fueron también las de Aarón, Josué y Mishael.

Se volvieron e invitaron, con el gesto, al resto de la muchedumbre a seguir su ejemplo. A Mosis le pareció que tenían cómplices diseminados entre la multitud, jóvenes como ellos que levantaron enérgicamente el brazo. Otras protestas se elevaron entonces, tímidas al principio, más resueltas luego.

—El Señor ha designado como vuestro país futuro la tierra de Canaán —prosiguió Mosis—. Es una tierra fértil. Pero el Señor, que es vuestro jefe, quiere que os comportéis como soldados dignos de él, y no como ganado cebado en tierras de Egipto para los mataderos de Ramsés. El viaje será largo, será difícil. Incluirá privaciones. ¿Ofenderéis al Señor con otras recriminaciones? ¿Provocaréis una vez más la cólera de vuestro único Dueño?

—¡No! ¡No!

Fue, como la vez precedente, una respuesta sin vigor al principio, y algo más convencida luego, cuando fue agitada por algunos cabecillas.

—¿Cuándo encontraremos agua? —preguntó con vehemencia una voz de mujer, y Mosis reconoció la de la mujer de Aarón, Elisheba.

Aarón y otros intentaron hacerla callar, pero ella se debatió colérica.

—¡Tengo derecho a preguntar cuándo vamos a encontrar agua! ¿Sois unos hipócritas? ¡Estáis tan impacientes como yo por saberlo! Puesto que Mosis conoce lo que el Señor desea, que nos diga cuándo vamos a encontrar agua.

Levantó hacia Mosis un rostro congestionado.

—¿Así te diriges al Señor, mujer? —respondió Mosis.

—No me dirijo al Señor, me dirijo a ti, Mosis, puesto que afirmas ser el mensajero del Señor, pues ciertamente no eres mi Señor. ¿Cuándo encontraremos agua?

—Mujer, mereces que el Señor te haga morir de sed —repuso

Mosis haciendo un esfuerzo para contenerse–. Pero el Señor no va a reservarte una suerte particular. No permitirá que uno solo de vosotros perezca de sed, ni tampoco tú, mujer de poca fe.

–¡Sigue sin responder! –gritó ella–. ¡No lo sabe!

Finalmente, Aarón la arrastró lejos de la multitud y el ruido de su pelea fue ahogado por los reproches de la muchedumbre.

–¿Acaso he hablado para nada? –gritó entonces Mosis dando libre curso a su cólera–. ¿Queréis que os abandone? ¿Estáis cansados de mí? ¿No tiene mi palabra, para vosotros, peso alguno? ¿Queréis que os abandone en el desierto? ¿Queréis que os abandone a la cólera del Señor? Pues, cuando me haya marchado, no encontraréis ni un solo intermediario para dirigiros al Dios de vuestros antepasados.

Un movimiento recorrió la muchedumbre y los jefes avanzaron hacia la roca, seguidos por una masa de jóvenes y algunas mujeres.

–¡No, Mosis, no! ¡Eres nuestro jefe! ¡No escuches a esa mujer! ¿Vas a condenarnos por la insolencia de una mujer insensata?

Y dos o tres de los jefes subieron a la roca; tomaron a Mosis de la mano, del hombro y multiplicaron las palabras apaciguadoras. Josué y luego Mishael se unieron a ellos.

–Mosis –dijo Josué tomando su mano–, aunque sólo sea por mí, te lo suplico, calma tu cólera.

–Bien –dijo Mosis–. Pongámonos en camino[2].

6

«¡BEBER! ¡COMER!»

¿Todas las mujeres le eran, pues, tan hostiles? Observó a lo lejos, mientras desmontaban las tiendas, unos conciliábulos entre Miriam y Elisheba que revelaban más la complicidad entre las cuñadas que una reprimenda de Miriam. Aarón captó su mirada y comprendió.
—Proteger los hogares está en la naturaleza de las mujeres. Tú les has hecho abandonar los suyos por lo desconocido.
—¿Lo desconocido? ¡Querrás decir la libertad! —repuso Mosis—. ¿Están acaso condenadas a la servidumbre?
—Lo están ya a la servidumbre doméstica.
—Tu mujer, en cualquier caso, está condenada a la insolencia.
—Pasará, cuando hayamos encontrado agua. Es la cuestión que más las angustia. Admitirás que, cuando se contemplan esos parajes, no auguran nada bueno —dijo Aarón[1].
Mosis calculó que, desde su partida del mar de las Cañas, sólo habían cubierto la mitad del trayecto que él había hecho, en el mismo tiempo, cuando huyó de Egipto. Iba a caballo y casi no había dormido; ahora iban a pie y realizaban largas paradas. En consecuencia, no llegarían antes de dos días al torrente donde antaño había saciado su sed. Ahora bien, no toda aquella gente soportaría dos días más sin agua y era conveniente encontrar con rapidez un manantial o excavar un pozo, tanto más cuanto el calor ascendía con el sol.
Hacia mediodía, en efecto, brotaron de la caravana algunas imprecaciones.
—¿Qué ocurre? —le preguntó Mosis a Josué.

El joven fue a informarse y regresó diciendo que la gente comenzaba a tener sed y temía morir en el desierto. Mosis recordó que Hussam le había aconsejado buscar las depresiones naturales del terreno para cavar un pozo, porque allí tendía a acumularse el agua. Las recientes tempestades habían tenido que impregnar el suelo. Al cabo de una hora descubrió una hondonada a cuyo alrededor la vegetación parecía más abundante. Descabalgó y mandó a Josué y a Mishael a buscar hombres robustos provistos de palas. Había advertido, en efecto, que muchos obreros se habían llevado sus herramientas, pensando ingenuamente que encontrarían trabajo donde fueran.

–¿Por qué te detienes? –preguntó Aarón.

–Porque voy a encontrar agua.

–¿Aquí?

Mosis no respondió, pero cuando los dos jóvenes y algunos terrapleneros hubieron llegado, le dijo a Aarón:

–Ve a decirles que vamos a cavar un pozo y que encontraremos agua.

–¿Y si no la hubiera? Quedarías en ridículo.

–¡La habrá! –repuso Mosis con impaciencia. E indicó a los hombres dónde tenían que cavar.

Los grupos de cabeza, entre los que estaban Issar, Lumi y Arphaxad, llegaban entonces a su altura y se detuvieron para ver qué ocurría. Las discusiones se animaron y se convirtieron, pronto, en un consejo de clanes. Mosis oía, a distancia, las reflexiones.

–¿Agua en pleno desierto? ¡Sería un milagro!

–¿Quién ha decidido cavar ahí?

–Mosis.

–Pero si hubiera agua, habría por lo menos un riachuelo.

–Mosis no está loco.

–No, pero nunca he visto que se cavara un pozo en el desierto.

Los terrapleneros habían hecho ya un agujero de unos tres codos de ancho y un codo y medio de profundidad. Mosis se agachó y vio que la tierra se hacía más oscura, al estar más húmeda. Era una mezcla de gravas y rocas.

–Continuad.

Un codo más abajo, los terrapleneros llegaron a una profundidad donde la grava brillaba de humedad; aquello renovó su ímpetu. Se empeñaron entonces en ampliar el pozo y se hizo lo bastante grande como para que dos hombres trabajaran juntos.

–El suelo está mojado bajo nuestros pies –gritó uno de ellos.

–Muy bien. Continuad.

Un inmenso círculo de gente se había formado en torno al agujero. Los comentarios se hacían más raros.

–¡Es un milagro! –gritó Aarón–. ¡Agua! ¡Realmente el Señor nos protege, mirad!

–Vete a saber si encontraremos bastante agua para todos –dijo alguien.

A algo más de cuatro codos, los dos terraplaneros del fondo gritaron: «¡Agua!» Estaban mojados hasta los tobillos.

–Seguid cavando –dijo Mosis.

Sacaban ahora una grava húmeda. Menos de un cuarto de hora más tarde, el agua llegaba a las rodillas de los terraplaneros.

–Ya está –dijo Mosis–. Pasadme una escudilla.

Mishael fue a buscar una y Mosis pidió a los terraplaneros que la llenaran. Dos o tres miles de pares de ojos observaron cómo el jefe de un nuevo pueblo probaba el agua.

–Es salobre pero bebible –advirtió–. Podremos cocer los alimentos siempre que la purifiquemos.

El pozo estaba demasiado cerca del mar y el agua de lluvia debía de haberse acumulado en tierras cargadas de sal.

Le pasó la escudilla a Kohath, el jefe de clan, que quería probarla también.

–¡Es salobre! –dijo–. Es salobre, Señor. ¿Qué vamos a hacer?

Brotó un murmullo de la muchedumbre.

–¡Silencio! –gritó Mosis–. Que aquellos de vosotros que tengan alimentos para cocer vengan a tomar esta agua salobre. Más tarde trataré de desalarla para que pueda beberse.

–¿Cómo vas a desalarla? –preguntó Aarón.

–¿Seguimos sin tener agua para beber? –se preocupó Elisheba con el rostro malhumorado.

–¡Silencio he dicho! –ordenó Mosis.

Fueron necesarias más de tres horas para que quienes necesitaban agua para cocinar y cocer su pan terminaran de aprovisionarse. Mosis, entretanto, fue a buscar el arbusto que, antaño, había visto descortezar y utilizar para desalar el agua. Él y su pequeño grupo recogieron unas ramas y comenzaron a quitarles la corteza. Dio luego orden de llenar los recipientes del agua que se destinaba a la bebida e hizo arrojar en ellos las astillas. La viscosa savia cubrió inmediatamente el agua con una película.

–Dejad los recipientes inmóviles durante media hora –aconsejó Mosis–, hasta que la película caiga al fondo y arrastre la sal. Luego podréis beber el agua o llenar las calabazas.

Pasado aquel plazo, Mosis probó el agua y le pareció potable; ciertamente, el sabor tenía todavía un matiz salino, pero siempre era mejor que morir de sed. Incluso los escépticos se apresuraron a echar en sus recipientes la madera descortezada que les habían dado. Cuando todo el mundo hubo saciado su sed, no sin hacer unas muecas, y cuando hubieron hecho provisión de líquido, el sol había descendido ya en el horizonte y Mosis decidió que acamparan allí y volvieran a ponerse en marcha al día siguiente antes del alba para recuperar el tiempo perdido. Aquel día, los fugitivos no habían hecho más de tres horas de camino. A aquel ritmo tardarían varias semanas en llegar a Ecyon-Geber.

–¿Por qué vamos a apresurarnos? –preguntó Josué.

Era cierto, ¿por qué apresurarse si habían salido ya de Egipto? La ingenuidad de la pregunta hizo reír a Mosis.

–Somos una masa informe, Josué –le explicó Mosis–. Y tenemos que convertirnos en un pueblo. ¿Comprendes? El Señor nos ha arrancado de las garras de Ramsés, pero eso no basta. Si erráramos durante meses, no seríamos distintos de los animales, sin leyes y sin alma[2].

Se plantaron pues las tiendas que se habían plegado pocas horas antes y se encendieron hogueras. Mosis reunió junto a una de ellas a algunos de los jefes y de los hombres que le eran más fieles, así como a Josué, Mishael, Lumi, Issar y Arphaxad.

La comida fue de ejemplar frugalidad: pan que Miriam había cocido, un bocado de queso, un huevo duro y frutos secos. Como bebida, agua ni siquiera dulce por completo.

–Nosotros somos de los que pueden satisfacerse con poco –dijo Issar–. Pero muchos sufren por ello. ¿Cuándo podemos esperar encontrar, si no abundancia, al menos un régimen no tan austero?

Siempre la cuestión del alimento. Mosis procuró que no se advirtiera su enojo.

–Mañana pescaremos –respondió[3].

–¿Pescado? ¿Y cómo vamos a pescar?

–Fabricaremos redes.

–¿Y estamos seguros de encontrar peces?

Mosis no hizo caso de aquel absurdo.

–¿Y cómo se fabrican las redes? –preguntó Arphaxad.

–Deshilachando tejidos para obtener hilos y anudarlos.

El proyecto entusiasmó visiblemente a Mishael y a Josué, pero los demás permanecieron pensativos.

–Si me preguntas, Issar, cuándo estaremos instalados en nuestras casas, con nuestros utensilios de cocina, aves de corral, carne, pan, legumbres y fruta en abundancia, con nuestros telares, nuestros lechos de paja fresca, te responderé que no antes de varios meses, en el mejor de los casos. Tendremos entonces que construir nuestras casas y labrar nuestras tierras. Pero añadiré que no somos ganado al que ceban sin hacer nada y que unos seres humanos a los que el Señor ha salvado deberían demostrarle algo más de gratitud y hablar menos a menudo de comida.

–Nuestra gratitud no se discute. Lo que digo es que debemos vivir y que, para vivir, Mosis, se necesita comer.

–Eras tú, Issar, si no me equivoco, el que en Egipto me apremiaba para que tomase la dirección de nuestro pueblo.

–Era yo, Mosis. Y no he cambiado de opinión.

Mosis inclinó la cabeza.

–¿Os ha fallado el Señor desde que abandonasteis Egipto? No os fallará, aunque no encontréis en seguida cebollas llenas de jugo y azucarados melones.

Visiblemente, estaba de mal humor y nadie sentía deseos de enfrentarse a él.

–Estoy harto de oír cómo os quejáis de hambre. Os llevasteis cabras y corderos, ¡siempre podréis coméroslos! –se levantó–. ¡Comer! Lo de beber puedo comprenderlo... ¡Pero comer! ¡No dejo de oír eso!

–Somos casi treinta mil, Mosis –replicó Issar sin desconcertarse–, y las pocas cabras y corderos que traemos ni siquiera alimentarían a la quinta parte de todos nosotros[4]. Nadie discute lo que dices. Sólo te hacemos preguntas, puesto que conoces la región.

Mosis no respondió; lo había hecho ya.

–Comencemos en seguida a hacer las redes –dijo Mishael–. No tengo sueño. Hemos cortado ya cinco venablos.

Aquellos muchachos tenían el don de calmarle.

–Necesitaremos mucho más que cinco venablos.

–¿Cuántos?

–Por lo menos mil.

–¡Mil!

–Y cinco mil incluso, Mishael. Si los necesitamos, no será para una pelea callejera. De momento, id a buscar todo el tejido de cáñamo y lana que la gente no necesite de un modo acuciante. Necesitamos más el alimento que los venablos. Eso espero, al menos.

Regresaron una hora más tarde, cuando los comensales de aquel festín de migajas se habían acostado ya con la tristeza del vientre vacío, bajo un creciente de luna que parecía una raja de melón ya devorada. Llevaban montones de tejido. Reavivaron el fuego para ver mejor y comenzaron, siguiendo las instrucciones de Mosis, a deshilacharlos y luego a retorcer, juntos, cinco o seis hilos para obtener unos cordones de varios codos de largo.

Él, por su parte, fue a pasear por aquellos parajes, solo y sombrío. Se sentía agitado. Alimentar a treinta mil personas. Miles de seres humanos a quienes la insatisfacción había reducido al rango de bebés voraces y gritones, groseros, huraños, dentudos. Calculó que los campamentos tenían una longitud de unos mil codos. Era espantoso alimentar a treinta mil personas; se sintió casi paralizado.

«Señor, sé que tú nos hiciste salir. Sé que tus designios son oscuros y que sólo excepcionalmente se manifiestan. Sin embargo, se me aparecieron con la claridad de la luna contra el negro cielo. Eres el Dueño absoluto, lo sabes todo, lo prevés todo y lo puedes todo. Soy sólo tu instrumento, ¿pero qué voy a hacer con esa gente? Sólo me hablan de comer y de beber. Puesto que es tu pueblo, ¿no podrías hacerles comprender...?»

La noche estaba poblada de lagartos, búhos, murciélagos, serpientes, cuadrúpedos furtivos y ágiles, con dientes, patas y estómagos, misteriosos depredadores a los que sólo se adivinaba por el rumor de las hojas en la oscuridad, por algunos crujidos, rugidos, trinos. ¿Qué buscaban? Comida y bebida, sin duda, también ellos, para mantener la forma de vida más elemental. Él, Mosis, tenía que hacer brillar ante todos la voluntad del Señor. La soledad se apoderó de él como una fiebre. Sus pensamientos se dirigieron a Sephira. Incluso cuando no comprendía, comprendía. Ella era su pueblo. Pero el Señor no se le había revelado sólo para conquistar a Sephira.

El cielo y sus millones de estrellas le parecieron en exceso pesados. Titubeaba casi cuando regresó, por fin, a la tienda de Aarón, y su postrer pensamiento fue que el hombre que sabe es, a menudo, el más miserable de todos. El más solitario.

7

LA JORNADA DE LOS CÁLCULOS

–¿Tenemos bastantes?
Le presentaban ovillos de cordeles retorcidos, más o menos regulares. Se habían levantado al alba, dijo Mishael, para reanudar el trabajo interrumpido la víspera y tenían, en efecto, los ojos enrojecidos. Aarón contemplaba los ovillos por encima del hombro de Mosis con aire dubitativo. Mosis tomó un ovillo y tiró del cordel con fuerza, entre las dos manos.
–Servirá. Ahora hay que cortar trozos de la misma longitud, doce codos cada uno, y anudarlos cruzándolos, con una distancia de tres dedos entre cada uno.
Mishael inclinó la cabeza.
–¿Nos quedamos hoy aquí? –preguntó–. Es un trabajo que no puede hacerse mientras se camina.
Cuando Mosis le hubo dicho que prolongarían el alto toda la jornada, Mishael se fue con Josué y dos muchachas. Mosis se volvió hacia Aarón.
–Quiero que reúnas a los jefes de clan y les digas que hagan la cuenta de los suyos, de todos, incluidos los criados. Es preciso que sepamos exactamente nuestro número.
–¿De qué va a servir eso?
–Es necesario para el avituallamiento, cuando llegue el momento.
Aarón parecía huraño, pero Mosis no le dio importancia.
Luego habría que organizar una tropa con los hombres más valientes, por si se producía un ataque. Mosis no veía de dónde podía venir, ni cuál sería su objeto, pero había que estar dispues-

tos para la eventualidad. El Señor, al inicio de los tiempos, debía de haber hecho un trabajo comparable, cuando organizaba el caos introduciendo en él la lógica. Montó a caballo y se adelantó para reconocer el camino.

El paisaje había cambiado en tres años. Ciertas partes de la montaña parecían haberse derrumbado, unas manchas de vegetación, que no recordaba, habían aparecido, bosquecillos de azufaifos y encinas enanas, lavados por las recientes lluvias. Bajó del caballo para examinar la vegetación y lanzó una exclamación: los tamariscos se habían hecho abundantes y tomó varios fragmentos de maná para probarlos. En efecto, lo era, y si encontraban bastantes, les serviría de pan. Encontró incluso una higuera silvestre y la despojó de todos sus frutos, y abundantes achicorias silvestres, de las que arrancó algunos brotes. No, no le inquietaba la falta de agua. Ni tampoco de alimento. Sino la instalación final. Comió algunos higos y fue a lavar la achicoria en el mar para probarla. No era un regalo y apenas si llenaba el estómago, pero ya era algo. Regresó al campamento hacia mediodía.

Mishael acudió y le ayudó a descabalgar.

–¡Ven! ¡Te lo enseñaré!

Habían trabajado rápidamente. Tendidas en el suelo estaban dispuestas dos redes.

–Muy bien –dijo Mosis–. Ahora hay que reforzar los bordes con un cordel. Atad luego, en las esquinas, unas empuñaduras reforzadas.

Los muchachos y las chicas se apresuraron a hacer lo que había dicho. Entretanto, unos hombres fueron a examinar las redes, criticando eso y aquello.

–¿Tenéis vosotros redes? –preguntó Mishael–. ¿No? ¿Y entonces qué criticáis? Hemos hecho estas redes con nuestras propias manos, para pescar peces, y si no queréis nuestro pescado, nos lo comeremos solos.

–Nunca podréis pescar con unas redes tan ligeras –respondieron los hombres–. ¡Redes hechas por muchachas!

Volaron ácidas palabras y estuvieron a punto de llegar a las manos.

–¡No perdamos tiempo! –gritó Mosis–. Necesitaremos cuatro hombres para cada red. Josué, ve a buscar refuerzos.

Apenas estuvo lista la primera red cuando Mishael y las dos muchachas que le habían ayudado a confeccionarla estaban ya en el agua. Los jóvenes que Josué había ido a buscar llegaban corriendo. Las dos redes estuvieron en el agua en un abrir y cerrar de ojos, bajo la vigilancia de Mosis y las miradas burlonas de un centenar de hombres que asistían a la escena con los brazos cruzados. El propio Mosis se metió en el agua hasta que le llegó al pecho, para colocar una de las redes más hacia mar abierto. Al cabo de unos minutos, la red comenzó a tenderse, las muchachas gritaban de nerviosismo y el grupo que manejaba la otra red también lanzaba gritos. Todo el mundo estaba empapado de los pies a la cabeza.

–¡Aguantad!

En efecto, la red amenazaba con escapar de la sujeción y una de las muchachas había soltado ya su empuñadura y regresaba a la orilla, jadeante y despechada.

–¡Basta ya! ¡Jalemos!

La red había aguantado, salvo por algunas mallas. El contenido se depositó en la arena donde saltó, coleó, se retorció buscando aire. Grandes pescados grises, rosados, amarillentos, redondeados unos, afilados otros, y muchos pequeños de extraña apariencia.

–¡Devolved todos los pequeños! –ordenó Mosis.

Él mismo dio el ejemplo tomando los pescaditos por la cola para arrojarlos al agua. En la red de la que habían tirado Mosis y Mishael había un pequeño tiburón y dos peces como serpientes, unas anguilas.

–¡Tirad también los peces sin escamas! ¡No los toquéis! ¡La piel es venenosa!

Recordaba los preceptos de los pescadores de Ecyon-Geber, a quienes el contacto con las anguilas les había producido alarmantes inflamaciones en la piel de las manos, y predicó con el ejemplo empujándolas hacia el agua con un bastón. Pronto hicieron el balance: el contenido de las dos primeras redes podría alimentar a unas treinta personas. Hubieran sido necesarias quinientas redes para nutrir a todo el mundo, en dos tandas de pesca, calculó Mosis recuperando su talento de supervisor de las obras. Doscientas cincuenta si las redes se echaban cuatro veces; ciento veinticinco, si eran ocho; sesenta y dos y media, por decirlo de algún modo, si eran dieciséis... Ahora bien, sólo disponían de dos redes y no podían, aquel día, echarlas más de diez veces, es decir para unas trescientas personas. Los espectadores seguían observando sin entusiasmo.

–¿A cuánta gente vais a alimentar con eso? –preguntó uno de ellos.

–Volveremos a hacerlo y, sobre todo, fabricaremos más redes –respondió Mosis en un tono neutro.

Se habían acercado unas mujeres para contemplar la pesca, admirando los atunes y las doradas, mientras Josué, Mishael y las muchachas procuraban ya reparar sus redes.

–Es buen pescado –dijo una de ellas.

–También mis hermanas y yo podríamos hacer una red –dijo una de las dos chicas que habían ayudado a los muchachos.

–Hacedla. Pronto. Mientras –dijo Mosis a las mujeres–, vosotras podéis comenzar ya a descamar y vaciar ese pescado. Y volved dentro de media hora, habrá más.

–¿A quién vamos a darle el pescado? –preguntó Aarón, que había regresado de sus conciliábulos con los jefes de clan.

–A las mujeres de edad, a las que amamantan y a los niños primero. ¿Has dado mis instrucciones a los jefes?

–Ya está hecho. La cuenta ha comenzado.

Mosis partió a buscar hombres robustos que pudieran sustituir a Mishael y Josué en la fabricación de las redes.

–¿Nos quedan ovillos?

–Podemos hacer algunos más.

–¿Cuántas redes podéis fabricar?

–Cuatro, tal vez. Habrá que verlo. Necesitamos también hilo para reparar las dos primeras.

Al crepúsculo, Mishael anunció que otras tres redes estaban listas y que el hilo que quedaba sólo permitiría fabricar dos más. Siete en total. Mosis volvió a calcular, evocando de paso el recuerdo de su preceptor, Amsetse, que le había enseñado cálculo sin imaginar para qué iban a servir, cierto día, sus lecciones. Ciento cinco personas echando una vez la red, mil cincuenta en diez veces. Ahora bien, al día siguiente, la pesca podía comenzar al amanecer. Sería pues posible echarla, por lo menos, veinte veces, lo que aseguraría alimento para dos mil cien personas. Los hombres tardarían en probar el pescado. Era preciso doblar el número de redes y, sobre todo, encontrar otra fuente de alimento.

Mosis comenzó por el primer problema. Pero no quedaban ya muchos tejidos de los que la gente pudiera prescindir y que proporcionaran hilo lo bastante resistente. Encontró el suficiente para confeccionar cinco redes más y fue el punto final. «Tres mil seiscientas personas echándolas veinte veces», murmuró Mosis. No era, ni con mucho, bastante: la cohesión de su pueblo dependía del reparto de comida.

Al anochecer tuvo que revisar sus cálculos. Josué, en efecto, había formado unos equipos que pescarían sin descanso, incluso durante la noche.

–¿Cuántas veces? –le preguntó Mosis.

–Por lo menos treinta en un día y una noche, tal vez más.

–Muy bien. No sobrecarguéis las redes.

Miriam se acercó para ofrecerle dos pedazos de dorada asada. Según sus propias recomendaciones, no tenía derecho a ello; pero quiso averiguar a qué sabía. Era sabroso y alimenticio. Sin embargo, el problema seguía existiendo: si seguían acampados en aquel lugar para tener tiempo de fabricar más redes reducían sus posibilidades de encontrar alimento en otra parte, y entonces crecería el descontento entre los hombres. Mosis estaba sentado ante la tienda, contemplando el sol que se ponía en Egipto y a los pescadores con el agua hasta el torso, cuando se acercó Aarón con lentos pasos. Anunció los resultados del censo: eran veintisiete mil.

–Menos de lo que creía –observó Mosis, sorprendido, levantando las cejas–. Muchos menos. Casi diez mil menos si pienso que habéis traído a los sirvientes.

Aarón mantenía los ojos bajos y Mosis advirtió entonces que no le había preguntado, cuando se encontraron allí, en las riberas del mar de las Cañas, si todo el mundo había salido de Egipto. Todo el mundo. Hasta el último apiru. La sangre afluyó a su rostro. Era la noche del cuarto día desde su partida y sólo entonces le revelaban la verdad.

–Aarón –dijo con voz apenas audible.

El otro levantó los ojos.

–Ramsés, lo oí de sus propios labios, decía que éramos treinta o cuarenta mil.

–Nunca se hizo censo alguno de nuestro pueblo –replicó Aarón–. El cálculo de Ramsés no se apoyaba en nada.

–Pero los hay que se han quedado allí, y tú lo sabes.

–Se han quedado, sí. No sé cuántos.

–¿No tienes ni idea?

–Tres o cuatro mil, tal vez un poco más.

Josué se acercó para encender una hoguera y, tras echar una mirada a ambos hombres, adivinó la tensión entre ellos y se fue sin decir palabra en cuanto el fuego hubo prendido.

–¿Por qué no me lo has dicho antes?

–Las circunstancias no se prestaban a ello. Ya tenías bastantes problemas. Los seguimos teniendo, y creí que lo habías comprendido por mis cartas. Te dije por escrito que no todos los jefes de clan compartían nuestra opinión.

Los murciélagos habían iniciado sus primeros vuelos, allí, a la sombra de las montañas. La leña, verde, crepitó y humeó. Mosis comprendió que había sobreestimado su autoridad.

–¿Por qué se quedaron?

–Los hay a quienes no pudimos enviar mensajeros. Algunos equipos estaban en el Alto Egipto, a donde les habían mandado para excavar la tumba de Seti. Los hay también que no quisieron unirse a nosotros.

Aarón tendió las manos hacia el fuego, abrió luego una pequeña bolsa de dátiles secos y se la ofreció a Mosis.

–Por otra parte, ¿qué habríamos hecho con la gente que hubiera venido de mala gana? –prosiguió–. Habrían sido una fuente de disturbios[1].

–¿Por qué no han querido unirse a nosotros? –preguntó Mosis masticando pensativamente un dátil.

A lo lejos, los pescadores jalaban unas redes que parecían muy pesadas, demasiado pesadas.

Aarón se encogió de hombros.

–Tal vez la fe de nuestros padres les importaba menos de lo que creíamos. Tal vez no les importaba en absoluto. Muchos de ellos tenían bienes, sus casas, sus campos. Se habían casado con egipcias, no eran desgraciados. Sus hijos se consideraban egipcios...

Lanzó a Mosis una mirada que significaba: «Y también tú eras casi un egipcio.»

–Somos pues veintisiete mil –dijo Mosis para terminar de una vez.

No tenía ya ganas de calcular cuánto pescado se necesitaría para todos. Una sola cosa le preocupaba: aquel pueblo que todavía no lo era. Nada unía a toda aquella gente, sólo una vaga fidelidad a la religión de sus padres, reforzada por la aversión por sus antiguos opresores. La protección del Señor resultaba, para muchos de ellos, un concepto muy vago. Si el Señor quería protegerles, ¿por qué no les daba agua clara y alimentos? ¡Sin alimento no había fe! La misión que el Señor le había confiado no había concluido... Sin duda, el discurso de la víspera les había entrado por un oído y salido por el otro. ¡Palabras! ¿Y qué les demostraba que el tal Mosis, el tal Ptahmosis, había recibido realmente la orden del Señor?

Lanzó un suspiro y se levantó para examinar la pesca que yacía en la playa. Unas mujeres aguardaban y se servían, incluso, sin esperar más, llevándose el pescado hacia sus tiendas. Era indudable que algunas de ellas se servían dos o tres veces. Sería necesario un encargado de la distribución del pescado. Pero las presas le parecían más abundantes que durante el día. Comenzó a buscar a Josué, pues deseaba pedirle que encendiera antorchas para la noche[2] y procurara que las mujeres no se sirvieran dos veces. Se habían organizado varios equipos para pescar casi sin interrupción y, evidentemente, aquellos hombres se servían sin preocuparse por las órdenes de Mosis. No podía reprochárselo, se habían ganado la comida. El viento nocturno llenaba el aire del humo del pescado que se asaba a lo largo de la ribera.

Recorriendo el campamento, Mosis oyó a una mujer lamentándose de que no tenía aceite.

Se durmió tarde puesto que, por primera vez desde hacía mucho tiempo, reanudó sus ejercicios de meditación y concentración. Ya no intentaba percibir la línea de fuego, sino la llama ardiente de la que la Voz había surgido. Sin el recuerdo, el sentimiento, la inmanencia de aquella voz, estaría desarmado, era, como toda aquella gente, un exiliado con el vientre casi vacío.

–El Señor es mi fuerza –murmuró cuando hubo logrado el apaciguamiento.

8

PRIMERA OPOSICIÓN

Al día siguiente Mosis decidió levantar el campamento. Era ya tiempo, los hombres, aunque sus esposas hubieran compartido con ellos el pescado, manifestaban el mal humor que da un vientre vacío.

—¡Ni siquiera tenemos ya pan! ¡Ni harina!
—Lo encontraremos.
—¿Dónde?
—Lo encontraremos. De momento, haced provisión de agua.
—¿A eso le llamas agua?

Para acabar de arreglarlo, un anciano, Eliab el Rubenita, había muerto al amanecer, lo que produjo una escena de histeria colectiva en todo el clan.

—¡Por qué no habremos muerto nosotras! —gemían las mujeres golpeándose el rostro—. ¡El desierto será nuestra tumba!

Gritaban, chillaban, aullaban a pleno pulmón, alertando a los vecinos, cargando la muerte de Eliab en la cuenta de su éxodo e intentando, era evidente, provocar una revuelta.

Mosis, avisado por su tío Issar, que era de aquel clan, el de Kohath, padre de Issar y abuelo de Moisés y de Aarón, acudió al lugar escoltado por su hermanastro, que no las tenía todas consigo, a juzgar por su rostro crispado. Mosis ignoraba que la revuelta era dirigida por el propio hijo de Issar, que no sentía mucho afecto por su primo. Le llamaba «el bastardo». Se preparaba pues una querella de familia que podía perjudicar el prestigio de Mosis.

—¡Vuestras lamentaciones ofenden al Señor! —gritó Mosis, enojado–. En verdad os digo que yo mismo le rogaré que ponga fin a vuestros días, puesto que tan indignos sois de su bondad.

–¿No tenemos ni siquiera derecho a llorar a nuestro padre? –le preguntó una mujer de rostro maligno.

–Tenéis derecho a llorar a vuestro padre, pero no a hacer un escándalo con vuestro descontento.

–Era mi padre, Mosis, y ha muerto a causa de esta huida de Egipto –dijo en tono amenazador un hombre llamado Dathan, en el que Mosis se había ya fijado por su agresividad.

–Nuestro padre, ¿lo oyes? –gritó el hermano de Dathan, Abiram.

–¿Qué puedes decirnos ahora, Mosis, cuando Eliab ha muerto a causa de los sufrimientos que tú le has infligido? –añadió la mujer.

–¡Que el rayo del Señor caiga sobre ti! ¿De modo que todos los hombres de la edad de Eliab han muerto? Eliab ha entregado su alma porque el Señor ha decidido su hora, y tus recriminaciones y las de tus semejantes ofenden al Señor.

Kohath había palidecido. De modo que Mosis se arrogaba el derecho a reprender a la gente de su clan sin acudir, primero, a él, al abuelo...

–¿Así le hablas a mi abuelo, egipcio?

–Si tú, primo mío –declaró Mosis–, no eres capaz de hacer reinar el orden y la sumisión al Señor en tu clan, nombraré un jefe para sustituirte.

–¿Con qué derecho? –gritó Kohath agitando una furiosa mano en las narices de Mosis–. ¡Aquí tengo yo la autoridad suprema, pequeño egipcio, y soy tu abuelo! ¡Y lo deploro! ¡Ni siquiera hablas nuestra lengua! ¡Eres hijo de una egipcia, una hermana de Ramsés!

–Tus quejas sólo te interesan a ti, Kohath, y a quienes son lo bastante tontos para escucharte. Tu autoridad no es nada comparada con la que el Señor me confirió sobre todos vosotros, también sobre ti. En lo que me concierne, la ley de la sangre es nula. Una rebelión más y todos los jefes que me siguieron de buen grado estarán de acuerdo en abandonaros aquí, en el desierto. Ya veremos cómo sobreviviréis con la maldición del Todopoderoso sobre vuestras cabezas. Entretanto, te ordeno que hagas entrar en razón a tu nieto.

–¡Cálmate, padre! –intervino Issar.

–¡Yo te maldigo! –gritó Kohath dirigiéndose a Mosis; la saliva brotaba de su boca senil y arrugada–. ¡Yo te maldigo, sangre impura!

Issar se cubría el rostro con las manos. A su alrededor brotaba un rumor, algunas mujeres lloraban y otras gritaban y Mishael, el primo de Mosis, le agarraba del brazo en un gesto imploratorio.

–Kohath, padre de mi padre, y tú Korah, cualquier maldición que profiráis contra el enviado del Altísimo se volverá contra vosotros –respondió Mosis, pálido de cólera–. Os queda poco tiempo para arrepentiros, pues el Señor os maldice.

La solemnidad de la amenaza acabó con los gritos. Acudieron para sostener a Kohath y sujetaron a Korah, Dathan y Abiram, que querían arrojarse sobre Mosis, mientras Mishael murmuraba en su oído: «¡Primo, primo, te lo suplico!» Se había formado un grupo. Aarón, lívido, parecía a punto de desfallecer y su mujer, Elisheba, agarrada a su brazo, gruñía como una bestia.

–Sé quién eres, Korah –exclamó Mosis con voz sonora–. Eres de los que se negaban a partir. Eres de los que prefieren una panza llena de cebollas y habas egipcias a la bendición del Señor. Eres de los que no conocen el sentido de la libertad ni de la dignidad –recuperó el aliento–. Yo te degrado, Korah, primo mío. Desde ahora declaro que tu familia está sometida a la autoridad directa de Aarón. Y ahora enterrad a vuestro padre para que levantemos el campo lo antes posible.

–¿Vamos a enterrarle aquí, en el desierto, como una bestia salvaje? –preguntó una anciana, que sin duda era la viuda de Eliab.

–¿Quieres llevártelo a lomos de asno, para que se pudra con este calor? –intervino Aarón–. ¿Has perdido la cabeza? ¿Dónde quieres enterrarle, mujer? ¿Acaso tienes cerca de aquí un lugar de sepultura para tu familia?

–Así es, ¿dónde querrías enterrarlo? –le preguntó Issar a la mujer.

–¡Tú cierra la boca! –gritó la vieja–. ¡Eres un criado de Mosis!

–¡Ciérrala tú, mujer! –le ordenó Aarón.

Aquel súbito valor procedía de un refuerzo. En efecto, varios jefes de clan vecinos se habían acercado para informarse de las causas del escándalo y no parecían dispuestos a tomar partido por Kohath.

–No necesitamos, en estos momentos, una rebelión –dijo uno de ellos, Jemuel–. Vuestros gritos y vuestras insolencias, que estamos oyendo desde que salimos de Egipto, son un mal ejemplo para la gente de nuestros clanes. No habéis dejado de quejaros y de discutir la autoridad de Mosis. Lo elegimos como jefe y no tenemos más jefe que él, designado por el Altísimo. Os conminamos públicamente a temer la cólera del Señor[1].

Kohath tragó saliva.

–Enterrad a Eliab –ordenó–. Y de prisa.

Crispado de cólera, Mosis se alejó seguido por Aarón, Issar, Mishael y Josué.

–No me dijiste que la oposición era tan fuerte –le dijo Mosis a Aarón.

–Las cosas no son tan sencillas. Hice lo que pude –respondió Aarón–. Tal vez lo hice demasiado bien. Tal vez, también, presioné a algunos, como a Korah. Sólo aceptó unirse a nosotros obligado por su padre, ¿no es cierto, Issar? Tal vez tampoco tuve en cuenta el hecho de que para los de tu... de nuestra familia, eras... formas parte de la familia de Ramsés. No hablas bien nuestra lengua. Hay envidias...

Los demás escuchaban con la cabeza gacha.

–¿Tu hijo me tiene envidia? –le preguntó Mosis a Issar.

–Estoy descubriéndolo contigo.

–¿No sospechabas nada?

–Sin duda hice mal no prestando la suficiente atención a su reserva. Para él, en efecto, y para muchos otros también, no eres realmente de los nuestros. Eres un señor, en fin, estabas allí. Nosotros éramos esclavos. Una vez más, un señor tomaba el mando.

Issar se expresaba como si lo lamentara.

–¿Y hay muchos más que se oponen a mí?

Issar agachó la cabeza.

–Sí, no puedo mentirte. Muchos albergan, para contigo, los mismos sentimientos que mi propio hijo. Están celosos. Dicen: «Una vez más, nos manda un egipcio.» Y por mucho que les haga observar que tú nos protegías de los egipcios...

Aarón se marchó para ayudar a sus hijos a plegar la tienda. Los demás para hacer sus preparativos, a excepción de Josué.

–Estás encolerizado –advirtió éste–. Lo comprendo, Mosis, y tendrás aún muchas ocasiones para encolerizarte, hasta que lleguemos al lugar a donde quieres conducirnos. Pero la cólera sólo puede frenarte y, por lo tanto, frenarnos a todos.

Mosis dirigió una mirada al joven. Un rostro ancho, denso, que el cráneo afeitado hacía más macizo aún. ¿Cómo sabía esas cosas a sus veinticinco años? ¿Y por qué había elegido, él, tomar el partido de Mosis? Se lo preguntó.

–No me gusta la pesadez –respondió–. Y tú eres alado.
–Han comido demasiadas habas –dijo Mosis.
Y ambos soltaron la carcajada.

Esas convulsiones y el entierro de Eliab supusieron tres horas de retraso. Los pescadores las aprovecharon para echar de nuevo las redes y Mosis interrogó a Josué sobre la preparación de una falange de defensa que le había confiado.

Le interrumpió un grupo de mujeres:

–¿Y el pescado?

–Pescaremos más lejos.

–Pero ¿y el pescado que pescamos?

¡Que pescamos!

–Aguantará algunas horas –replicó Mosis–, pero no mucho más. Es preciso cocerlo antes de que anochezca. –Se volvió hacia Josué–: Muéstrame los venablos que ordenaste confeccionar.

Josué partió a la carrera y regresó, seguido por Mishael y una docena de jóvenes que llevaban, cada uno, varios venablos.

–Los demás ayudan a plegar las tiendas y a hacer los bultos –dijo Josué–: somos casi mil. Aquí están los venablos.

A Mosis le sorprendió su calidad. Eran de longitud desigual, pero tan rectos como podía esperarse en las condiciones en que habían sido fabricados. Casi todos eran de madera de ciprés. Las puntas habían sido endurecidas al fuego, como había recomendado Mosis, que probó la punta con el índice e inclinó la cabeza. Tomó uno, lo sopesó y lo lanzó a lo lejos. Voló unos cincuenta codos y fue a clavarse en la arena a algo menos de un codo de profundidad, prueba de que era lo bastante pesado para un lanzamiento eficaz. Los jóvenes habían observado la demostración con admirada sorpresa. ¡El hombre a quien el Señor se le había revelado tenía también fuerza física! Fue a buscar el venablo y regresó hacia ellos.

–¿Cuántos tenéis?

–Doscientos ochenta y uno –respondió Josué–. No es bastante, ya lo sé, pero no hemos tenido demasiado tiempo. Tuvimos también que encargarnos de las redes.

Mosis sonrió. Examinó a los jóvenes. Todos eran antiguos trabajadores de las obras de Egipto. Cuerpos firmes y alerta, rostros decididos.

–De momento –les dijo–, nos dirigimos a la tierra que nos está destinada, aquella de la que procede nuestro antepasado Abraham. Seremos considerados un pueblo errante por todos los que poseen ya sus tierras. Una amenaza, pues. O seremos atacados por quienes querrán convertirnos, una vez más, en esclavos, o por quienes deseen impedirnos que conquistemos nuestras tierras. Por ello nos vemos obligados a fabricar nuestras propias armas. Mil venablos estará bien, y es preciso que estén listos lo antes posible. Pero no será suficiente.

Aguardaron. ¿Cuántos?

–Si somos atacados –prosiguió Mosis–, lo seremos por un enemigo lo bastante poderoso para atreverse a emprenderla con veintisiete mil personas, la mitad de los cuales, por lo menos, estará en condiciones de defenderse. Y si atacamos, tendrá que valer la pena. No podríamos defendernos ni atacar sin una fuerza compuesta por cinco mil hombres.

Y, volviéndose hacia Josué, añadió:

–Estoy seguro de que encontrarás rápidamente a cuatro mil hombres más entre nosotros. Vigorosos y alerta como éstos. ¿Tenéis dagas?

Muchos de ellos las tenían.

–Un ejército debe poseer varias clases de armas –explicó Mosis–. Arcos, espadas, lanzas o, en su defecto, venablos como éstos, mazas y, para defenderse, escudos. Dispondremos sólo de las armas que hayáis fabricado. Quiero que os entrenéis con la honda. Es un arma terrible en manos de un hombre que sepa manejarla, y es fácil de fabricar.

Inclinaron la cabeza. Afirmaron que varios de ellos sabían manejarla.

–Más tarde tendremos las armas que hayáis conquistado –continuó.

Parecieron asombrados.

–Un enemigo vencido lo es dos veces, porque deja sus armas en el campo.

Echó una ojeada por encima de sus hombros. La mayoría de las tiendas habían sido ya desmontadas.

–Pero recordad que las armas tienen sólo una importancia secundaria –concluyó–. Lo que cuenta es la cabeza que dirige el brazo en cuyo extremo está el arma. Quiero gente rápida, vivaz, astuta. Soy sólo vuestro teniente. Vuestro jefe, vuestro verdadero jefe, es el Señor. Os pido que seáis dignos de su protección. Decidlo en voz alta y decidlo en voz baja: el Señor me protege.

Lo repitieron.

–Josué, después de mí serás el jefe de estos hombres y de quienes tú elijas. Caminaréis juntos y no con vuestros clanes; una mitad justo detrás de mí; la otra, cerrando la marcha[2].

Era casi mediodía cuando todas las tiendas estuvieron plegadas. Mosis estimó que no caminarían más de seis horas. Eliab había sido enterrado, y su tumba, cubierta con grandes piedras. Josué conducía a quinientos hombres, justo detrás de Mosis, y los otros quinientos cerraban el convoy. La gente preguntó qué significaba aquella escolta. Los corderos balaban y los asnos rebuznaban. Mosis montó a caballo y la columna se puso en marcha. Una columna de veintisiete mil almas, de casi diez mil codos de largo y cargada de esperanza, de resentimientos, de ansiedad, de todo aquel lodo que el Señor ha vertido en cada una de sus criaturas, junto a algunas pepitas de oro.

«Señor, ¿realmente vamos a fundar una nación?», pensó Mosis.

El cielo, sin embargo, estaba claro. Hacia el este, parecía de nácar teñido de verde.

9

«¡SIN ÉL, ERES SÓLO UNA LECHUZA!»

Pronto sería necesario darles una ley, pensó Mosis, contemplando, por encima de las crines de su caballo, el mar y las arenas doradas por el ocaso. Ahora que habían escapado del yugo egipcio, se volvían rebeldes. Pero, antes que una ley, era sobre todo necesario alimentarlos. Su pensamiento volaba, una vez más, hacia Sephira, sus hijos, Jethro, cuando Aarón, que montaba también uno de los caballos arrebatados a los egipcios y que se habían revelado sorprendentemente resistentes, soltó:

–Comienzo a tener hambre.

–Hacía mucho tiempo... –prosiguió Mosis.

Tras haber barrido con la mirada la vegetación de su izquierda, de un verde tan oscuro que se volvía negro contra el fondo de las montañas enrojecidas y violetas, se volvió y ordenó detenerse. Sin embargo, más de una hora de claridad les separaba de la noche.

–¿Ahora? –se extrañó Aarón, que mordisqueaba unos dátiles.

«¡Alto!», gritó Josué volviéndose también. «¡Alto!», gritaron los hombres de la última fila de la escolta. «¡Alto!», repitieron algunos hombres a lo largo de la columna. Mosis descabalgó y rogó a Aarón que convocase sólo a los jefes. Les pidió que le siguieran hasta un tamarisco.

–¿Veis estas excrecencias blancas? –dijo arrancando una del tronco–. Son comestibles –tendió a uno de los jefes un grano del tamaño de una haba grande–. Puedes probarla.

El otro se puso prudentemente el maná[1] entre los dientes y comenzó a masticarlo.

–Parece pan con miel.

77

–En cualquier caso, con eso puede hacerse pan.

Aarón, que no conocía el maná, fue a tomar un poco y lo probó también con la punta de los dientes. Los demás jefes siguieron su ejemplo.

–¿Qué es[2]?

–Ese *qué es* es el pan que el Señor os ofrece para que no muráis de hambre –repuso Mosis.

Le miraron, medio escépticos. Sin duda los había que se preguntaban si el Señor andaba corto de harina o, al menos, de trigo. Lo adivinaba por su mirada: habrían preferido dar con un trigal, así, en pleno desierto.

–Es comestible, en efecto. ¿Y habrá bastante para alimentar a todo el mundo?

–Habrá bastante. Quiero que mañana, cuando el sol comience a salir, las mujeres vayan a recogerlo de los árboles, a razón de un *omer* por familia[3]. El maná se recogerá pronto, y sólo lo necesario para la jornada.

Una vez más, levantaron hacia Mosis unos ojos asombrados. Incluso Aarón.

–¿Y si al día siguiente no encontráramos?

–No encontraréis si no confiáis en el Señor –repuso Mosis.

–¿Y por qué debemos recoger eso antes de que el sol esté alto? –preguntó otro jefe.

–Porque con el calor se funde y proliferan los gusanos[4]. Es preferible majarlo y cocerlo en seguida para hacer pan. Además, ¿veis estas hierbas? –prosiguió Mosis arrancando un brote de achicoria silvestre que fue a lavar en el mar–. También eso se come. Es achicoria. Una vez lavada, es comestible.

Y, uniendo el gesto a la palabra, masticó algunas hojas y les tendió el resto.

–Hay en abundancia. Pan y ensalada, eso enriquecerá la ración –miró cómo los dedos desprendían las hojas y se dijo que incluso los dedos podían expresar escepticismo.

–Si es que hay ración... –murmuró un jefe.

–Es algo amargo –dijo otro.

–¿Ensalada sin sal? –se extrañó un tercero.

–Si queréis sal, dejad al sol un recipiente lleno de agua de mar. Por la noche, cuando el agua se haya evaporado, encontraréis un poco de sal.

No parecían muy entusiasmados, pero estaban aprendiendo a no discutir con Mosis y volvieron hacia los suyos. Una vez más se plantaron las tiendas y se encendieron las hogueras, mientras los pescadores reanudaban su labor. Con un estruendo de aleteos y picotazos, una bandada de cigüeñas negras procedentes del sur cayó de pronto sobre la playa, donde acababan de dejar las recientes capturas de pescado, y los pájaros comenzaron a devorar el pescado más pequeño. Los chiquillos y las niñas corrieron para expulsarlos, pero las aves no se dejaban intimidar fácilmente, amenazando con el pico y dando aletazos. Había más de cien; las alejaban por un lado y regresaban por el otro.

–¡Dejadlas! –gritaron unos pescadores que habían observado a las intrusas–. Sólo comen lo que nosotros rechazamos.

Las contemplaron un buen rato, mientras se hartaban de gambas extraviadas en las redes, de moluscos y pescados tan pequeños que era sorprendente que hubieran sido retenidos por las mallas. Soltaron luego unos graznidos y emprendieron el vuelo hacia la maleza, donde completaron su comida con grillos, lagartos y demás bestezuelas antes de asentarse para pasar la noche. Por la mañana se habrían marchado.

Mosis observó la escena; parecía pensativo.

–¿De dónde vienen?

Se volvió hacia la que había hablado; era su sobrina, la hija de Aarón. Una flor que tomaba nuevos colores bajo el viento del desierto y del mar, lejos de las languideces de Egipto. Esperó, brevemente, que escapara de la acritud de su madre y la rancia tontería que se concentra en la pécora antes de pasar al estado de doncella y, luego, al de hembra fecunda.

–Vienen de África –respondió–, donde permanecen durante el invierno para abandonarla cuando llega la primavera.

Cualquier juventud es bella. Eran los malos pensamientos los que hacían tan feos a los adultos, los rencores, las cobardías, las mentiras, las sucias envidias, la irremediable vanidad de los individuos que, todos, se consideran el centro del mundo, la inercia de la pereza, la falta de corazón, el desconocimiento de la muerte y, peor aún, el miedo a la muerte. Quería una nación de jóvenes, una nación de belleza y de valor. No aquellos viejos cuya faz estaba tan marcada que podía pensarse que caminaban con ella y no con sus pies.

–¿Adónde van?

–Hacia el norte. Más allá de la Gran Verde, hay tierras desconocidas.

Levantó los ojos y vio una pareja de buitres que giraba, muy arriba, en el cielo, con la esperanza de devorar algunos restos de cigüeñas agotadas.

—¡Aarón!

Era la voz de Elisheba, cuyos humos habían bajado y que se mantenía, ahora, a respetuosa distancia de Mosis. Aarón se alejó para ayudar a su familia a plantar la tienda, luego regresó para plantar la que compartía, solo, con Mosis. Una hora más tarde, la ribera estaba de nuevo cubierta por la humareda del pescado asado. Mosis se desnudó y fue a bañarse. Sólo algunos jóvenes siguieron su ejemplo; los demás, sin duda, aguardaban a encontrar un manantial. Cuando regresó, secándose, advirtió que su primo Mishael había encendido fuego para él y estaba asando dos grandes filetes de pescado sobre una piedra plana.

—He dicho que el pescado se reservara para las mujeres —observó Mosis.

—Es la parte de mi madre y de mis tías —respondió Mishael—. Dicen que ayer comieron demasiado. Han mordisqueado un poco y están ya hartas. Esta noche no quieren.

—Por lo tanto, lo que motiva esos lamentos sobre la comida —se rió Mosis—, no es tanto el hambre como el placer de comer.

Mishael le dirigió una mirada cargada de irónico sobreentendido y le dio la vuelta, con su daga, a los filetes.

—¿Y tú, has comido ya? —preguntó Mosis.

—No, sigo tus órdenes. Dijiste que el pescado era para las mujeres.

—Pero, puesto que las mujeres de tu familia ya no quieren, ¿por qué no vas a servirte?

—Prefiero servirte primero.

—¿Por qué?

—Porque veo lo que ves y adivino lo que piensas.

—¿Tú crees?

—Somos muchos los que comprendemos que sin ti tendríamos todavía en nuestras espaldas el látigo de los capataces egipcios.

—¿Es todo lo que comprendéis?

—Y también que eres un padre.

Mosis inclinó la cabeza. ¡Un padre! Él, que nunca lo había tenido...

—Comparte entonces un filete conmigo, y dejaremos el otro para Aarón —dijo.

—Si tú lo ordenas.

Aarón se acercaba y Mosis le ofreció el otro filete de pescado.

–Todo eso está muy bien –dijo éste con el último bocado–. Mañana habrá, pues, pan para todos. Pero seguimos sin tener carne.

Mosis y Mishael se pusieron a reír, y Aarón les miró con escandalizada sorpresa. Dos de sus hijos, Nadab y Eleazar, le observaban a distancia, aparentemente sorprendidos de verle comer pescado.

–¿He dicho alguna tontería? –preguntó fingiendo que se dirigía sólo a su primo.

–¡Acabas de comer pescado fresco y te quejas de no tener carne! Además, Mishael y yo hemos compartido un filete y te hemos dejado a ti uno entero.

–No me quejo. Digo que los demás están acostumbrados a comer carne y que seguimos sin tenerla –respondió Aarón herido en su amor propio.

–Pues bien, todavía no nos hemos muerto de hambre.

–La indulgencia no es tu fuerte –observó Aarón–. Sin embargo, tienes que comprender a la gente a la que mandas.

–No, la indulgencia no debe dominar a un jefe, Aarón. Te equivocas. Comprender a alguien significa condenarse a tener siempre en cuenta sus debilidades, es decir, verse apurado al tomar cualquier decisión importante. No pienso tener en cuenta las recriminaciones por la diferencia entre la comida de Egipto y la que podemos encontrar en el desierto. ¿Creéis acaso que vamos a permanecer eternamente a tan magro régimen? ¿No podéis tener paciencia en el nombre del Señor, que os ha liberado?

¡Aquella incapacidad para imaginar el futuro era sorprendente! Incluso los niños, cuando se les prometía algo para el día siguiente, eran capaces de armarse de paciencia. Pero no, aquellos hombres querían carne, y la querían en seguida. Los únicos a los que no oía protestar eran los jóvenes. ¿Por qué? ¿Porque en toda juventud fermenta una rebelión? ¿Porque la rebelión alberga en su interior la esperanza? ¿O porque no habían sido aún reblandecidos por los hábitos de comodidad, como sus mayores?

Josué y otro joven llamado Zikri, al que Mosis había visto ya a su lado, acababan de unirse a ellos.

–El Señor me ha encargado que funde vuestra nación en la tierra que él ha elegido, Aarón. Y no pienso fundar una nación con alguien obsesionado por el estofado. En Canaán no nos espera una vida fácil, aunque la tierra sea fértil. Quiero fundar una nación joven y valerosa, capaz de defenderse y de atacar y de soportar las privaciones. ¡Os pido que seáis dignos del Señor! ¡Soldados del Señor! Si sois criaturas del Señor, quiero ver en vosotros la luz de la esperanza.

Pero reconoció que la esperanza no podía sobrevivir sin objeto, a falta de lo cual el mundo se la traga como la arena se traga el agua. Él debía ofrecerles una imagen a la que agarrarse o, más bien, a la que asirse, una imagen precisa que se impusiera incluso en sus sueños. La noción de libertad era demasiado abstracta, al igual que la de dignidad. Si para ellos la libertad y la dignidad iban unidas a una panza vacía, las rechazarían. Lo tendría en cuenta la próxima vez que se dirigiera a ellos.

Aarón callaba, consternado. Su sentido de la diplomacia era barrido irremisiblemente.

—Los viejos habrán muerto, por fortuna para ellos —murmuró por fin—. Por lo demás, hace un rato ha muerto una anciana.

—¿Cuál era su mal?

—La edad. No quiso dejar que sus hijos partieran solos. La fatiga ha acabado con ella.

Nadie había prometido que el éxodo sería una garantía contra la muerte.

—A todos nos llega nuestra hora. La muerte de los ancianos, Aarón, que habría sido recibida en Egipto como una previsible pesadumbre, no debe cambiar de sentido en el desierto y ser interpretada como una sanción a la libertad. Te pido que vigiles eso. La partida de Egipto y las pruebas del desierto no son un subterfugio para librarnos de nuestros mayores, ¿lo has comprendido? La gente mayor conserva parte de nuestra memoria y por eso les he reservado, así como a las mujeres, la preferencia en las raciones alimentarias.

Aarón parecía turbado. Tantas ideas... Estaba cansado y casi se felicitaba de que el Señor no se hubiera dirigido a él. Mosis era un hombre instruido, tenía ya experiencia del poder, podía manejar aquellos conceptos y aquellos problemas, él en cambio...[5]

—Zikri —prosiguió Mosis al cabo de algún tiempo—, ¿es cierto que algunas mujeres se niegan a comer pescado?

El otro pareció turbado.

—No puedo contestar por todas las mujeres, Mosis. Y tal vez negarse es una palabra demasiado fuerte. Pero es cierto que he oído decir a algunas que estaban hartas de descamar y vaciar para comer lo que habían comido ya la víspera. Querrían comer, también, pescado frito.

—Muy bien. Ve a decir a los pescadores que, siendo así, les corresponderá una décima parte de sus presas.

Zikri le dirigió una divertida mirada a Mosis y se levantó para dirigirse hacia la playa.

—Hablando de carne —dijo Josué—, he visto algunas gacelas, arriba, en las montañas. ¿No podríamos cazarlas?

—Siempre que las alcanzáramos. ¿Con qué piensas cazarlas?

—Con hondas.

—Y cuando las hubieras derribado, tendrías que ir a la montaña para traerlas. Y cuando las hubieras traído, tendrías que repartirlas, y no estoy seguro de que hubiera carne para todo el mundo. Las gacelas de estos parajes son pequeñas, un animal ni siquiera puede alimentar a más de diez o doce personas. ¿Te das cuenta? ¡Sería preciso cazar dos mil quinientas gacelas para una sola comida! De lo contrario, despertarías envidias.

Josué se echó a reír y provocó la sonrisa de Mosis.

—No volveríamos a oír hablar de carne —observó.

Hacía tiempo ya que la noche había caído. La fatiga y las contrariedades de la jornada empujaron a hombres y mujeres, jóvenes y viejos, hacia el sueño como arrastra el mar los guijarros por la playa.

En plena noche, el grito de una lechuza despertó a Mosis. Escuchó y le pareció que su tono era una pregunta. Sola en el árbol vecino, le pareció que expresaba la ansiedad de un ser solitario en la noche. Buscaba el sentido de su vida.

—¡El Señor! —murmuró para responderle—. ¡El Señor, lechuza! Con él, reinas sobre la noche; ¡sin él eres sólo una lechuza!

Como si le hubiera oído, el animal calló y él volvió a dormirse.

Cuando apuntó el alba, fueron centenares los que recogieron maná en los tamariscos. Aquello les llevó muy lejos y provocó ciertas conmociones porque, en cuanto se entraba en el pedregal donde crecían los arbustos, se corría el riesgo de cruzarse con algunas serpientes. Y se tropezó con ellas. Algunos, en efecto, fueron mordidos y se acercaron a Mosis, como si hubiera sido por su culpa.

—¿Cómo era esa serpiente? —preguntó Mosis.

—¡Una serpiente, caramba! —dijo un hombre mostrando su mano hinchada.

—¿Tenía la cabeza ovalada o triangular?

—Ovalada, creo.

—¿De qué color?

—Negro.

–¿De qué longitud?

–Muy larga, cuatro o cinco codos.

Mosis fue a buscar llantén entre las hierbas, recogió una docena de hojas y regresó para decirle a la víctima:

–Que tu mujer las hierva media hora con algo graso, aceite si le queda, de lo contrario bastará con agua. Aplica las hojas hervidas en tu mano y pon encima una venda. Mañana casi ni lo sentirás. Te ha mordido una culebra de Siria. No es venenosa.

Hubo también dos casos de picadura de víbora. Mosis abrió la picaduras con la punta de su daga y dejó correr la sangre.

Inmediatamente se dio a quienes recogían maná la consigna de golpear la maleza con unos bastones antes de entrar en ella. Lo que no deja, tampoco, de ser peligroso, pues entre las serpientes había cobras negras que no se dejaban intimidar y se erguían, furiosas, dispuestas a atacar a quienes las molestaban. Finalmente, por orden de Mosis, la cosecha terminó antes de que el sol fuera muy fuerte.

El maná fue majado, mezclado con agua y puesto a cocer sobre unas piedras. El producto de ambas operaciones fue un pan evidentemente plano, dulzón, que podía comerse con achicoria y restos de queso o pescado. El sabor era nuevo pero, de todos modos, se cansaron de él.

10

LO QUE DIJO ALÍ, EL CARAVANERO

Comieron maná y pescado por el camino, durante cinco días. Completaban la ración con algunas bayas de ziziphoras, azucaradas y algo aciduladas, dátiles silvestres, pero no había materias grasas. Por mucho que Mosis buscara en sus recuerdos del tiempo en que había compartido la cotidianidad de Hussam y sus hijos, no le venía a la memoria ninguna fuente silvestre de materias grasas; la única grasa de las comidas procedía de la leche, y las tres vacas que habían sacado de Egipto habrían sido incapaces de cubrir las necesidades de la comunidad. Además, los productos lácteos se habrían conservado muy mal con aquel calor. Por eso, además, Mosis había ordenado que la leche se reservara, estrictamente, para las mujeres encintas y las que amamantaban y, si quedaba, para los niños de corta edad, a los que procuraba evitar que pasaran hambre.

Por la mañana del quinto día vio acercarse una caravana y corrió hacia ella[1]. ¿De dónde procedía aquella gente? De Ecyon-Geber y de los campamentos superiores, respondieron los caravaneros, pasmados ante la masa de humanos que distinguían al sol, detrás de Mosis.

–¿Y vosotros? –preguntó su jefe.

–Venimos de Egipto.

–¿Tanta gente?

–Hemos abandonado el reino.

–¿Es cierto, entonces?

–¿Qué?

–Lo que nos dijeron los bateleros, que los apiru han emprendido la huida.

Mosis inclinó la cabeza.

–¿Y adónde vais?

–A Canaán.

Le miraron como si les hubiera dicho que iban a la Luna.

–Y tú eres su jefe, ¿verdad? Creo reconocerte. ¿No eres Mosis, el rey de los demonios?

Mosis se echó a reír y también el jefe y los demás caravaneros. Fueron repitiendo de camello en camello: «¡Es el rey de los demonios!», y se reían con su risa solar y gutural. ¡No habían pues olvidado aquel apodo que le habían valido sus combates contra los bandidos! Josué, Mishael y Aarón, que se habían reunido con Mosis, observaban estupefactos a los camellos.

–¿Y Alí? ¿Y sus hermanos? –preguntó Mosis.

–Alí prospera. Pregunta a menudo si alguien te ha visto por la región. Ahora está en Alaat, con su familia.

–¿A qué distancia estamos de Alaat?

–Llegaréis esta noche. Pero la ciudadela, como sabes, no podrá acogeros.

–Lo sé.

Mosis no se atrevía a evocar la posibilidad de aprovisionarse de víveres y agua.

–¿Hay en el desierto plantas de las que pueda extraerse aceite? –preguntó.

El jefe de los caravaneros pareció perplejo.

–Hay almendros silvestres, pero no los encontraréis a menudo, ni muchos, y sus almendras dan poco aceite. Tal vez podáis comprar aceite de oliva en Alaat.

Se dieron un abrazo.

–¡Salud, rey de los demonios! ¡Salud, hermano mío!

Los caravaneros reanudaron su camino y recorrieron la inmensa masa de los exiliados.

–¿Conoces a esa gente? –preguntó Josué–. Parecen sentir afecto por ti.

Y Mosis le explicó que la población de aquellas regiones antaño le acogió cuando huyó de Egipto.

–Y entonces tomaste mujer, entre ellos.

A Mosis le sorprendió que Josué estuviera al corriente de esa boda. Pero Aarón había hecho correr la información; Aarón, que había regresado hasta la retaguardia de la intermina-

ble caravana comentando a su modo la entrevista de Mosis con los beduinos.
—¿Qué más dijo?
Josué pareció turbado.
—Que no deberías haber tomado mujer entre los extranjeros.

En efecto, llegaron a Alaat al caer la noche. Mosis reconoció el perfil de la ciudadela, que parecía haberse ampliado en aquellos tres años. Oyeron unos gritos.
—¡Luces! ¡Hay gente!
—Haremos un alto —ordenó Mosis.
Anunció que iba a subir hasta la ciudadela para tratar de obtener derechos de avituallamiento de agua y víveres. Se propagó la agitación, pues algunos se habían aventurado a pie por el llano de Alaat y, tras haber divisado en el crepúsculo palmeras y cultivos, creían haber llegado por fin a Canaán[2]. Mosis galopó por el camino que ya conocía e hizo que lo admitieran mencionando el nombre de Alí, hijo de Hussam.
¡Qué recibimiento! ¡Qué abrazos! ¡Qué torpes palabras! Risas. Emoción. Calor. Luego la cena. El sabor del vino, del pan, de la oca con especias... Y luego las explicaciones.
—¿Dónde están tus hermanos, Samot y Nibbiot?
—Pronto regresarán. Sigo teniendo tu arco y tus flechas, ¿sabes?... ¿Vuelves a Ecyon-Geber? ¿Verás a tu mujer? Vi a tu suegro, Jethro, y a tu hijo, Guershom... Se dice que te has convertido en rey de los apiru y que los has sacado de Egipto...
—No, escucha, te necesito...
Y Mosis contó.
Alí escuchó, e iba de asombro en asombro.
—¿Cuántos sois?
—Veintisiete mil.
—¡Veintisiete mil!
—Necesitamos agua y víveres.
—¿Para tanta gente? No puedo decidirlo solo. Como sabes, tenemos tres fuentes y once pozos. Pero vais a ocuparlos durante varios días y es la temporada de engorde de los rebaños...
—Concedednos algunas horas por día. Pagaremos —dijo Mosis—. ¿Podéis vendernos aceite y harina?
—Claro. Pero no sé si nuestros almacenes bastarán para aprovisionaros.

–¿Dónde están los jefes?
–Están aquí, en Alaat. En seguida iremos a verlos –dijo Alí levantándose–. Ven conmigo.
Fueron así, de puerta en puerta, en la fría noche y repitieron cada vez el mismo ceremonial. Encontraban al jefe calentándose ante un brasero o un hogar, rodeado por sus hijos, sus hijas más jóvenes, algunos clientes y esclavos; Alí presentaba a Mosis, sí, claro, todos le recordaban, el rey de los demonios, los jefes se reían, les invitaban a sentarse y Alí exponía el problema: el rey de los demonios se había convertido en jefe de los apiru y solicitaba, a cambio de pago, derecho a aprovisionarse de agua, quería comprar harina y aceite. Debía explicar, cada vez, por qué los apiru habían abandonado el reino del faraón, luego debía revelar el número de los exiliados. Y cada vez brotaba la misma exclamación: «¡Veintisiete mil!»
Tres horas más tarde, Alí obtuvo por fin un acuerdo referente al agua: los apiru tendrían derecho a aprovisionarse durante las tres primeras horas del día, tres días consecutivos, a cambio de cien shekels de plata. Samot y Nibbiot, que acababan de regresar, consideraron que, para los víveres, mejor sería dejar los inventarios para el día siguiente, cuando hubiera luz.
–Duerme en casa –dijo Alí cuando los tratos hubieron terminado–, estarás más caliente que en una tienda.
–Envía entonces un emisario a mi hermano, para informarle; de lo contrario, se preocuparía.
Como confirmó el emisario, Aarón y los demás estaban ya preocupándose, en efecto, imaginando que Mosis había sido raptado. Alí y Mosis se retiraron para pasar la noche, tendido cada cual en su litera, a la rojiza claridad del fuego, como aquella noche, tres años antes, cuando Mosis compartió su primera cena con Hussam. Por primera vez desde hacía mucho tiempo, Mosis se acostó en una litera, con el aromático olor de la madera calcinada, del incienso y el sebo que desprendía su manta de piel de cordero. Comió dátiles, almendras, higos, tortas con miel y sésamo, colocados en boles en el centro de la estancia, intentando acallar el remordimiento que le producían aquellos privilegios. Comer le daba más hambre aún y Alí dijo por fin:
–Eso me apena.
–¿Qué?
–Ver que tu rostro se ha adelgazado.
Luego, transcurrido algún tiempo:

–¿Por qué no te quedaste con nosotros?
–Lo dijo tu padre: la mano de Dios se ha posado en mí.
–Si te hubieras quedado con nosotros, habrías tomado mujer y no tendrías tanta gente a tu cargo. También nosotros tenemos dioses.
–El mío me encargó que condujera a ese pueblo fuera de Egipto.
–¿Y adónde iréis?
–A Canaán.

Alí había cambiado. Había en él más profundidad y menos ímpetu. Mosis había conocido a una fiera joven y ahora descubría a un hombre reflexivo, refinado, blando.

–¿Queréis conquistar el territorio? Ya hay gente allí: los cananeos, los amorritas y los hititas, que son los peores...
–También hay apiru. Se unirán a nosotros. Es preciso. Les arrebataremos el territorio.
–¿Con qué? ¿Vas a fabricar arcos? ¿Flechas?

Mosis sonrió recordando el ayer[3].

–No. Pero lo tomaremos. El Señor lo quiere.
–¿Crees que tu dios desea la felicidad de los hombres?

La pregunta cogió desprevenido a Mosis.

–¿Qué es la felicidad? ¿Comer bien, tener mujer, gozar de buena salud? Mi pueblo tenía todo eso en Egipto. No era bastante, Alí. Decidieron partir.
–¿Por qué?
–Les faltaba la libertad, la dignidad, el orgullo.
–¿Y nosotros, Mosis, no tenemos la libertad, la dignidad y el orgullo? ¿No los tenemos al mismo tiempo que la felicidad?
–Los tenéis, sin duda. Los tenéis, sí, lo he comprobado. Pero nosotros no los teníamos. Debíamos conquistarlo.
–Pero en realidad no es tu pueblo –alegó Alí–. Tú nos lo dijiste, eres un egipcio...
–El Señor me impuso ese pueblo.
–¿Cómo?
–Le vi, una llama blanca que brotaba de una zarza. Una voz que resonaba hasta las montañas y hacía vibrar la tierra. Le vi, se me manifestó, Alí. No puedo negarle.
–¿Y abandonaste a tu mujer para obedecer sus órdenes?
–Es más fuerte que todo, Alí –replicó Mosis con voz somnolienta. El vino, la comida, el calor: su cabeza se bamboleaba.
–Duerme –dijo Alí–. Algún día pídele a tu Señor que te expli-

que por qué siento que eres mi hermano tanto como los hijos de mi padre.

Aquella última frase llenó a Mosis de vértigo, pero su cabeza no respondía ya a su voluntad, se sumía en el sueño como en los brazos de una mujer. Y pensó que la ternura de los hombres era desconcertante. Nunca había sabido juzgarla...

11

LA ACCIÓN DE GRACIAS OLVIDADA

A la mañana siguiente, una mano levantó su cabeza y Mosis reconoció los ojos pardos de Alí, que le tendía un bol de leche caliente. Bebió pensativamente, conmovido por el gesto.

Bajó luego a informar de los resultados de sus entrevistas a Aarón y los jefes, que le aguardaban inquietos todavía. Sí, tendrían derecho al agua, pero debía subir de nuevo para evaluar el aceite, la harina, las lentejas, las habas, las legumbres que los jefes de Alaat les cederían... Lanzaron gritos de éxtasis. Agua, lentejas, habas, legumbres... Varios de ellos se habían aventurado, de nuevo, al alba, por la llanura al pie de la montaña y, al encontrar cultivos, rebaños, fuentes, habían repetido su cantinela: era Canaán e iban a instalarse allí. Les hizo entrar en razón: ciertamente, las llanuras no podían acoger a todo su pueblo; Canaán estaba mucho más lejos.

Se aseó luego y se bañó en el mar. Más tarde llegó Alí con un caravanero para concluir los intercambios comerciales. ¿Podrían los apiru pagar cien sacos de harina? ¿Veinte sacos de lentejas? ¿Diez de habas? ¿Otros diez de frutos secos? ¿Cincuenta *omers* de aceite de oliva? Los jefes de clan presentes preguntaron cuál era la capacidad de un saco. Quince *omers*, respondió Mosis, que la conocía. Preguntaron su precio. Cinco shekels de plata por saco de harina, seis por saco de lentejas, otros tantos por saco de habas y de frutos secos. En total, quinientos shekels de plata. Más cien, más cincuenta, más los cien shekels de derechos de pozo durante tres días, es decir, un total de setecientos cincuenta shekels de plata. ¿Aceptarían también oro los beduinos?, preguntaron los jefes. El caravanero que servía de contable respondió que daba dos shekels de oro por cada diez de plata y quince de cobre. Los jefes fueron a consultar a los suyos y regresaron, una hora más tarde, llevando dos sacos de yute que tintineaban. Aarón mantenía apartadas a las mujeres que se apretujaban, incrédulas, para ver a los mercaderes que cedían aquellos alimentos increíbles y para poner, también, su granito de arena. Aquello provocó gritos e, incluso, una disputa entre Aarón y su mujer.

–¡El aceite! ¡Olvidábamos el aceite! –exclamó Mosis.

Costaba cinco shekels cada tres *omers*, pero Nibbiot no podía garantizar una entrega de más de diez jarras de tres *omers*. Cincuenta shekels más. Alí observaba aquellas transacciones con unos ojos entre divertidos y asombrados.

El caravanero sacó una balanza que Aarón y algunos jefes examinaron con mirada suspicaz, lo que podía resultar ofensivo, pero el contable sonreía con aire irónico mientras se pasaban la balanza de mano en mano y sopesaban los platillos para verificar que no hubiera uno más pesado que el otro. Mosis y Alí supervisaban, a distancia, las pesadas. Aquello requirió toda la mañana. Luego Mosis les encargó a Aarón y a Josué que reunieran un centenar de hombres para ir a buscar los sacos de víveres.

–¿En qué vais a cargarlos? –preguntó Nibbiot recorriendo con la mirada el campamento sin ver más que algunos asnos y caballos.

–La verdad es que no nos lo llevaremos todo –repuso Mosis–. Creo que, durante los tres días que permanezcamos aquí, consumiremos buena parte. Hace quince días, desde que salimos de Egipto, que no hemos hecho una comida de verdad. Digamos que nos habremos librado de más de un tercio.

–Hablaste de verduras –dijo Aarón dirigiéndose a Mosis–. Todo el mundo me habla de verduras. ¿Qué verduras podemos encontrar?

–Lechugas y cebollas –replicó Nibbiot.

–¿Quiénes son esos hombres? –preguntó Aarón, en un aparte, señalando a Alí y Nibbiot.

–Hermanos.

–¿Cómo puedes llamar hermanos a gente de otra fe?

–Como tú me llamabas hermano[1] –repuso Mosis.

–¿Añado verduras? –preguntó Nibbiot.

–¡Ya lo creo! –gritó un jefe.

El contable añadió pues veinte shekels de plata por las lechugas.

–¿Quién es ese hombre? –quiso saber Alí a media voz señalando a Aarón.

—Mi hermano —repuso Mosis sonriendo para sí por la simetría de las preguntas[2].
—¡Vamos! Sabes muy bien que somos tus únicos hermanos —repuso Alí riéndose—. ¿Y de qué habéis vivido todo ese tiempo?
—De maná y de pescado. ¿Podemos comprar algunos corderos?
—Quince shekels por cordero —precisó Nibbiot—. Pero no podemos cederos más de veinte cabezas.
El contable añadió pues trescientos shekels por los corderos.
—¡Qué responsabilidad te ha caído encima! —suspiró Alí.
Los porteadores bajaban de la ciudadela los primeros sacos de harina y el grupo que se había formado a su alrededor estuvo a punto de hacerles caer. Se gritaba, se cantaba y se bailaba, incluso, alrededor de aquellos sacos, ante la pensativa mirada de Mosis. Tuvo que darles una consigna a Aarón y a los jefes: sólo un tercio de la harina, las lentejas y las habas se consumiría durante aquella parada. Se comerían todos los corderos.
—No vais a encontrar semejantes provisiones de aquí a Ecyon-Geber —había advertido Nibbiot.
—¡Hemos olvidado el vino! —gritó Mosis.
Y dirigiéndose a Alí:
—¿Tenéis vino?
—Apenas podemos cederos unos pocos odres.
—¿Será prudente darles vino para que beban? —se inquietó Aarón.
—Podemos aguarlo —sugirió Josué.
—Cinco odres entonces, pero no más.
La velada hizo olvidar todas las privaciones precedentes. Las mujeres habían cocido pan, verdadero pan gritaban, durante toda la tarde. Luego habían sido degollados los corderos y puestos a asar en espetones de ciprés, y sólo aquel olor embriagó a más de uno. Habas y lentejas habían sido puestas a hervir en infinitas marmitas; el campamento chispeaba, se volvía rojizo, crepitaba con mil hogueras. Alí ofreció ajo para perfumar la comida y, cuando llegó la hora, se sentaron en torno a las hogueras y comieron —engulleron, más bien—. Cordero con ensalada aliñada, lentejas con ajo, puerros y lechugas. ¡Furioso ejercicio de mandíbulas! Sin embargo, el agua, apenas teñida con vino, provocó crisis de ebriedad. Un hombre cayó al suelo, con los brazos en cruz, tras algunos tragos, otro comenzó a dar saltos por el campamento y estuvo a punto de caer en las brasas. Unas mujeres danzaban, algunos hombres cantaban a coro o soltaban insensatas carcajadas.

La satisfacción de los sentidos desenfrenó, sin pudor, naturalezas, comportamientos y humores que el hambre había refinado. Aparecieron pechos, luego ombligos y vientres, se agitó la carne, y se formaron singulares parejas. Las bestias nocturnas se enojaron y el grito de los chacales, en plena noche, pareció expresarle a Mosis la indignación que él mismo sentía. Aquella gente se creía aún en Egipto, festejaba como en tiempos de su estancia en el reino. En sus cabezas eran, todavía, súbditos del faraón y fieles a sus dioses. Sin embargo, los militares egipcios que habían capturado parecían, en cambio, los más contenidos. La disciplina del ejército seguía dominándolos, incluso lejos de sus jefes. Mosis suspiró. Le incumbía instalar a aquel pueblo en su país. Un país que sería suyo, ante la mirada de un Dios que sería suyo, el único, el Innombrable e Innombrado, el Espíritu purificador[3].

Observaba todo aquello con mirada desaprobadora.

–Han olvidado al Señor –murmuró–. ¡Ni una plegaria, ni una acción de gracias!

Samot, Nibbiot y Alí le hallaron en tan huraña contemplación y le llevaron a cenar con ellos. ¿Habían adivinado sus pensamientos? En cualquier caso, respetaron su silencio.

12

LA CARNE CAÍA DEL CIELO

Se llenaron de agua los odres, las calabazas, las jarras. Se cargaron los asnos, hasta que sus patas se doblaban, con los sacos de harina, lentejas y habas, varios de los cuales, por otra parte, habían sido divididos en tres o cuatro sacos más pequeños para que un hombre pudiera llevarlos. No quedaba ya ni una gota de vino. Era preciso ponerse en marcha. La salida de Elim fue, para Mosis, más penosa que su huida de Egipto.

–Ya no nos perderemos –dijeron los hijos de Hussam poniendo en su caballo algunos regalos: bolsas con los frutos secos que le gustaban, sal, clavo...

Luego, la formidable caravana de los apiru se puso en marcha. El viento del mar se levantó e hinchaba las velas rojas de una barca en alta mar.

Una vez más, se vieron caminando entre las montañas a la izquierda, el mar a la derecha y el porvenir enfrente, ondeando ya bajo los efectos del calor, padre de los espejismos.

Muy pronto, pensó Mosis, deberían reanudar la pesca. Fabricar más redes con las cuerdas que había comprado en Elim, auténticas cuerdas de cáñamo trenzado que harían unas excelentes redes.

En la parada vespertina, Mosis reunió a los jefes.

–Hace tres semanas que el Señor nos condujo fuera de Egipto –comenzó–. Durante todos esos días nos agitaban confusos pensamientos y he sufrido al no oír vuestras plegarias de agradecimiento al Señor, tras el banquete que hicisteis en Elim. ¿Qué sería de vosotros sin él? ¿Lo habéis pensado? Si no le tenéis presente en vuestros espíritus, montará, con razón, en cólera y se apartará de nosotros. Quiero que, a partir de ahora, un día a la semana, el séptimo, se consagre a la oración. Ese día no haréis otra cosa que orar. No coceréis los alimentos, no os desplazaréis más de cien codos. No habrá pesca. No quiero oír gritos ni querellas; ese día debe ser santo y consagrado al Señor. Mañana lo es. Por la noche prepararéis, pues, la comida a este efecto.

–La luz está realmente contigo, Mosis –dijo uno de los jefes, Zephon, de la tribu de los gaditas, uno de los que siempre había testimoniado su admiración por Mosis–. Fue nuestra costumbre desde nuestro padre Abraham. Lo que dices es justo y acorde con la voluntad divina. Este día era el séptimo y el que tú has designado es el séptimo[1]. Bendita sea tu sabiduría.

–Que cada uno de vosotros instruya a los que están bajo su autoridad.

–¿Podremos encender fuego? –preguntó otro jefe.

–No. Ninguna actividad. Preparad las hogueras y encendedlas antes de que se ponga el sol.

–¿Podremos soplar las brasas?

Mosis se volvió hacia Zephon.

–Sólo soplar –respondió éste.

–Hay entre nosotros esclavos que no son de los nuestros. ¿Podremos encargarles que mantengan las hogueras, como hacíamos en Egipto? –preguntó otro jefe.

–Es lícito. Los prisioneros egipcios son bastante numerosos como para ocuparse de ello. Que cada cual se preocupe de vigilar a los suyos.

Mosis hizo una pausa.

–Me disgustaron los excesos del festín que se celebró la primera noche en Elim –prosiguió–. Algunas muchachas bailaban desnudas por efectos de la bebida. Jóvenes no muy vestidos tampoco se agitaban de modo indecente y gente de edad madura no se comportó mucho mejor...

–¡Mosis! –intervino un jefe–. Hacía mucho tiempo que no habían visto comida...

–Tres semanas, lo sé. Los militares egipcios se comportaban mejor. No fue el comportamiento de un pueblo que respeta a su Señor y que va a fundar una nación. No quiero volver a verlo.

Al día siguiente, la calma y el silencio en el campamento fueron pasmosos. Sólo los prisioneros egipcios se atareaban, yendo de una hoguera a otra para echar leña o arreglar una marmita de estofado que estaba a punto de derramarse. Los espíritus de aquel pueblo eran como aguas enturbiadas por la agitación; el descanso los purificaría, pensó Mosis.

–¿Y si fuéramos atacados un día de sabbat? –preguntó Josué, que se había unido a Mosis como solía.

–Nos defenderíamos. Y luego haríamos un sacrificio para ser perdonados.

Levantaron el campo dos días más tarde, tras una abundante pesca. Aarón había ordenado que todo el pescado que no fuera consumido el mismo día fuese secado tras haber sido vaciado. Por otra parte, se secaba muy de prisa con el sol y el viento. Se extendía por la mañana y al día siguiente parecía cuero.

Al cuarto día sólo quedaban ínfimas cantidades de las provisiones compradas en Elim. Se puso de nuevo en vigor la ración de maná y pescado, y pareció más austera tras las delicias de Elim.

Recomenzaron pues las lamentaciones. Torturando los oídos de Mosis estaban Aarón, Josué y Mishael. Algunas mujeres corrían varios centenares de codos, desde la retaguardia, para protestar porque no tenían ya harina, no tenían aceite y así sucesivamente. También comenzaba a escasear el agua.

Al anochecer acamparon de mal humor. Se refunfuñaba por todas partes. Los reproches no hubieran servido de nada.

La cosa ocurrió a la mañana siguiente.

De pronto, el cielo rumoreó, pió y se oscureció, luego unas menudas y emplumadas bestias cayeron al suelo, a centenares, ante las estupefactas miradas de los apiru. Mosis comprendió, en un abrir y cerrar de ojos, que eran codornices. Alertó a los hombres más cercanos.

–¡De prisa! ¡Capturadlas antes de que emprendan el vuelo!

Seguido por Mishael y Eleazar, se lanzó a la carrera por todo el campamento para avisar a los demás. Pero las mujeres habían salido ya de las tiendas lanzando gritos y arrojando sobre las aves mantas, vestidos, faldas; también los niños corrían por todos lados y casi todos los hombres se habían agachado, como ranas, disponiéndose a capturar su próxima comida. Una agitación sin par se había apoderado del campamento, que llegó al máximo cuando dos zorros rojos, que brotaron de los cercanos matorrales, tuvieron la desvergüenza de meterse entre los atareados humanos para apoderarse también de unas codornices antes de huir hacia sus cubiles. Mosis, por su parte, había tomado cinco codornices, acabó con ellas de una pedrada y las depositó en su tienda.

Levantó los ojos, vio primero tres parejas de gavilanes rojos, luego otra bandada de codornices que salpicaba el cielo. Ante la amenaza de los gavilanes, la bandada de pájaros ondeó como un tejido al viento, luego se desgarró y un gran fragmento perdió vertiginosamente altura y cayó también al suelo, entre los clamores de los humanos. Arriba, de paso, los gavilanes se habían servido ya. Luego, los restos de la bandada se reunieron y vagaron de un lado a otro antes de retomar su dirección original.

Mosis cogió dos codornices más, pero renunció a contar las que habían capturado los demás y también a dar consignas. Durante los días siguientes habría otra bandada de codornices, era la temporada. Quienes no hubieran comido se servirían entonces. Cuando hubo recuperado el aliento, gritó:

–¡Loado sea el Señor! ¡Loado seas por tu generosidad!

Las codornices eran un regalo para él, más aún que para la comunidad; le libraban, al menos por algún tiempo, de los reproches por la comida. El Señor se había manifestado y eso era lo que contaba[2].

Durante toda la tarde desplumaron, vaciaron y asaron. Algunos habían puesto las aves a secar, sencillamente. Por la noche, ante la hoguera, Mosis, Aarón, Josué, Mishael y Zikri devoraron dos codornices cada uno, en un absorto silencio. Se oía el crujido de los frágiles huesos entre sus dientes, lo que era ya muy elocuente.

13

LA PELEA POR LAS CODORNICES

Al salir del mar de madrugada, como salía, Mosis encontró a Mishael, que le esperaba en la orilla, bañado ya y con el cabello plano y brillante sobre el cráneo. Le interrogó con la mirada. Se veía claramente que Mishael tenía algo que decirle. Sus ojos de caballo pensativo brillaban con sombrío fulgor.
 –¿Qué pasa? –dijo Mosis agitando la cabeza como un perro que se sacude–. No pareces muy contento.
 Como a los egipcios –y en el fondo fue egipcio hasta hacía sólo un mes–, a Mishael le repugnaba dar malas noticias. Su rostro esbozó unos gestos con el mentón que no tuvieron otro efecto que hacerle aún más caballuno.
 –¿Tendré que darte de palos para que hables, primo?
 Mishael emitió una breve risita, casi un relincho, y Mosis sintió un impulso de afecto hacia una naturaleza tan desprovista de pretensiones.
 Habló por fin, mientras Mosis se secaba los cabellos. Soltó a retazos las informaciones, como si no acabara de creerlo. Mosis escuchó, consternado.
 ¿Tan desacostumbrados estaban los estómagos a semejante festín, si dos o tres codornices, para los más golosos, podían considerarse un festín? ¿En tan poco tiempo? Lo cierto es que la noche había sido muy mala para mucha gente y había resultado fatal para algunos. Mishael proseguía con el informe de lo que había sabido. Mucha gente se había encontrado mal y se había quejado de tener el corazón turbulento. «Turbulencias en el corazón» eran las palabras que utilizaban los más instruidos. Tres personas ha-

bían muerto, otras diez jadeaban en sus tiendas. La turbación brotaba del tono frío, casi administrativo, de Mishael; ¿era posible que las codornices, que habían sido recibidas, primero, como una generosidad del Señor, fueran por el contrario una venganza del Altísimo? ¿Por qué razón?

Mosis se sintió desconcertado. No había remedio para un mal cuyas causas ignoraba. Sólo sabía que las codornices eran responsables de ello. Las había comido en Egipto sin sentir molestia alguna ni, menos aún, caer enfermo, y también ellos sin duda, y recordó entonces que se desaconsejaba consumirlas en excesiva abundancia, pero no había pensado en ello. De todos modos, tendría que explicar el fenómeno. Justificarlo.

La angustia se apoderó de él como una enfermedad. Estaba a la cabeza de una población de exiliados en busca de un país, de una identidad y una fe. Aquella gente le había concedido su confianza, aunque difícilmente, y soportaban gruñendo su autoridad. ¿Realmente había sido delegado por el Señor? Muchos, como Korah, no estaban seguros de ello, lo adivinaba por su impertinencia, por su malevolencia incluso. Imaginaba las palabras que iban a decirle: «Pedimos carne y creímos que el Señor escuchaba nuestros ruegos, pero nos equivocamos. Las codornices que nos ha enviado nos han envenenado y han provocado la muerte de varios de los nuestros. ¿Es ésa la protección divina de la que ayer nos hablabas? ¿O tal vez es posible que el dios que se te apareció, y del que afirmas que es el de nuestros padres, sea otro?»

Les vio acercarse a lo largo de la costa. Unos treinta hombres y entre ellos, claro está, reconoció a Kohath y Korah. Les aguardó con una postura decidida. Se enfrentaron primero sin decir palabra, treinta hombres coléricos y él, con el torso y los pies desnudos. Miró por encima de sus hombros y vio, a lo lejos, a Josué y Mishael a la cabeza de una pandilla bastante numerosa de jóvenes armados con venablos. Acudían espontáneamente para protegerle. El enemigo no era el que habían previsto. Pero si llegaban al enfrentamiento, el resultado sería, en el mejor de los casos, la escisión. También Aarón acudía.

–Mosis –comenzó Abiram en un tono amenazador aunque frío–, cuatro de los nuestros han muerto y otros muchos están enfermos. Lo están porque comieron codornices. –Kohath intentó meter baza, pero Abiram no se lo permitió–. Pedimos carne al Señor. Creímos que escuchaba nuestros ruegos. Pero ha sido un engaño...

Kohath intentó interrumpirle de nuevo:
–¡El Señor de Abraham no puede engañarnos! ¡El que escuchó nuestros ruegos no fue el Todopoderoso!
Abiram prosiguió su discurso.
–¿Nos escuchó el Todopoderoso? ¿O tal vez fue un dios malo, del que te dices profeta?
Exactamente lo que había previsto.
–¿Acaso no comiste codornices, Abiram? –preguntó Mosis–. ¿Y tú, Kohath? ¿Y vosotros?
Afirmaron que, en efecto, las habían comido.
–Y sin embargo, tenéis fuerzas bastantes para caminar y no parecéis enfermos.
Parpadearon, desconcertados.
–Atribuís al Señor, según creo, la intención de haber querido envenenaros. El auténtico veneno es el de vuestra insaciable avidez. Teníais pescado, luego maná, luego además pedisteis carne. Nunca os habéis contenido, nunca habéis pensado que vuestras incesantes reclamaciones acabarían irritando al Señor.
Josué y sus jóvenes armados con venablos habían llegado a la altura del grupo. Les recibieron con miradas de indignación.
–¿De qué han muerto pues los que comieron? –preguntó con un impertinente gesto de la barbilla, Nemuel, otro hijo de Eliab.
–¿Acaso no sabíais, en Egipto, que no debe abusarse de las codornices? ¿No sabíais que hay que vaciar los pájaros y comer sólo su carne? ¿Tan ávidos estabais que olvidasteis cualquier prudencia? El Señor ha castigado la avidez.
–Siempre tienes explicaciones eruditas, ¡pero ha habido muertos! –grito Korah–. ¡Y tal vez haya más! Eres el responsable. Te llamas nuestro jefe, deberías habernos prevenido. Tú has provocado esas muertes –vociferó acercándose demasiado a Mosis.
Intervino Issar para retener a su hijo. Pero Mosis le había rechazado ya con mano firme.
–No he causado muerte alguna, Korah. Pero tú ten cuidado de no provocar la tuya antes de hora.
–¿Me amenazas? –gritó Korah tendiendo el rostro hacia Mosis–. ¿Te atreves a amenazarme?
Unos puños le habían inmovilizado. Aulló hasta desgañitarse:
–¡Tendremos tu cabeza, pequeño príncipe! ¡Tendremos tu cabeza, bastardo!
Issar le abofeteó y Josué y Mishael, que sujetaban al furioso, comenzaron a propinarle puñetazos. Dathan y Abiram, impoten-

tes, se lanzaron hacia Mosis, pero también ellos fueron sujetados por los brazos.

–No dictaréis la ley aquí –dijo Aarón.

–Esos hombres quedarán encadenados bajo tu custodia, Josué; hasta que yo decida otra cosa –dijo Mosis.

–¡Tenemos a los nuestros! –gritó Dathan–. ¡Tú eres el que no va a dictar la ley, Mosis!

Pero Mishael le cortó la palabra con un gesto brutal, empujándole de frente y volviéndole para atarle las manos. Le arrastraron junto a los otros dos, atados también.

–¿Realmente, Issar, el Señor os hizo salir de Egipto para hacer semejantes escenas? Mejor habría hecho yo quedándome en Avaris y dejándoos bajo el látigo de los capataces egipcios.

–No digas eso –murmuró Issar–. Mi corazón es una llaga.

–El Señor me designó, vosotros me elegisteis, la suerte está echada, Issar. Aunque debiera ejecutar a mi propio hijo, os llevaría a donde el Señor dijo.

–Lo sé, Mosis.

Las mujeres asistían a distancia al enfrentamiento con el rostro ceniciento y la mirada negra. El grupo de los hombres que habían acudido para apoyar a Korah en la pelea se deshacía ante los severos ojos de la guardia mandada por Josué.

Era la primera vez que Mosis hablaba de matar a un hombre, una muerte ordenada por él y, peor aún, la de un hombre de su sangre. Pero aquella gente se oponía a los designios del Señor; no había en el mundo peor crimen.

Mosis se quedó solo, en compañía de Aarón y Josué. Permanecieron silenciosos largo rato. Se había perdido la jornada, era preciso enterrar a los muertos y aguardar el restablecimiento de los enfermos.

–No soy nada –murmuró por fin Mosis–. Pero quien se opone a mí se levanta contra la voluntad del Señor. Josué, eres el guardián de la voluntad del Señor.

–Soy su servidor.

Mosis buscó la mirada del joven y la encontró. Dos ágatas. Ni odio ni cólera, así debía ser un servidor del Altísimo.

–Ayer recluté quinientos hombres más –dijo Josué.

–Incorpora a los egipcios.

–Ya lo he hecho. Son buenos soldados. Dan ejemplo a los demás.

–Sois, pues, dos mil quinientos. Necesitamos tres mil quinientos más. Por lo menos. Y venablos. Que cada hombre se haga el suyo. Enséñales cómo.

–Lo haremos en los próximos días.

Mosis inclinó la cabeza, montó luego a caballo y se alejó hacia adelante para meditar. Había recuperado la antigua costumbre de aquella plegaria en la que todo el ser se llena con la presencia divina. Pero, esta vez, no fue esta presencia lo que refulgió en él. Se recordó, de pronto, joven, en presencia del rey Seti.

–A tu entender, ¿quién es el hombre del reino que es el guardián supremo de la justicia?
–Tú, porque posees la autoridad suprema.
–¿Y si fuera injusto?
–Seth te castigaría.
–Sí, Seth me castigaría. No hay justicia que no venga de los dioses, porque son los más fuertes. La justicia, Ptahmosis, es la ley, y la ley viene de los dioses, no lo olvides nunca.

La escena se le impuso con tanta fuerza que le dominó. Abrió mucho los ojos y el paisaje de bronce, oro y azul sustituyó la imagen de la sala real de audiencias.

La ley. La ley viene de los dioses. No habría justicia en su pueblo si no había ley. Ni siquiera habría pueblo, sólo unas pandillas desorganizadas dominadas por sus orgullos, su rapacidad, su locura. Sí, tendría que imponerles la ley. ¿Pero cómo?

Recordó un pasaje de la Sabiduría de Ptah-Hotep, que su preceptor Amsetse le dictaba y le hacía escribir, en hermoso hierático, sobre un papiro nuevo.

«No inspires temor entre los hombres, pues el dios te combatiría igualmente. Si alguien pretende vivir de ese modo, el dios le arrebatará el pan de la boca. Cuando alguien pretende enriquecerse, dice: "Sabré atraerme esa riqueza." Si alguien pretende combatir, acabará reducido a la impotencia. No se ponga el temor en el hombre, procúresele una vida en el seno de la paz y hágase de modo que dé, con buena voluntad, lo que por el temor se le arrebataba.»

Palabras de fuerza, pensó, capaces de desbaratar la rebelión. ¿Acaso él no combatía? ¿Y cómo iba a imponer la ley a gente como Abiram y Dathan, sino por medio del temor? No el temor de Mosis, sino el del Señor. Mientras el Señor estuviera a su lado quedaría protegido contra la derrota.

Los egipcios ni siquiera habían aplicado sus propios preceptos, puesto que habían inspirado a los apiru temor y odio. Habían olvidado que Dios acude junto a los suyos. Recordó el rostro de Schu-Enschi, el sacerdote de Avaris, amasado con doblez y arrogancia, y rechazó aquella imagen. No, el pueblo del Señor nunca tendría sacerdotes como aquél.

–¡Señor, sostén mi brazo! –imploró–. Es difícil elegir, ilumíname.

Un leopardo encaramado en una roca le lanzó una mirada amarilla. Mosis echó mano a su daga. Pero el leopardo le siguió con sus ojos de oro y a Mosis le pareció incluso que sonreía.

A su regreso, Aarón le anunció que la gente había decidido llamar a aquel lugar las Tumbas de la Avidez, *Kibroth-hattaavah*. Reconocían pues la causa del mal. Sólo cuatro personas habían muerto y habían sido enterradas. Los enfermos se restablecían. Podrían partir al día siguiente[1].

14

LOS BLASFEMOS

Era preciso encontrar agua en seguida, antes incluso de la parada vespertina[1].

Mosis recordaba muy bien que a dos días de Alaat estaba el oasis de Sebiia. Pero sólo viajando a lomos de camello. A pie, y con largas paradas nocturnas, había que contar con el doble. Entonces, y con el calor, la sed se habría hecho intolerable.

Mantenía pues los ojos fijos en la franja de vegetación, más o menos tupida, que se extendía entre las montañas y el mar, en busca de los buitres, los gavilanes y las masas de vegetación más clara. Si había pájaros de presa, significaba que había caza y, en ese caso, un manantial o una corriente de agua no andaban lejos. Por lo que se refiere a las masas de vegetación más clara, indicaban agua que afloraba a la superficie. Pues las pequeñas encinas, casi negras, que salpicaban la franja costera se contentaban con la humedad de la noche y, a menudo, hundían muy profundamente sus raíces.

De pronto, advirtió una masa de vegetación de un verde tierno y descabalgó para explorarla. Acacias, sicomoros, algunos almendros silvestres que crecían en un tupido bosque de saxífragas, tamariscos, daturas y adelfas. Hojas verdes en abundancia al estar próxima la primavera. Llamó a los terraplaneros.

–Allí hay agua.

Hundieron sus palas.

–¿Y si fuera salobre? –preguntó Aarón.

–La desalaremos.

–Incluso desalada, apenas puede beberse.

–Eso es preferible a la muerte.
Una hora más tarde, los terraplaneros daban con una arcilla húmeda. Algo después, sus pies se hundían en un charco.
–Una escudilla.
Probó el agua.
–Es casi dulce.
–No hay bastante –gimió Aarón, que tendía siempre a la inquietud.
–Ya la habrá.
Mosis conocía ahora esas capas subterráneas. La escasa profundidad de ésta, alimentada por las lluvias de primavera, era una prueba de su abundancia. En verano, sin embargo, se reduciría a la mitad.
–Dentro de dos o tres días llegaremos a otro oasis.
–¿Cómo lo sabes?
–Porque lo conozco.
–No encontramos ya mucho maná.
–Más adelante lo encontraremos.
–Lo sabes todo.
–Sé bastante.
Hubo, en efecto, suficiente agua, y era absolutamente bebible. Sin embargo, quienes iban a aprovisionarse lo hacían con cara de asco: no faltaría más, parecían decir.
Realmente, Dios sólo está hecho para unos pocos, pensó Mosis. ¿Cómo estaría juzgando todo aquello, desde allí arriba?
La gente miraba al cielo, pero no había codornices. Los jóvenes se habían lanzado a cazar gacelas, con honda, siguiendo las instrucciones de Josué. Ciertamente, aquello no iba a proporcionar carne para todos, pero Mosis había decidido que el cazador reservara la carne para su clan, como le pareciera. A fin de cuentas, había que estimular un poco el instinto de conquista.
Mishael, que había matado una gacela la víspera, entregó un cuarto a Mosis, que lo dividió en tres partes e hizo que lo asaran en una rama de encina, que aromatizaba un poco el venado. La carne era firme y de sabor fuerte, pero suponía un cambio con respecto al pescado.
En Sebiia les aguardaba una decepción: los beduinos sólo disponían de tres sacos de harina y tres odres de vino para vender; guardaban lo demás para sí. Tampoco tenían corderos, pues los habían vendido en Ecyon-Geber y, ciertamente, no iban a ceder los reproductores. Mosis decidió que el pan hecho con los tres sa-

cos de harina se distribuyera según la jerarquía ya admitida: mujeres, niños, ancianos, soldados. Apenas se obtuvo un pan para cada mujer. Se distribuyó, al azar, una decena de manojos de cebolla. Pero tuvieron agua por fin.

No encontraron mucho más en el oasis de Temina. Un poco de carne de gacela, bastante pescado seco, tortas; los estómagos comenzaban a contraerse, pensó Aarón. Pero el mal humor, en cambio, declinaba a causa de la monotonía, de la fatiga y también del tiempo. En un abrir y cerrar de ojos, el cielo se ponía negro y derramaba trombas de agua, convertía la pista en una ciénaga y empapaba a todo el mundo. Unas veces se helaban y otras se abrasaban. La única ventaja de los chaparrones era que aumentaban las provisiones de agua. Los jóvenes y los niños, sin embargo, recibían aquellos diluvios con buen humor, con risas incluso, pues les lavaban del polvo del camino, y a los pequeños les encantaba saltar en los charcos. Mishael, por su parte, cazaba ocas con la honda, derribaba una o dos por día y confeccionaba, por la noche, unos guisos semiclandestinos de los que siempre guardaba una porción para Mosis. Éste sólo aceptaba aquellos regalos subrepticios a causa de la ironía de Mishael. Él, Josué y algunos jóvenes más le eran fieles en cuerpo y alma. Hablaban con libertad y eso era un lujo, pues con Aarón Mosis no siempre se sentía confiado. Pero la complicidad le unía a aquellos jóvenes. Ellos tenían ardor. Ellos construirían Israel, no los aficionados al estofado ni los nostálgicos de las cebollas y los melones.

–Eso no puede durar mucho, Mosis –dijo Josué–. Están perdiendo la paciencia.

–¿Y qué?

–Se rebelarán.

–¿Y qué?

–Pues que les abandonaremos en el desierto –dijo tranquilamente Josué chupando un muslo de oca–. Ni siquiera saben dónde encontrar agua. No tienes a tu lado ni a la mitad de este pueblo. Los otros son remolones y descontentos. Tal vez, en efecto, sería mejor abandonarlos en el desierto. Dices que quieres fundar una nación. ¿La fundarás con esos perpetuos quejosos?

–No puedo abandonarles. El Señor me los ha confiado, a todos.

–Los hay que te maldicen.

–Lo sé.

Se hizo el silencio.

–¿Cuántos hombres tienes ahora a tus órdenes? –interrogó Mosis.
–Tres mil doscientos. Y tres mil venablos.
–Apresúrate. Dije cinco mil.
–Voy tan de prisa como puedo. Se preguntan contra quién van a combatir. Sus mayores les desaniman. Todos creen que vamos a llegar a Canaán y encontraremos hornos calientes para el pan, pepinos en los boles y vacas en los prados.

Josué levantó hacia Mosis su plácida mirada.

–Lo que querían, Mosis, era formar un pequeño reino en el Bajo Egipto, con ayuda de la conspiración de Setepentoth, y no recorrer así el desierto.

De modo que la juventud veía la situación con más perspectiva y mayor realismo que los ancianos. Para ella, el éxodo no era cosa de pan y pepinos, sino una empresa magnífica y gloriosa. La ironía, acerba a menudo, de Mishael, Josué, Zikri y algunos más era el único consuelo auténtico de Mosis.

–El Señor decidió otra cosa, Josué.

En Rephidim, más al sur[2], la jornada comenzó con una agitación que era casi un motín a causa de la carencia de agua realmente dulce. No había llovido desde hacía cinco días y los tres pozos cavados días antes sólo habían dado agua salobre. Además del hambre y la fatiga, el contagio de la hostilidad a Mosis había preparado el camino para un conflicto detestable. La víspera habían acampado al pie de las altas montañas que bordeaban el desierto de Sin. Al día siguiente, al amanecer, unos doscientos acudieron a la tienda donde dormía Mosis. Sus clamores le despertaron y sumieron a Aarón en el espanto, cuando advirtió que varios hombres llevaban piedras en la mano.

–¡Hemos tenido sed toda la noche! –dijeron–. Tu agua salobre sólo sirve para aumentar la sed. ¿Qué vamos a hacer con el calor del día? Nos has traído hasta aquí con el pretexto de que el Señor te lo había ordenado. ¿Pero cuál es ese Señor que nos expone así, desde hace tres meses, a la sed y al hambre? ¿De qué Señor eres profeta, Mosis? ¿Es el nuestro, acaso? ¿O es el de otro? ¿No serás el pastor de Pazuzu?[3].

Mosis vio las piedras, pero escuchó tranquilamente esas blasfemias. «¿Por qué ha creado el Altísimo ese animal?», se preguntó. El aire matutino era fresco, pero a su alrededor el odio era cálido. Levantó los ojos y vio las montañas coronadas de nieve. La tibia primavera, sin duda, la estaba fundiendo y alimentaba algún torrente. Pero había que descubrirlo.

–Aguardad aquí –respondió sin perder la calma–. Regresaré antes de mediodía y os indicaré dónde encontrar agua[4].

Se puso la túnica y el manto, tomó su bastón y partió hacia la montaña. Escaló los roquedales, felicitándose por haber conservado poderoso el músculo y elástica la pantorrilla. Era más un camino para gacelas que para un hombre. Se despellejó las manos y las pantorrillas, jadeó, siguió subiendo, agarrándose de roca en roca y, dos horas más tarde, se detuvo para recuperar el aliento.

«Aunque encuentre agua –pensó–, nunca subirán hasta aquí para beber.»

Miró a su alrededor. Un paisaje inmenso, de oro y de azur, una inmensa piel de dragón extendida sobre la superficie del mundo, rocosa aquí, lisa allí abajo. Desde esas alturas, pues, el Todopoderoso contemplaba el mundo, al abrigo de los fétidos alientos y los apetitos sórdidos. Un viento titánico le barrió, le azotó y le entusiasmó. Un viento que barría el cerebro y purificaba el cuerpo.

–¡Señor! –gritó–. ¡Si quieres que les lleve donde tú deseas, indícame al menos dónde hay agua!

Sus brazos le parecieron más pesados, abrumados por la esperanza que decaía. Un ruido seco le hizo volver la cabeza. Algo se había movido a un extremo de su campo visual. Una gacela. Sin duda con una de sus pezuñas había hecho rodar una roca. Le había divisado ya y le espiaba con ojos aterciopelados e inquietos, a un centenar de codos de distancia. Las gacelas tenían que beber, por lo menos, una vez al día. Avanzó peligrosamente por una altiplanicie y dominó la otra vertiente de los contrafuertes de la montaña. La gacela huyó, al igual que una virgen, como hacen todos los animales silvestres. La mirada de Mosis se zambulló en la ladera de la montaña, hasta un verde valle que se abría, en sucesivos rellanos, hacia la llanura de abajo. La montaña roja se levantaba ante él, aureolada de oro por el sol que ocultaba. En el valle, saltaba un torrente.

Observó su curso. El agua caía furiosamente de rellano en rellano, en un antiguo lecho, bastante profundo a veces. Más abajo, en la llanura, el torrente espumeaba bajo un pequeño arco iris y luego espejeaba en unos meandros que se dirigían hacia el este.

¿Conseguiría seguir el torrente? Observó los parajes, sintió calor, se quitó el manto e hizo con él un fardo que ató a su cintura, luego bajó, empinada pendiente, pendiente suave, agarrándose a los arbustos, a las raíces, a las piedras más estables, ante la irónica mirada de dos o tres gacelas más. Una hora más tarde, chorreando sudor, llegó al pie del torrente y retozó como un niño en el agua burbujeante y fresca. Bebió hasta calmar la sed, mascó una hierba perfumada que limpiaba los dientes y exploró la llanura.

Ésta se extendía alrededor de los contrafuertes de la montaña. La siguió y volvió a llegar a la llanura costera. Una hora más tarde había regresado al campamento con los músculos cansados y la cabeza llena de cielo.

–¿Qué? –le preguntó Aarón.

–Seguidme con vuestros odres, vuestras calabazas y vuestros recipientes.

Cuando llegaron contemplaron el torrente con mirada incrédula. Ni siquiera en Egipto habían visto nunca agua tan pura. Luego levantaron hacia él los ojos.

–El Señor me lo ha indicado –dijo Mosis–. Y ahora, bebed. Estoy harto de vuestros gemidos de incrédulos. Sois indignos del Altísimo.

La turbación y el espanto se pintaron en sus rostros.

–Este torrente se llamará Tentación y Querella –concluyó[5].

Su frente estaba preñada de negras tormentas. Sólo Josué, Mishael y Zikri se atrevieron a seguirle.

–Nunca he visto un agua tan pura –observó Josué.

El agua pura y la ley, pensó Mosis. Convenía imponer la ley antes de que los blasfemos levantaran demasiado el vuelo.

El destino, que es el nombre oculto del Altísimo, iba a decidir algo distinto.

15

PRIMERAS ARMAS, PRIMER TRIUNFO

Acampaban allí desde hacía dos días, aprovisionándose regularmente con el agua cristalina del torrente, cuando aconteció el accidente. En la cuarta hora tras la salida del sol, aproximadamente, Mosis estaba sentado en su tienda, arreglando con un jefe y algunos litigantes un asunto de herencia que debían repartirse los hijos de dos lechos distintos, cuando unas mujeres llegaron gritando, arrancándose los cabellos y llorando. Los hombres que las acompañaban también lanzaban gritos. Mosis y el jefe salieron de la tienda.

—¡Mosis! ¡Han raptado a nuestros hombres! ¡A nuestros hermanos! ¡A nuestros hijos!

—¿Quiénes?

—¡No lo sabemos! ¡Unos hombres montados en esos horribles animales que tenían tus amigos beduinos!

Hablaban todos a la vez y Mosis apenas pudo comprender lo que había ocurrido. Un millar de hombres y mujeres habían ido al torrente para aprovisionarse, como la víspera, y había llegado una pandilla de hombres, les había atacado y había hecho un número indeterminado de prisioneros. Varios apiru habían sido apuñalados. Mosis, sin embargo, no consiguió hacerse una idea del número exacto de los atacantes.

Acudieron Josué y Mishael.

—¡Josué! ¡Reúne a tus hombres! —ordenó Mosis.

Josué y Mishael partieron a la carrera. Menos de media hora después, Josué regresó a la cabeza de la falange que había constituido, incluidos los egipcios.

–¿Cuántos sois?

–Tres mil ochocientos.

–Elige de inmediato siete tenientes. Cada uno de ellos mandará a cuatrocientos setenta y cinco hombres. Pon en cabeza a la gente con venablos.

–Casi todos tenemos venablos.

–Bien. Iréis al torrente y seguiréis la pista de los atacantes. Cuando les hayáis encontrado y os hayan visto, os atacarán montados en camello. Apuntad a sus patas con los venablos y haced caer a los hombres de la montura. Procurad manteneros a distancia de sus espadas. Con los venablos os será posible, pues carecen de estas armas. Lo esencial es hacerles caer. Ya les atravesaréis cuando estén en el suelo. Los que vengan luego irán a pie, por lo que serán menos vulnerables. Pero los venablos deben daros ventaja. Luego encontraréis a nuestros prisioneros y los libertaréis. Yo iré a la montaña, desde donde podré descubrir el cubil de nuestros enemigos. Dadme a un hombre ágil para que me acompañe y pueda bajar a informaros.

Josué tenía vivo el espíritu. En un abrir y cerrar de ojos los tenientes fueron elegidos y las órdenes se resumieron con ejemplar claridad. Un chiquillo flacucho, que a Mosis no le dijo nada bueno, se reunió con él.

–Soy tu mensajero. Me llamo Hur.

–¡Id! –le gritó Mosis a Josué.

Y volvió a escalar, como el día en que había descubierto el torrente. Por el camino reflexionaba. Los que habían organizado el ataque no eran bandidos; eran gente alarmada por la utilización de su aguada, pastores por lo tanto. Debían de ser más numerosos que unos bandidos, que no se habrían atrevido a atacar a dos mil personas, aunque estuvieran desarmadas[1].

Llegó por fin a la altiplanicie desde donde había descubierto el torrente y advirtió que el joven mensajero designado por Josué era de una agilidad pasmosa. Hur saltaba de una roca a otra, como una cabra, dando brincos de diez codos y aterrizando sobre las más desiguales superficies con perfecto equilibrio. Mosis buscó con la vista algo que pudiera parecer un campamento de extranjeros, que el otro día no hubiese descubierto. No vio campamento, pero sí unos corderos bebiendo. Casi cien cabezas, vigiladas por unos perros negros. Unos doce hombres con manto claro miraban a su alrededor, como si buscaran posibles enemigos. ¿Dónde estarían los demás? Mosis entornó los ojos por el fuerte sol.

–¡Allí! –gritó Hur.
En efecto, al sur se elevaban algunas humaredas. Allí estaba el campamento de los enemigos, en un valle invisible desde la roca donde Mosis y Hur se habían encaramado, y que sin duda desembocaba en la costa. Mosis se volvió y divisó la falange dirigida por Josué, que rodeaba la montaña.

Y fue demasiado tarde cuando descubrió la avalancha de bandidos, doscientos o trescientos hombres montados, que galopaban a lo largo de la costa. Instantes más tarde se produjo el choque. Los bandidos, en hileras de cinco, dieron con un ejército de venablos y las primeras filas huyeron a la desbandada a los pocos instantes. Entonces los demás se abrieron para cercar al grupo formado por los hombres de Josué y aquellos que habían caído, atravesados por los venablos, aplastados por los camellos que yacían en el suelo. Describían grandes círculos con su sable pero, poniendo en práctica a las mil maravillas los consejos de Mosis, los hombres de Josué les mantenían a distancia con sus armas, les amenazaban con la punta, amagaban y, al primer fallo en la parada, hundían con un golpe seco el venablo en los cuerpos de los jinetes. El error común que cometían los atacantes era tratar de inmovilizar, con una mano, el venablo que les amenazaba mientras, con la otra, procuraban alcanzar con el sable al que lo sujetaba. Pero el alcance del sable era menor que el del venablo y, agarrándose a éste, el jinete acababa perdiendo el equilibrio y cayendo de su montura.

De la primera oleada pronto quedaron sólo una o dos docenas de bandidos que corrían hacia el campamento apiru. Desde arriba, Mosis y Hur oyeron gritar a las mujeres, pero vieron también que los camellos se encabritaban y los atacantes eran detenidos por hordas de veinte o treinta personas, arrojados al suelo y eliminados sin piedad con sus propios sables.

Era sólo la primera oleada. Llegó otra poco después pero, descubriendo en el suelo los cadáveres de los suyos, tuvo una fatal indecisión. Los asaltantes redujeron la marcha, estupefactos ante la derrota de tan gran número de valerosos guerreros. Josué y sus hombres corrieron a su encuentro e hicieron sufrir a las primeras hileras de bandidos la misma suerte que a sus predecesores. Las últimas filas dieron media vuelta pero, ante la sorpresa de Mosis, Josué y varios de sus hombres se habían apoderado de los camellos válidos aún y, tras conseguir montar encima, perseguían a sus enemigos.

—¡Qué valientes! —murmuró Mosis.

Apretando con los muslos los lomos de sus camellos, los jóvenes lanceros llegaban a la altura de los bandidos y les atravesaban el vientre, el torso, el cuello; luego los derribaban a golpes de venablo. Algunos persiguieron a los asaltantes hasta el horizonte.

—¡Los prisioneros! —gritó Mosis y, seguido por Hur, bajó tan de prisa como pudo, saltando de roca en roca.

Encontró allí a uno de los hombres de Josué, montando uno de los caballos arrebatados a los egipcios, y gritó:

—¡Dame tu caballo!

Galopó hacia el valle en cuyo fondo se hallaba el campamento de los bandidos y, sin duda, también los prisioneros apiru. Encontró en seguida las huellas de pezuñas y llamó a todos los hombres que pasaban y les ordenó que avisaran a Josué.

Se agruparon una hora más tarde a la entrada del valle y penetraron al trote por el lecho de un torrente casi seco. El campamento se extendía al fondo del valle, ascendiendo por los contrafuertes de la montaña. Pero los bandidos, sus mujeres y sus chiquillos les vieron llegar también y llenaron el valle con sus clamores. Ignorando aún la derrota de sus combatientes, los ancianos, los muchachos e incluso las mujeres salieron de las tiendas, armados con los sables que quedaban, dagas, bastones, mazas. Daban saltos sin moverse del lugar. Mosis contó de mil a mil quinientas almas, pero el espectáculo de las armas que blandían ante sus narices aumentó la vengativa rabia de Josué y su pandilla. Los improvisados camelleros, seguidos por los infantes, corrieron hacia el campamento en dos o tres grupos compactos. Los camelleros hicieron una carnicería al atravesar a ciegas a cualquier ser humano que se irguiera ante ellos, cualquiera que fuese su edad o su sexo. Una mujer se lanzó sobre Mosis levantando un sable e, inclinándose sobre su silla, Mosis la decapitó con un solo tajo del bronce, ya ensangrentado, que había arrebatado antes a uno de los muertos. Los hombres de Josué, que se habían armado del mismo modo gracias a los cadáveres de sus enemigos, completaban entretanto la tarea de los camelleros, desgarrando las tiendas y pegándoles fuego. Entonces vieron salir a los prisioneros apiru, que comprendiendo que había sonado la hora de la liberación se arrojaron sobre sus carceleros. A Mosis le sorprendió la rapidez con la que supieron apoderarse de las armas que yacían en el suelo, espadas y puñales, y por el salvajismo con el que ejecutaron su liberadora venganza. En el fondo, les había juzgado mal; aquellos antiguos esclavos ardían en deseos de combatir. Los rencores acumulados durante siglos les habían forjado un corazón militar, y se le ocurrió un pensamiento fugaz: si la sedición de Setepentoth hubiera tenido éxito, se lo hubieran puesto difícil a los soldados de Ramsés. Pronto no quedó en el campamento un solo enemigo que combatiera. Algunos ancianos, algunas mujeres hurañas, niñas y muchachos entre los cadáveres... El fuego acababa de devorar las tiendas. La lana calcinada levantaba hacia el cielo una humareda nauseabunda y negra.

Josué tocó la trompa y apagó los lamentos de los vencidos. Sus hombres se detuvieron. Se dirigió al trote hacia Mosis.

–¿Cuáles son tus órdenes? –preguntó.

–Eres un verdadero jefe –le dijo Mosis mirando la cara chorreante de sudor pero siempre impasible, del muchacho–. Contad los prisioneros. Que comprueben si hay heridos entre ellos. Y vuelve a decírmelo.

Un chiquillo de siete u ocho años le miraba junto a su caballo. Se arrojó contra el animal y Mosis descabalgó rápidamente, agarró al chiquillo y le abofeteó, luego le aprisionó entre sus brazos mientras el otro aullaba y se debatía. Mosis tomó un trapo que había por allí y ató las manos del chiquillo a su espalda. Nunca habría podido matar a un niño, pues habría supuesto matarse a sí mismo.

–Quieres ser un hombre, serás mi prisionero. ¿Comprendes lo que te digo?

El otro le miró, estupefacto.

–¿Lo comprendes?

El chiquillo inclinó la cabeza.

Lo mismo que con Stitho, pensó Mosis. La fuerza y la magnanimidad les convierten en corderillos.

–Ciento ochenta y seis –anunció Josué–. Varios heridos, pero al parecer nada mortal[2].

–Examinaremos a los heridos. Remataremos a los agonizantes. A los que puedan restablecerse y caminar los utilizaremos como esclavos. Desvalijad el campamento. Supervisa el reparto del botín. Que las armas sean entregadas, primero, a los más valerosos que no tengan. No quiero que quede ni una onza de comida. Luego, el campamento será incendiado e incinerados los cadáveres. Que los prisioneros lleven en seguida los rebaños a nuestro campamento. Los corderos servirán, mañana, para celebrar el festín de la victoria. Pero no quiero que se toque uno solo en mi ausencia.

Josué inclinó la cabeza. Por primera vez apareció una sonrisa en su rostro.

–¿Quiénes son esta gente? –preguntó Mosis.

–He interrogado a una mujer. Súbditos de Amalek.

–¿De dónde vienen?

–Del norte.

Vaga información. Más tarde trataría de concretarla.

Los buitres planeaban ya sobre lo que había sido el campamento amalecita.

Regresaron cuando la noche había caído ya, precedidos por portadores de antorchas y seguidos por los prisioneros que habían hecho, empujando ante sí los corderos, los camellos y los caballos cargados de botín y de víveres, con los ojos llenos del atroz y vengativo espectáculo de los cuerpos de enemigos que ardían. Sólo partieron cuando los últimos huesos, ennegrecidos, se habían derrumbado en el brasero que habían levantado en mitad del campamento.

El clamor que recibió a los primeros guerreros se levantó hasta el cielo cuando llegó Mosis, precedido por los portadores de antorchas. Hombres, mujeres y niños se apretujaron a su alrededor y le tomaron en sus brazos. Fue llevado a hombros por sus guerreros. El chiquillo al que había hecho prisionero se encontró solo sobre el caballo, estupefacto.

–Dad gracias al Señor –repetía Mosis.

Pues el Señor había querido aquella noche de triunfo, y era su triunfo.

16

SOLEDAD

A la mañana siguiente, apenas hubo salido del mar, Mosis le encargó a Aarón que convocara a Josué y los jefes.
–Ayer combatimos. Estábamos mal armados y vencimos. La victoria nos fue concedida por el Señor para que, en nuestra debilidad, tomáramos conciencia de sus designios y de nuestra fuerza cuando arma nuestro brazo. Ha demostrado que podemos combatir y vencer siempre que lo hagamos en el nombre del único Dios. Y volveremos a combatir, es inevitable.
Estaban allí todos los que, unos días antes, le habían desafiado abiertamente. Le escuchaban con gravedad, pero hubiera dado cualquier cosa por conocer sus reacciones. Como no las expresaban, Mosis prosiguió.
–Conseguimos rebaños como botín. El más hermoso de los animales será sacrificado al Señor antes de que toquéis cualquier otro, para testimoniarle así, solemnemente, nuestro agradecimiento.
Inclinaron la cabeza.
–¿Acaso no hemos pagado ya esta victoria con nuestro sudor y nuestros esfuerzos? –preguntó uno de los jefes.
Mosis apretó las mandíbulas.
–¿Le discutes su parte al Señor? ¿Te pones ante su cólera diciendo tan insolentes palabras? ¿O es que has perdido la cabeza? Si, por inspiración divina, yo no hubiera ordenado hacer venablos, tal vez a estas horas no estaríamos vivos. Si los venablos no se hubieran empleado como me ordenó la inspiración divina, habría ocurrido lo mismo. Pese a nuestro sudor y nuestros esfuerzos.

–¿Estás permanentemente habitado por la inspiración divina? –exclamó alguien.

De nuevo la insolencia.

–Ahí están los hechos. El Señor os hizo salir de Egipto. Abrumó al país con plagas para testimoniar su cólera al rey. Ahogó a sus ejércitos en el lugar por donde vosotros cruzasteis el mar de las Cañas. Combatimos bajo su vigilancia con armas improvisadas. ¿Creéis acaso que son pruebas de mi ingenio? ¿No os sirven para nada los ojos? Mucho me lo temo. Varios de vosotros habéis discutido mi autoridad. El otro día vinieron a despertarme con piedras en sus manos. Eran los mismos que blasfemaron tras haber comido demasiadas codornices. ¿Cómo habría que interpretar, entonces, los signos que he enumerado, salvo como pruebas de la atención que nos presta el Todopoderoso, cuya voz oí y que me encargó transmitiros sus órdenes?

Las miradas incrédulas chocaron con sus ojos de bronce. Agacharon la cabeza. Si le reconocían como el enviado del Señor, su autoridad sobre ellos sería absoluta. Y la suya iba a ser ínfima. Lo sabía, aquellos hombres debatirían, entre sí, aquellas palabras cuando estuvieran solos, más tarde.

–¿Participarán en el festín de esta noche los prisioneros que quisiste traer? –preguntó un jefe.

–Eran prisioneros, ahora son esclavos. Son pues de los nuestros. Justo es que compartan la suerte de los demás esclavos.

–¿Era justo que tomaran prisioneros a nuestros hombres?

–No lo era. Vamos a darles un ejemplo de justicia. Así les impondremos nuestra ley, que es la ley del Señor. Podéis iros, ahora.

Se levantaron; varios de ellos seguían con el rostro sombrío. A punto ya de regresar a su tienda, otro jefe se volvió y le dijo a Mosis:

–Nos insultan, ¿qué debemos hacer?

–Iré con vosotros. ¿Cuántos son?

–Ciento once.

El chiquillo que Mosis había domado la víspera, y que había dormido con Aarón y con él en la tienda, observaba la escena con los ojos perpetuamente asombrados.

–Ven conmigo –le ordenó Mosis.

Los prisioneros amalecitas estaban sentados o tendidos, en un espacio entre dos tiendas, en lo alto del campamento, vigilados por una docena de los soldados de Josué. Con aspecto derrengado, algunos cubiertos todavía con la sangre de los suyos, tenían las manos atadas y se mostraban huraños.

–¿Les habéis dado agua y comida? –preguntó Mosis.
–Aún no.
Los jefes observaban la escena con ojos altivos. Mosis avanzó entre los prisioneros.
–¡Escuchadme! –gritó.
Algunos volvieron la cabeza hacia él y, sobre todo, hacia el chiquillo que caminaba libre a su lado.
–Nos habéis atacado y habéis perdido. Sois prisioneros. Podéis cambiar esta condición por la de esclavos. Compartiréis entonces nuestra suerte y nuestra comida, estaréis sometidos a nuestras leyes y a nuestro Dios. Pero, en ese caso, os abstendréis de ofendernos y nos demostraréis la misma fidelidad que todos los demás esclavos. ¿Me habéis oído?
–Has matado a nuestros padres, a nuestros hermanos y a nuestros hijos –repuso uno de ellos–, ¿y ahora exiges nuestra lealtad?
Se expresaba en la misma lengua que los madianitas, que era casi idéntica a la de los apiru, y todo el mundo podía comprenderle.
–Terminamos con quienes nos atacaron y quisieron arrebatarnos a los nuestros. Si hay entre vosotros alguien que quiera alimentar su odio, es libre de hacerlo. Que quienes prefieran ser abandonados en el desierto a la suerte de los esclavos respondan inmediatamente levantándose. Serán llevados, con un pan y una calabaza de agua, a lo que queda de su campamento. Que quienes deseen unirse a nosotros en las condiciones que he dicho, permanezcan sentados.
–¿Qué vas a hacer con el niño que tienes a tu lado? –preguntó otro.
–Me atacó, le dominé y le hice entrar en razón. Me ocuparé de él como de un hijo de los nuestros –repuso Mosis volviéndose hacia el muchacho, que levantó hacia él unos ojos pensativos.
–¿Qué será de él?
–Dentro de seis años será un hombre libre.
–¿Y nosotros?
–Dentro de seis años serán también hombres libres los que sean hoy nuestros esclavos[1].
Los prisioneros comenzaron a discutir. Algunos hicieron ademán de levantarse, pero las protestas de los demás les hicieron permanecer sentados.
–Espero vuestra respuesta –dijo Mosis–. Y no voy a esperar todo el día.
–Aceptamos –dijo por fin un hombre de cierta edad.

–Muy bien. Desatadles –ordenó Mosis dirigiéndose a los soldados que les custodiaban–. Dadles de beber y comer y luego llevadles al mar para que se laven. Aarón, tú supervisarás el reparto de estos esclavos según los clanes. Ayudarán a los pescadores.

Mosis se fue con los jefes que le eran favorables para examinar los rebaños arrebatados a los amalecitas. Eligieron el carnero más hermoso y decidió que fuera aquél el sacrificado al Señor. Seguido por Aarón, se desplazaba con majestad para dar a la ceremonia la solemnidad necesaria. Luego se dirigió al centro del campamento y buscó con la mirada una roca plana y elevada que pudiera servir de altar y fuese visible para todos. Cuando la hubo encontrado exigió que cesaran todas las actividades del campamento, lo que requirió cierto tiempo. Aarón pidió que le entregaran el sable más afilado para sacrificar al animal.

–Este carnero será sacrificado al Señor, el dios único que nos hizo salir de Egipto –proclamó Mosis dejando que el eco de su voz repercutiese en las paredes de la montaña–. El Señor es vuestro único dios y vuestro jefe, y a él deben sacrificarse las primicias de vuestros más valiosos bienes. Cuando estemos en Canaán, le ofreceréis en sacrificio el primer vino, la primera gavilla de trigo, los primeros frutos de vuestros huertos.

Buscaba con la mirada a los sediciosos, a los que se le habían acercado con piedras en la mano, y los encontró diseminados aquí y allá en grupos de tres o cuatro. También ellos observaban, frunciendo el ceño, pero mudos, sospechando que a la primera protesta serían detenidos por los soldados de Josué, aquellos soldados que habían triunfado y que no tolerarían que se pusiera en duda la protección del Señor.

–Sin el Señor, vuestro dios –prosiguió Mosis–, sois sólo una pandilla de fugitivos vagando por el desierto, sin casa ni hogar. Con el Señor, sois un pueblo que se dirige a la tierra que les fue prometida a sus antepasados. Desde que salimos de Egipto, varios de vosotros fueron poseídos por espíritus malignos y se rebelaron, pues eran incapaces de soportar unas horas más de hambre o sed. Creyeron rebelarse contra mí, pero se equivocaban –su voz se hizo tonante–. Soy sólo el hombre al que elegisteis como jefe para guiaros fuera de Egipto, ¡pero soy el instrumento del Señor! Los rebeldes se levantaron contra el Señor y provocaron su cólera[2].

Brotaron los murmullos, las miradas se dirigieron a los jefes que le habían desafiado. Mosis dejó reinar el silencio. Más atrás, Josué y sus soldados levantaban sus venablos. Le habían amenazado con la fuerza, con la muerte incluso; replicaría del mismo modo.

—Os habíais acostumbrado a los frágiles dioses de Egipto, a esos dioses que no intervienen en la vida de los mortales. ¡Pero nuestro Señor es eterno! ¡Es el Todopoderoso! E interviene en la vida de los mortales que él ha elegido. Está ahora entre nosotros, sondea nuestros corazones. Que el temor del Señor sea en vosotros como el temor a vuestra perdición.

Esta vez, el silencio fue total. Sólo se oía el viento y el ruido de las olas.

—Mañana es el día del sabbat, ¿debo recordarlo? La carne que cocinéis hoy tiene que serviros para mañana.

Josué y Mishael prendían fuego a la leña acumulada en el improvisado altar. Mosis hizo una señal a Aarón y dos hombres arrastraron el carnero hasta el altar. La sangre corrió por la piedra y los siervos de Josué y de Mishael llevaron el animal hasta el brasero. Brotó el acre humo de la piel que ardía, el de la sangre, dulzón, y luego el de la carne que se calcinaba entre las llamas. Mosis se volvió hacia la muchedumbre y clavó en ella su mirada.

—Id en paz.

Comenzaron a moverse lentamente. Sabía muy bien lo que estaban pensando: ahora les daba miedo. Le habían tomado por uno de los suyos, un hombre de destino ciertamente singular pero cuyas decisiones podían discutir. Se habían equivocado y, si era el portavoz del Señor, desobedeciéndole corrían el peligro de disgustarlo. Mosis encontró la mirada de Aarón, que apartaba el rostro del humo, y le pareció huidiza. La victoria militar y la carne que iban a cocinar tenían un precio: la sumisión a la autoridad.

Los gemidos de las bestias degolladas llenaron el campamento. Mosis montó a caballo y galopó por la orilla del mar. Su cabeza estaba poblada por el recuerdo de Nesaton, la altivez de Jethro, recuerdos entremezclados cuya trama no lograba tejer. Adivinaba que le amenazaba el desencanto y llenó su pecho de aire para purificarse, procurando respirar como Nesaton le había enseñado. Soportaría la soledad, pero a condición de ser puro.

La soledad, por su parte, estaba asegurada.

17

REGRESO A ECYON-GEBER

Dos meses más tarde avanzaban ya por la costa del golfo de Ecyon-Geber. Numerosos navíos cruzaban por alta mar. Se adivinaban, sin distinguirlas, las miradas incrédulas de los marineros y los mercaderes asomados por la borda, ante el fantástico espectáculo de decenas de miles de seres humanos avanzando por la orilla, con paso lento, irresistible; todo un pueblo en marcha.

Mosis imaginó entonces no el asombro sino el espanto de la gente de Ecyon-Geber cuando vieran aquella masa de población que cercaba su ciudad.

–¡Esperadme aquí! –le dijo a Aarón cuando el convoy estuvo sólo a media jornada de la ciudad, que brillaba al sol en la lejanía–. De nada sirve que vayamos todos a Ecyon-Geber, que es demasiado pequeña para acogernos.

–Deja que te acompañe.

Mosis vaciló y luego aceptó. Partieron al trote.

Debían recorrer el puerto antes de meterse en las colinas como proyectaba Mosis, donde le esperaban Sephira, sus hijos y Jethro. Resonaron las llamadas. Se detuvieron y descabalgaron, mercaderes y bateleros les agarraron del brazo, se sucedieron interminables abrazos.

–¡Mosis! ¿Es cierto lo que hemos oído?

Sin duda lo habían oído de algunos bateleros que habían estado en Egipto.

–Mosis, vas a casa de Jethro, ¿no es cierto? Él y tu mujer te esperan. Jethro dijo que volverías.

–¿Pero dónde están los apiru?

–Más atrás. Quisiera negociar los derechos de paso, los derechos de agua y comprar víveres.

–¿Cuántos sois?

El que había hecho la pregunta era uno de los jefes de los mercaderes, uno de los señores locales que antaño le habían testimoniado su amistad.

–Veintisiete mil.

–¿Has hecho salir de Egipto a veintisiete mil apirus?

A su alrededor se había formado un grupo.

–¡Pero eso es todo un pueblo! ¡Te has convertido en rey! ¿Adónde vais?

–A Canaán.

–Tendremos que debatirlo en el consejo de las tribus. Se os concederán derechos de paso, no lo dudo. Pero los derechos de agua habrá que pagarlos, Mosis. Ni siquiera sé si tenemos bastantes pozos. El nivel del Araba[1] está bajando.

–Entiendo. De eso quiero hablar con vosotros.

–Ve a casa de Jethro, nos encontraremos esta noche.

Aarón parecía preocupado.

–¿Quién es el tal Jethro? –preguntó.

–Mi suegro. Le viste. Dormiste en su casa cuando viniste de Egipto. Es un jefe madianita que me recogió cuando huí de Egipto[2].

–¿Estás casado con su hija? ¿Estás casado con una madianita?

–Tengo incluso dos hijos de ella.

–¿De modo que tienes cuatro hijos, dos de una egipcia y dos de una madianita?

Mosis no respondió: su rostro se ruborizó.

–¿Pero cómo puedes ser nuestro jefe y el esposo de una madianita?

Mosis tiró súbitamente de las riendas de su caballo.

–¿Estás seguro de que quieres venir conmigo a ver a Jethro? Puedo perfectamente discutir solo los derechos que deben pagarse.

El tono era seco, casi amenazador.

–¿Eres un madianita o eres de los nuestros? –repuso Aarón.

–Ciertamente, no eres el hermano que mi corazón desea, Aarón –dijo Mosis apretando los dientes–. ¡Siempre con un juicio en la boca! ¡Siempre con una palabra acerba! ¡Igual que tu hermana! ¿Querrías hacer la guerra a los madianitas? ¿Y vosotros, hipócritas, no fornicasteis bastante con los egipcios y las egipcias?

–No te toleraré...

–¡Nada tienes que tolerar, Aarón! ¡Da media vuelta! ¡No irás a casa de Jethro! Tu presencia agriaría la leche. ¡Atrás!

Y partió al galope, jadeando y con la mirada sombría.

Sobreponiéndose algo más tarde, redujo el paso y gritó:

–¡Señor! ¿Por qué me has castigado con gente sin corazón? ¡Me elegiste entre los egipcios para conducir ese río de mezquindad hacia tu reino! ¡Ayúdame entonces!

Respiró profundamente pensando que, a pesar de todo, entre aquella gente había algunos Josué, algunos Issar, algunos Mishael. Las lágrimas acudieron a sus ojos.

Cuando llegó al pie de las colinas y les reconoció, brotaron nuevas lágrimas. Corrió hacia las tiendas.

Instantes más tarde salió una mujer con un cántaro en la mano y, misteriosamente, tras haber escuchado tal vez los cascos del caballo, se dio la vuelta, se detuvo y le miró de lejos, de menos lejos, casi de cerca... Una nube de sangre y fuego le llenó el corazón.

Cayó casi del caballo, a sus pies[3].

–No sé cómo, pero sabía que eras tú –murmuró ella.

Habían salido Jethro[4] y todos los demás. Stitho, el pequeño ladrón de antaño, estaba de rodillas abrazando las piernas de Mosis y repitiendo: «¡Dueño mío! ¡Dueño mío!» La alegría de vivir dominó a Mosis. Reía. Se olvidaban su rostro demacrado, sus precoces arrugas, sus primeras canas.

El Señor le concedía un respiro.

II
La montaña del Señor

1

EL PERFIL DE LAS ESPADAS

Se envió un emisario a los apiru, que estaban inmovilizados a unas horas a caballo de Ecyon-Geber, con el fin de advertirles de que Mosis sólo regresaría al día siguiente para informarles de sus conversaciones.
 Los ocho jefes de Ecyon-Geber organizaron un festín en casa de Jethro. Lo hicieron lo mejor que pudieron, pues recibían a un rey. Así le designaban.
 Le preguntaron de nuevo a Mosis el número de apiru salidos de Egipto.
 −¡Veintisiete mil! −exclamaron estupefactos−. ¿Tú les dominas?
 Y cuando Mosis respondió afirmativamente:
 −No quisiéramos que algún cabeza loca, de entre todos ellos, pretenda atacarnos. Pues, pese a la amistad que por ti sentimos, responderíamos.
 −Nadie de los nuestros os atacará[1].
 −¿Y adónde vais?
 −A Canaán.
 −Es cierto que hay apirus allí... Supimos que combatisteis con los amalecitas.
 −Ellos nos atacaron. Quisieron apoderarse de doscientos de nuestros hombres como prisioneros, a la chita callando. Fuimos a liberarles. Y nosotros hicimos los prisioneros −explicó Mosis.
 Bebió pensativamente su vino. Desde hacía una semana, el perfil de las espadas se dibujaba en el horizonte. El desierto había sido sólo una tregua. En adelante habría que contar con los demás pueblos. Y se dijo que, a fin de cuentas, actuaba como un in-

tendente encargado de los víveres y como un jefe de guerra. Comer y combatir eran las dos actividades básicas de un pueblo. En su suprema sabiduría, el Señor no se lo había advertido. Y sin duda había elegido al hombre adecuado: con los egipcios Mosis había adquirido experiencia de mando.

–Eres pues jefe de veintisiete mil personas –prosiguió el decano de los jefes–. El más poderoso de todos nosotros extiende su poder, como máximo, sobre dos mil. No tienes todavía reino, pero te conocemos desde que los ladrones te describían como rey de los demonios. Tu reino no podrá evitarte por mucho tiempo.

Levantó su copa y Mosis le imitó. El vino era rasposo pero resultaba, para él, una bebida digna de Dios.

–Soy sólo el servidor de mi dios –respondió.

–No ha habido, no hay y no habrá ser humano en la tierra que no sea el servidor de su dios, Mosis, lo esencial es saberlo.

Levantaron de nuevo las copas.

–¡Gloria a nuestros dioses!

–Pero incluso entre quienes lo saben, pocos son los que han sido designados como reyes –prosiguió el anciano–. Algunos conquistaron por la espada. Tú posees el don más precioso: conquistas por tu presencia. Hemos escuchado a Jethro. Es nuestro mediador. Habla con nuestros dioses. Su mirada llega más lejos que las nuestras y, sin embargo, no creo que me falte experiencia. Nos dijo que la mano de los dioses se había posado en ti. Una vez más, acertó.

–¡Bebamos por la clarividencia de Jethro!

Mejor era eso que beber por la clarividencia del orador, pensó Mosis, pues éste no se privaría tampoco de usar la espada. Su expresión debía de revelar sus pensamientos, pues de pronto advirtió que uno de los comensales le miraba de un modo tenaz, divertido. Tan molesto como intrigado, Mosis le devolvió la mirada y cayó en la cuenta de que era uno de los hermanos de Sephira, Hobab, su propio cuñado. Se echó a reír y Hobab rió también, luego éste cambió de lugar y fue a sentarse junto a Mosis, algo retirado, de modo que pudieran hablar sin que todo el mundo les oyera.

–No me habías reconocido.

–No. Perdóname.

–El tiempo. He cambiado.

–Tu barba es más hermosa y tu aspecto más firme.

–Tú no has cambiado. Eres aquel del que mi padre decía que

la mano de los dioses se había posado en él. Hace un rato te reías para ti cuando los jefes bebían por la clarividencia de mi padre.

–No me reía de sus votos, Hobab, y menos aún de la clarividencia de tu padre, que es grande. Sino de la futilidad de las alianzas humanas. Esos hombres que me honran me hundirían su daga en el vientre en cuanto les pidiera que compartiesen con mi pueblo el agua de un pozo.

–¿No crees en las alianzas humanas?

–¿No lo he dicho ya?

–¿Por qué crees, entonces, en la fidelidad de mi padre para contigo?

–Porque no reposa sobre mí, sino en el hecho de que el uno y el otro reconocimos nuestro vasallaje ante el poder divino.

–¿No creerías, pues, en mi fidelidad si te la declarase?

–Creería en ella si aceptaras seguirme, compartir mi destino y el de mi pueblo. Ningún hombre puede mantener la fidelidad de otro durante toda su vida. Sólo el vasallaje a un dios es duradero. Sólo la alianza con un dios merece esfuerzo.

–¿Sólo me creerías, pues, si te sigo?

–¿No te lo he dicho? ¿Quieres seguirme?

–Tengo mi país, mis dioses...

–¡Ven con nosotros! Serás nuestro guía y compartirás nuestra fortuna. Y no seré yo, sino mi Señor, quien te recompense.

Hobab permaneció largo rato sin responder. Por fin, declaró:

–Vendré, Mosis. Pero será por tu causa y por el reflejo de tu dios en ti. Realmente, un dios posó su mano en ti, no sé cómo lo sé, pero ahora lo sé[2].

Los jefes hablaron mucho durante la noche. Concedieron por fin a Mosis los derechos de pozo a cambio de cien shekels de plata por un mes, a condición de que no hubiera más de cien personas diarias en cada uno de los catorce pozos, pues debían asegurar su propio aprovisionamiento. Le venderían lo que pudieran de harina, aceite y legumbres, y los animales de los que pudieran disponer: trescientos treinta corderos, carneros y ovejas como máximo. Todo el mundo convino en que, según la opinión de Jethro, mejor era que los apiru no acudieran en masa a Ecyon-Geber, ya que su número inquietaría a la población. Podrían instalarse en las colinas del norte, a lo largo del Araba, en los confines del desierto de Paran. Allí, a orillas del torrente, podrían completar sus provisiones de agua en función de las lluvias. Luego los jefes tomaron sus camellos y regresaron a sus casas. Todo aquello era satisfactorio y Mosis se felicitó de que Aarón no hubiese participado en la reunión.

Se quedó a solas con Jethro.

—Me contaban cosas y mi cabeza no lo creía. Pero mi corazón sí. Según me dijeron, derrotaste a los amalecitas.

Mosis inclinó la cabeza.

—Pero no teníais armas.

—Venablos hechos con ramas de árboles y cuya punta endurecimos al fuego.

—Estás impaciente por reunirte con tu mujer. Ve a dormir. Mañana por la noche seguiremos conversando.

Ella, el oasis tras el desierto.

—Eres un don de mi Dios —murmuró.

Se durmieron riendo, abrazados, en seguida. A veces el sentimiento domina al animal. El corazón, alambique de la basta sangre, destila ternura.

Los niños les despertaron. Guershom, que casi tenía cinco años, y Eleazar, de tres años y medio; cachorros de león, gordezuelos y dorados, que se revolcaron riendo en las literas de sus padres.

—¿Qué harás con ellos? —le preguntó él—. ¿No vendrás conmigo?

—¿Pero adónde vas a ir?

—A Canaán.

Ella se levantó para entreabrir la portezuela de la tienda, luego fue a buscar leche caliente y volvió con una jarra, cuatro boles y algunos panecillos con miel.

—Tal vez haya batallas, Mosis. ¿Expondrás a tus hijos a las espadas de los enemigos? —Vertió leche en un bol y se lo tendió a Mosis—. Me reuniré contigo en Canaán. Sé que no tendré que esperar mucho tiempo.

Él bebió, pensativo, su leche. Sí, en efecto, habría batallas. Y también estarían Aarón, Miriam y algunos más, llenos de animosidad hacia la extranjera.

Había terminado de lavarse en la misma rudimentaria cabaña de antaño, esta vez con la ayuda de Stitho, cuando apareció Jethro.

—¿Subiréis directamente hacia Canaán, como dijiste ayer por la noche? —preguntó—. Entonces, tendréis que solicitar derecho de paso a los edomitas, que no son gente fácil.

—¿Quieres decir que deberemos combatir contra ellos?

—Eso me temo. Son más numerosos que la pandilla de amalecitas con la que os las visteis. Tienen plazas fuertes. Y han hecho alianzas con los egipcios.
—En efecto, eso merece cierta reflexión.
—Por otra parte, me preocupa todo lo que debes hacer. Eres, a la vez, el jefe, el general y el dueño de las provisiones de toda esa gente. Imagino que ese pueblo alimenta, inevitablemente, querellas internas y que debes, por si fuera poco, servir de juez. Y ni siquiera menciono tus funciones de jefe religioso. ¿Cómo puedes asumirlo todo a la vez?
—Me ayuda mi hermano Aarón. Y he delegado ya la responsabilidad de nuestros soldados. Pero es cierto que es demasiado. ¿Tienes alguna solución?
—Repartir las responsabilidades, Mosis. Tener jueces, jefes para las provisiones, tesoreros... De lo contrario, nunca podrás llevar a cabo tu proyecto.
—Pero sería necesario que alguien me ayudara a hacerlo.
—Yo te ayudaré.
—En ese caso, tendrías que venir al campamento.
—Lo haré mañana; es preciso que estos problemas estén resueltos antes de que volváis a poneros en camino.

Mosis montó en su caballo, debidamente cepillado y cuidado por Stitho, y rogó a éste que le acompañase, pues necesitaría un mensajero para que fuera y volviera entre el campamento de los apiru y Ecyon-Geber. Encontró el campamento, a Aarón y a los jefes en plena efervescencia, y se preguntó si no habría alguna maquinación oculta para nombrar a otro jefe en su lugar. A falta de indicios, miró con altivez a toda aquella gente e informó del acuerdo al que había llegado con los jefes madianitas.

—¿Por qué no podemos instalarnos entre esa gente? —preguntó un jefe.
—Somos veintisiete mil. Sería una invasión y estaríamos hacinados. Sus campamentos, en el mejor de los casos, sólo admiten dos mil personas. Añadiríamos, pues, la incomodidad a la contrariedad.

El argumento no convenció a Aarón.
—¿Cuándo nos entregarán los víveres?
—Durante el día de hoy.
—Tenemos hambre.
—Siempre tenéis hambre —replicó Mosis—. No se trata de darse un banquete. Los tiempos de la frugalidad no han terminado. Tres-

cientos treinta y siete corderos apenas bastarán para la comida de un día. Ignoro aún qué cantidad de harina y aceite nos será atribuida, pero sé que las provisiones de los madianitas no son inmensas. Los panes irán confeccionándose, pues, a medida que sean necesarios y distribuidos ajustadamente.

–¿Estamos lejos de Canaán?

–En distancia, no. En tiempo, sí. Para llegar, deberemos pedir paso a los edomitas y es dudoso que nos lo concedan sin problemas, si es que lo conceden.

–Acabamos con los amalecitas –dijo Aarón–. ¿Por qué no vamos a acabar también con los edomitas?

–Porque son más numerosos, porque están mejor armados y controlan las rutas desde sus plazas fuertes. Y porque pretendo evitar, siempre que sea posible, los derramamientos de sangre.

–¿Entonces?

–Entonces, ya decidiré.

Dos o tres docenas de hombres y mujeres de todas las edades llegaron en aquel momento. Mosis les interrogó; todos tenían que resolver algún problema, que solicitar algún consejo o cierta querella que precisaba arbitraje...

–Como ves, tenemos que discutir de muchas cosas –dijo otro jefe–. Algunos de los nuestros han muerto y eso plantea cuestiones de herencia. Están también algunas cuestiones de rescate.

Desde el asunto de la sucesión de Eliab, varios meses antes, Mosis había actuado ya de juez en muchos debates. Pero otros ancianos habían muerto después y aquello planteaba, evidentemente, nuevos problemas. Al parecer, el número iba creciendo con el transcurso de los días.

–¿De qué se trata esta vez? –dijo con mal humor–. ¿Hay tan grandes patrimonios que hagan necesario regular jurídicamente el reparto?

–No siempre estaremos en el desierto –argumentó uno de los jefes–. Pronto llegaremos a una tierra que será la nuestra. Mejor es que las cosas queden claras.

–Vamos a organizarnos rápidamente –decidió Mosis recordando los consejos de Jethro–. Porque no puedo ocuparme personalmente de cada uno de vosotros.

La tarea comenzaba a ser pesada, se dijo. Y ni siquiera adivinaba la mitad.

2

LOS CORDEROS DE LA DISCORDIA

Surgieron, casi simultáneamente, tres nuevos problemas.
El primero fue el manifiesto mal humor con el que fue recibido Mosis cuando, al día siguiente, tras su noche con Sephira en las colinas, regresó al campamento. Aarón y algunos jefes, a los que se unieron varias mujeres, le miraron con malevolencia. Miriam y Elisheba estaban en primera fila.
–¿Qué significan esas miradas de arpía? –le preguntó Mosis a Miriam con dureza.
–¿Eres uno de los nuestros o un madianita, puesto que vas todas las noches a acostarte con una madianita? –gritó.
Las demás mujeres escuchaban el altercado a distancia.
–Es mi mujer desde que los madianitas, antaño, me dieron refugio.
–¡Ya lo sé! –exclamó Miriam–. Y ahí es donde duele. ¡Tienes hijos madianitas!
–No son madianitas, puesto que son míos.
–¡Mestizos! –silbó con desprecio Elisheba, la esposa de Aarón.
Se dirigió hacia ella con un paso preñado de amenazas:
–¿Eres una mujer o una hiena? Si el Señor se hubiera apartado de mí, no se habría dirigido a mí cuando había tomado ya a esta mujer por esposa.
Algunos hombres y mujeres que se mantenían apartados murmuraban que «él» quería admitir en su seno a los hijos de una extranjera.
–¡El Señor! ¡El Señor! ¡Siempre te llenas la boca con esta pa-

133

labra! –ladró Elisheba–. ¿Qué habrías hecho si mi marido, Aarón, no hubiera reunido a los nuestros en Egipto?

Mosis levantó la mano para abofetear a su cuñada, pero se contuvo.

–¡Basta ya! –gritó–. ¡Eso no es sólo una rebelión! ¡Son las voces de la infamia que insultan al Señor! ¡Esta mujer es mi esposa y quiero que se la respete y no se hable más de ello!

–Las mujeres tienen razón –declaró Aarón, enardecido de pronto–. ¿Cómo puedes ser nuestro jefe si introduces a una madianita en nuestro pueblo? ¡Tus hijos habrán mamado leche extranjera!

Algunos jefes de clan, siempre los mismos, repitieron con variantes las palabras de Aarón. Adivinaba su juego: querían a Aarón como jefe. Siendo mucho más maleable que él, les sería más fácil imponerle su voluntad.

–Y vosotros, pandilla de hipócritas, ¿queréis que recorra el campamento para contar vuestras esposas egipcias y nubias? ¡Aarón, Miriam y tú, Elisheba, que destilas veneno con la punta de la lengua, desapareced de mi vista! Una palabra más sobre mi esposa y os consideraré prisioneros y os pondré bajo la custodia de los soldados. ¡Arrepentíos! ¡U os haré excluir del campamento por una semana! ¡Incluso a ti, Aarón!

Mishael, su primo, que era ahora uno de los tenientes de Josué, asistía también a la escena en compañía de algunos soldados, y envió a uno para que avisara a Josué. Aarón y su esposa, al igual que Miriam, retrocedieron y entraron en sus tiendas mascullando. Mosis tendió el dedo hacia los jefes:

–¡También vosotros! ¡Desapareced de mi vista y arrepentíos! ¡Tampoco vacilaré en echaros del campamento! La maldición caerá sobre todos los que se opongan a los proyectos del Señor, ¡no lo olvidéis nunca más![1].

Miriam volvió a salir en seguida de la tienda en un estado de extremada agitación. Desgreñada, con los brazos levantados al cielo decía unas palabras que su voz ronca hacía casi ininteligibles.

–¡El Señor! –clamaba–. ¡Veo al Señor! ¡El Señor viene a ayudarnos en nuestro sufrimiento! ¡El Señor ordena que nos liberemos de la tiranía! ¡Te escucho, Señor! ¡Me pides que levante a mi pueblo contra la tiranía!

Giraba, enloquecida, alrededor de su tienda, con los ojos en blanco y la ropa tan en desorden que dejaba al descubierto un pecho. Se fingía profetisa. Se formó un pequeño grupo que observaba la escena y murmuraba que sí, que debían liberarse de la tiranía.

—Esta mujer desbarra —dijo un anciano, burlón—. Habrá comido beleño, ¡dadle eléboro![2].

—¡Es mi hermana! —protestó Aarón—. ¡Es una profetisa!

Pero, aunque la mayoría no se dejara engañar, Miriam podía, de todos modos, formar una facción entre los enemigos de Mosis. No eran necesarias grandes luces para comprender el motivo de su repentina exhibición: se trataba, para ella, de rivalizar con Mosis y negar su autoridad. Por lo que se refiere a los discursos sobre la liberación de su pueblo, eran claramente sediciosos y así lo entendieron, efectivamente, Mosis y Josué.

—Va a formar un escándalo —murmuró Josué.

Mosis se dirigió hacia Miriam con paso decidido y la agarró del brazo. Fingiendo salir del trance, lanzó un agudo grito e intentó retroceder. Pero él la sujetaba con mano de hierro.

—¡Acaba inmediatamente con esta comedia! ¡Basta de impostura! No eres más profetisa que una cabra cualquiera.

Ella le miró con ojos desorbitados, muda, babeante.

—El Señor... —murmuró con voz cavernosa.

—¡El Señor va a pulverizarte, pécora desvergonzada! —gritó Mosis sacudiéndola con violencia—. Vuelve a tu tienda.

Y, dirigiéndose a su hermanastro:

—¡Lleva a esta criatura a la tienda y que no vuelva a oírla![3].

El segundo problema surgió poco antes de mediodía, cuando los emisarios de los mercaderes de Ecyon-Geber fueron a anunciar que traían el rebaño de corderos vendidos y pidieron hombres y monturas para descargar de sus camellos la harina, el aceite y las legumbres que formaban parte del trueque. Pero aquel problema, Mosis, turbado todavía por la rabia desencadenada y las gesticulaciones de la mañana, sólo lo descubriría más tarde. Todo el mundo salió de las tiendas para contemplar el ganado que avanzaba, conducido por media docena de pastores madianitas, recorriendo el camino sombreado por las encinas y las acacias enanas, al pie de la montaña.

Mosis envió a Mishael a buscar a Aarón. Llegó éste, contrariado y contrito al mismo tiempo.

—Convoca a los jefes —ordenó Mosis en tono seco—. Que vengan con el oro, la plata y el cobre necesarios para pagar los corderos.

Mosis encargó luego a Mishael que reuniera los hombres y las monturas indispensables para ir a buscar la harina, el aceite y las legumbres, y estaba supervisando los procedimientos de pago cuando surgió el tercer problema. Llegó Jethro seguido por dos servidores que llevaban a Mosis platos de golosinas y frutos.

En cuanto le vio, Aarón se puso rígido. Mosis se volvió hacia su hermano y, desde lejos, le reconvino con la mirada. Aarón agachó la cabeza. Y cuando vieron que Mosis se acercaba a Jethro e intercambiaba con él saludos y abrazos llenos de afecto y respeto, varios jefes que asistían al intercambio fueron a interrogar a Aarón. Entonces se inició un conciliábulo que Mosis vigilaba por el rabillo del ojo y que nada bueno le decía. Tras haber instalado a Jethro en su tienda, mandó buscar a Josué para encargarle que convocara ante su tienda a todos los jefes.

Llegaron, altivos unos (los que se habían puesto, aquella misma mañana, de parte de Aarón), otros curiosos. Mosis aguardó a que todos estuvieran a su alrededor, con Josué y un centenar de soldados armados de venablos montando guardia, y tomó luego la palabra.

—Jethro el madianita, que nos hace el honor de visitarnos, es mi suegro. Y es un hombre sabio.

Jethro inclinó varias veces la cabeza con una sonrisa. Los jefes contemplaron al extranjero que tenía el privilegio de recibir cumplidos de Mosis, y que era el suegro de su jefe.

—Por eso he solicitado su consejo —prosiguió Mosis—. Como sabéis, somos numerosos y no puedo encargarme, a la vez, del alimento, el agua, los pagos, los juicios y la guerra.

Cedió la palabra a Jethro y éste explicó que el único modo de organizar una comunidad tan numerosa y sometida a necesidades tan diversas como las de una nación era establecer una jerarquía. Sugería que Mosis eligiese a los hombres que considerara más dignos de confianza y les cediera la responsabilidad de cierto número de hombres, cien, por ejemplo. Estos hombres, a su vez, designarían a algunos responsables garantes, cada uno de ellos, de un centenar de almas. Los jefes, instruidos por Mosis en la ley que deseaba aplicar, actuarían como jueces, despacharían los asuntos sencillos y se remitirían a Mosis sólo en los casos que no supieran resolver.

—Pero tenemos ya nuestros jefes de clan —objetó con mal humor uno de ellos.

Jethro tardó en responder, con aire sapiente.

—Para ser juez, es preciso ser imparcial. ¿Y no están los jefes ligados a sus clanes?

—De todos modos –interrumpió Mosis–, un clan no representa mil personas y estoy de acuerdo con Jethro. Los jefes de clan se deben, primero, a sus clanes. En ese caso, cuando apareciera un conflicto tenderían naturalmente a beneficiar a los suyos. Ahora bien, no somos ya clanes, somos un pueblo, y quiero que cada uno de nosotros se preocupe, primero, por el interés general.

Los jefes pusieron unas caras de más de un codo de largo. Veían cómo, en pocos instantes, su poder se desvanecía. Pero era evidente que varios de ellos aspiraban ya, en su cabeza, al puesto de jefe de sección.

—¿No nos quedará, pues, poder alguno? –preguntó otro.

—Os quedará el poder que tenéis sobre vuestras familias –decidió Mosis–. Además, pretendo que un tesorero tome a su cargo el conjunto de los pagos que debamos hacer y el reparto del botín que conquistemos. No es justo que algunos clanes sean más ricos que otros. Debemos poner en común todos nuestros recursos hasta que nos establezcamos en Canaán. Para el pago de los corderos, por ejemplo, hay clanes que han pagado más que otros y no sería justo que quisieran disponer de más animales que quienes no han podido pagar más.

—No todos teníamos las mismas riquezas en Egipto –objetó otro.

—En Egipto estábamos sometidos al faraón. Ahora, lo repito, somos un pueblo libre y necesitamos todas nuestras fuerzas. Pero sólo podemos ser fuertes en la unión. Aceptasteis que Josué tomara el mando de nuestros soldados y podéis felicitaros por ello. Os felicitaréis, del mismo modo, cuando un tesorero se encargue de los problemas financieros de la comunidad.

Se dispersaron discutiendo. El paisaje parecía pacífico. El cielo estaba claro y el aire era suave. Los pescadores jalaban sus redes. Las mujeres se repartían la harina y el aceite, olorosas humaredas ascendían y, luego, se dispersaban en la brisa, arrastrando el aromático olor de la madera de acacia y la más carnal del pan con aceite. Parecía casi la felicidad. Hubiérase dicho que la vida podía proseguir, así, continuamente.

Al anochecer, cuando Jethro se hubo marchado, regresaron los jefes. Nahshon, el hijo primogénito de un jefe que se llamaba Aminadab, se dirigió a Mosis:

—Hemos reflexionado y te pedimos consejo. Los corderos que hemos comprado servirán para una o dos comidas y luego, como la última vez, no quedará nada. Ahora bien, nuestros recursos en oro, plata y cobre no son infinitos.

Hizo una pausa interrogando a Mosis con sus oscuros ojos.

–Comprendo –respondió éste.

–Hay muchas ovejas entre los animales que hemos comprado.

Mosis inclinó la cabeza en signo de aprobación. Pero entonces vio aparecer el problema que no había advertido cuando los pastores madianitas llegaron con los corderos. Las bestias bebían agua. Los problemas de acceso a los pozos podían envenenarse incluso con los madianitas. Por otra parte, no podía negarse a que su gente formara rebaños que fueran suyos y aseguraran la provisión de carne; provisión tanto más valiosa cuanto, dentro de unos días, los apiru entrarían en las tierras altas, dirigiéndose a Canaán, lejos del mar, y faltaría el pescado.

¡La suerte estaba echada!, decidió Mosis. Israel necesitaba rebaños para sobrevivir y, por lo tanto, puesto que era necesario, combatiría contra los demás pueblos. La víspera había creído ver la sombra de las espadas levantándose en el horizonte; ahora estaba seguro de que las espadas serían las que tallarían el territorio de los hijos de Israel.

–Haced lo que proponéis –concluyó.

Inclinaron satisfechos la cabeza, pero no parecían dispuestos a levantarse.

–Tenemos otra pregunta –prosiguió por fin Nahshon–. ¿Será Jethro uno de nuestros jueces?

–En modo alguno –repuso Mosis al cabo de un tiempo–. No conoce nuestra ley.

La respuesta les dejó perplejos.

–¿Cuál es nuestra ley? ¿Dónde está escrita? –preguntó otro jefe.

–El Señor la dictará cuando lo considere oportuno.

Hasta entonces nadie conocía aún la ley. ¿Quién podía, pues, ser juez? Pero nadie advirtió esa contradicción.

–Si entráramos en conflicto con los madianitas –siguió preguntando alguien–, ¿dónde estará la fidelidad de tu mujer? ¿Y dónde la tuya?

–¿Ponéis en duda mi fidelidad? –gritó Mosis en tono ofendido–. ¿No os basta que os haya traído hasta aquí por orden del Señor? ¿No os basta haber triunfado sobre los egipcios y los amalecitas? ¡Y me hacéis semejantes preguntas! ¿Creéis que me pondría contra vosotros y de parte de los madianitas? ¿Y creéis que mi mujer va a ponerse de parte de los madianitas, contra su esposo y sus hijos?

Siguió un pesado silencio.

—No queríamos ofenderte —dijo Nahshon—. Tal vez deberías considerar nuestra franqueza como la prueba de nuestra confianza. Te exponemos lo que tenemos en el corazón[4].

—Desearía que vuestros corazones fuesen más inteligentes y vuestras inteligencias más serenas —repuso Mosis.

Llegada la noche, llamó a Josué junto al fuego. El joven se sentó en el suelo, a su lado. La pregunta de Mosis fue sencilla:

—¿Cuántos hombres y cuántas armas hay ahora?

—Casi cuatro mil trescientos. Todos armados. Los que carecen de venablos tienen las espadas arrebatadas a los amalecitas. Algunos escudos de cuero. No he contado las hondas. De hecho, todos somos honderos —tendió las manos hacia el fuego—. He enrolado a todos los prisioneros egipcios y comienzo a enrolar a algunos amalecitas.

Mosis parecía extrañado.

—Son excelentes soldados —prosiguió Josué—. Los egipcios estaban ya entrenados. Y los hombres son mejores soldados que buenos esclavos. Su amor propio está a salvo. La humillación les habría hecho rebeldes.

—Sabes lo que estás haciendo, tienes mi confianza —dijo Mosis—. Te dije que necesitábamos, como mínimo, cinco mil hombres...

Josué iba a interrumpirle, pero Mosis prosiguió:

—Has hecho lo que has podido, no me cabe duda. Pero necesitamos rápidamente cinco mil hombres, Josué. E incluso más. En seguida.

Josué posó en él su mirada tranquila y clara.

—A causa de los rebaños, ¿verdad?

A Mosis le sorprendió la agudeza del joven.

—Aciertas.

—En efecto —observó Josué levantándose—, no hay mucho tiempo.

Brillaron las estrellas. Mosis oró y, luego, tomando su caballo, regresó a casa de Jethro, junto a Sephira.

Un día u otro tendría que llevar con los suyos a su mujer y a sus hijos. ¿Cómo les recibirían? ¿Era preciso que su felicidad más íntima fuera discutida por los suyos? Levantó los ojos al cielo, pero las estrellas brillaban más aún, sencillamente, porque la noche era más oscura.

Y si se respiraba profundamente, si se expulsaban todos estos febriles pensamientos, la noche y las estrellas comenzaban a entrar en uno, como un frasco abierto se llena con el agua del cielo... El Señor entraba en uno. Sí, sólo podía ser el Señor en aquella noche rumorosa de estrellas.

3

PRIMERA INSTALACIÓN

Al día siguiente del sabbat, el convoy volvió a ponerse en marcha tras una breve orden de Mosis.
—¿Adónde vamos? —preguntó Aarón al comprobar que no seguían la ruta de Ecyon-Geber sino que se dirigían hacia el norte y entraban en un estrecho valle, entre dos macizos montañosos[1].
—A un territorio donde recuperaremos el aliento —repuso Mosis—. He advertido que muchos de nosotros, y entre los mejores, se han vuelto parecidos a caballos jadeantes. Hace tres meses que salimos y las pruebas comienzan a alterar los corazones. Es tiempo ya de que seamos conscientes de lo que somos, de que nuestras almas reposen y la presencia del Señor penetre en nuestros corazones.
Había respondido casi sin pensar. Las palabras habían brotado de su boca tras reflexiones a veces inconclusas. Ahora, sus ideas habían madurado.
—El desierto está convirtiéndonos en una horda y no en un pueblo, y la organización que dicté por consejo de Jethro no bastaría para remediarlo. De nada serviría ser gobernados por leyes y hombres si no escucháramos la vibración divina.
Apenas volvía la cabeza para hablar con su hermano.
—Estamos aquí por voluntad del Señor —prosiguió con voz sonora—, pero no le veo en los ojos ni en los corazones. El espíritu de discordia se extiende desde que salimos. Incluso te ha contaminado a ti, Aarón.
Aarón agachó la cabeza. Sephira y los dos hijos de Mosis les seguían de cerca, en uno de los camellos tomados a los amalecitas. Los había recogido en casa de Jethro y los había impuesto,

con la mirada preñada de promesas de rayo y de relámpago. Pero, en aquel instante, su mirada se había hecho pensativa, casi dulce. Recordaba la violencia con que la noche anterior había tomado posesión del cuerpo de Sephira. ¡Como un ladrón! ¡Como un violador insaciable! ¡Como un adolescente que descubre, por primera vez, el cuerpo de la muchacha amada! Como un carnívoro, también, devorándolo todo, la boca, los dedos, el sexo... Manoseando sucesivamente los pies, las nalgas, los pechos, como si estuviera modelándola y, luego, tomándola otra vez al asalto, como un asesino, hasta que los espasmos que corrieron por los hombros y los labios de Sephira le demostraron que estaba muerta para sí misma, que era por completo suya, en carne, sangre, fluidos y aliento...

Hasta el punto de que Sephira se alarmó ante aquella tempestad de músculos y piel que la había atrapado como un torbellino.

–Hay un tiempo para todo –había respondido él a media voz–. Llegará uno en el que no me perteneceré ya, Sephira. Perteneceré al Señor. Te doy, pues, lo que puedo darte, te tomo lo que puedo tomarte, antes de que nuestras memorias se llenen de polvo.

Cuando se habían tendido uno junto al otro, agotados, pensó que el amor es un duelo con el mundo. El cuerpo de una mujer es el caos antes del nacimiento del universo. Y tal vez, a fin de cuentas, Adán había creado a Eva en un furioso abrazo con una arcilla a la que el Creador, por fin, había otorgado la vida... Imaginó a Adán poseído por una formidable erección, revolcándose en la orilla de un río, presa de las angustias y las delicias del deseo. Eso era, sin duda, lo que el Creador había querido: tras haber penado, organizando el inmenso desorden salido de sus manos, había dejado su sucesión al hombre y le había encargado que creara, él mismo, a la mujer...

Pero aquellas ensoñaciones fueron interrumpidas por la voz de Aarón.

–Me reprochas que me haya puesto de parte de Miriam.

Mosis volvía hacia su hermano su dorada mirada.

–Si te reprochara esa ceguera, sólo hablaría por mí, Aarón. No hablo por mí. Hablo en nombre del dios que os sacó de Egipto para convertiros en un pueblo. Adoptasteis en Egipto las viciosas costumbres que engendra la esclavitud y aquí, en el desierto, sois esclavos todavía. Esclavos en fuga, pero sin piedad.

El sol teñía de amarillo y rosado las montañas bajas, al este, y la sombra vertía un rojo violáceo en las altas montañas del oeste.

–Si siguiéramos así hasta Canaán –prosiguió Mosis–, seríamos semejantes a los amalecitas, una vasta horda que sólo piensa en fiestas, combates y banquetes, rumiando sin fin venganzas y rivalidades. Eso no es digno de los designios divinos.
 –¿Qué quieres hacer?
 –No lo sé. El Señor, cuyo servidor soy, me lo dictará.
 El tono no admitía réplica y era tan imperioso como tranquilo. Aarón no reconocía ya al fogoso joven que había encontrado en la otra orilla del mar de las Cañas.
 –Hay algo que no te he dicho –prosiguió Mosis–. Elegiremos en cada tribu a los hombres que nos parezcan más ardientes, más piadosos, más abiertos al Señor. Ellos serán los que celebren al Señor. –Mosis dejó pasar unos instantes–. Serás su jefe. –Y luego, tras otro silencio–: quienes se han opuesto a mí no pueden ser elegidos en modo alguno.
 –Sin embargo, hay entre ellos hombres piadosos –objetó Aarón.
 –Piedad de conveniencia. No tenían el corazón abierto a la voluntad del Señor.
 Tres días más tarde llegaron a los valles que se hallaban al oeste del Araba. La distancia que habían recorrido era corta, pero, puesto que ahora llevaban sus rebaños, avanzaban más lentamente. Era la hora quinta después del alba. Mosis abarcó el paisaje con una mirada circular. A lo lejos, un arco irregular de montañas. Unos valles iban abriéndose mientras descendían, fundiéndose en un conjunto de colinas en cuyas hondonadas procuraba prosperar la vegetación, aunque mantenía, aquí y allá, un color grisáceo. Sin embargo, los corderos no perecerían, encontrarían pastos para los siguientes días. La noche había estado salpicada de relámpagos, una breve tormenta había alimentado el Araba y había empapado de agua la hierba. Pero aquella misma noche, el agua que en ese momento brillaba sólo sería un arroyuelo. Sería, pues, necesario cavar pozos[2].
 –Aquí es –declaró Mosis.
 Aarón examinó el paisaje, incapaz de captar su especial interés y menos aún de discutir con su hermano, dio luego media vuelta y galopó hacia la retaguardia del convoy para informar a los jefes y los jueces. Mosis se volvió, captó la imagen de Sephira, que hablaba con sus dos hijos, y la envolvió en ternura. Luego, la mirada acechante de Josué. Tras un breve signo de la cabeza de su jefe, Josué acudió.
 –Vamos a explorar el lugar –dijo Mosis.

Encinas enanas, acacias, terebintos, laureles, tamariscos y, en las alturas, algunos pinos y escasos cipreses; por lo tanto, el lugar no carecía por completo de agua. Lo demostraban los matorrales de mirtos, incienso y hierbas indistintas, empecinadas en luchar contra placas de ingrato pedregal. Mosis reconoció el díctamo que había visto inflamarse, espontáneamente, cierto día, cuando vagaba más hacia el sur, justo antes de escuchar la Voz...

–No es cómodo de defender –observó Josué–. Pueden cercarnos fácilmente –señaló, aquí y allá, los rastros ennegrecidos de hogueras, piedras alineadas, espacios visiblemente aplanados por la instalación de tiendas–. Aquí no estamos solos, ni somos los primeros.

Mosis inclinó la cabeza. También él había visto los rastros de hogueras, los blanqueados huesos de un festín, los fragmentos de una jarra rota. Josué comenzaba a tener ojos de jefe; cada vez merecía más la confianza que Mosis le había concedido instintivamente.

–¿Qué propones, pues? –preguntó.

–Que nos instalemos en las colinas más altas –repuso Josué.

Señaló con el dedo lo que parecían unas pistas, vagas, es cierto, pero demasiado precisas, sin embargo, para deberse al azar.

–La gente llega aquí del este y del norte.

Siguió a caballo una de aquellas pistas y Mosis fue tras él.

–Mira, allí, en esta hierba se ha pastado hace pocas semanas. Y mira los arbustos: han ramoneado las ramas bajas y la corteza también está mordisqueada, es cosa de las cabras. Mira allí abajo, también; cagarrutas de animales. Aquí pastan los rebaños.

Se volvió hacia Mosis.

–No hemos sido atacados todavía porque no nos han visto. Pero, a mi entender, dentro de algunos días lo seremos.

–Entonces, tendremos que combatir –dijo Mosis en tono febril–. Sólo podemos instalarnos donde hay agua, y donde hay agua hay siempre gente ya. Nuestra supervivencia depende de las armas. La palabra divina nos protegerá, Josué.

–No estamos todavía en Canaán –dijo Josué interrogando a Mosis con la mirada–. ¿Cuánto tiempo quieres instalarte aquí?

–Varios meses.

La respuesta pareció contrariar a Josué.

–Tendremos que construir murallas –dijo.

–Construiremos murallas.

–Primero habrá que decidir en qué colina se establecerá la gente.

Examinó una vez más el paisaje.
–O, mejor, en qué colinas –prosiguió–, pues somos numerosos. Yo elegiría las que ofrecen una protección natural, porque están adosadas a la montaña. Aquéllas, por ejemplo.
Señalaba con el dedo las colinas que se hallaban al este.
Mosis escuchaba, reflexionaba y, luego, de pronto, dejó de reflexionar. El sol brillaba, fulguraba, estallaba sobre una montaña, allí, al norte, en un cielo perfectamente puro, y Mosis se sintió arrobado, como privado de pensamientos, como si viera el sol por primera vez, como si aquel sol fuera portador de un mensaje extraordinario. Mosis se sintió deslumbrado, exterior e interiormente, inflamado, como en una conflagración inmóvil. Aquel sentimiento comenzó en el estómago, con tanta violencia que Mosis tuvo que contener una náusea, luego subió hasta el corazón y le llenó toda la cabeza, amenazando con brotar por las órbitas y ahogar a Mosis en una nube ardiente. Aquella luz era... sí, era la línea de fuego que antaño había buscado... Su mano se levantó, como empujada por una voluntad distinta a la suya. Lleno de esplendor, permaneció así, con el brazo tendido, con todo el ser suspendido, semejante a un lingote de metal en fusión.
Advirtió luego la presencia de Josué, a su lado. Se volvió hacia el joven y la expresión alarmada, estupefacta, de Josué pasó por entre la cortina luminosa que cegaba a Mosis. Sus labios se abrieron pero no dijo nada.
–¡Mosis!
Pero ¿por qué tanta inquietud?, se preguntó confusamente Mosis. ¿Por qué conceder importancia al mundo exterior? ¿Y por qué él, Mosis, respondía a las irrisorias inquietudes de los demás?
–¡Mosis! –repitió Josué acercando su caballo y tendiendo luego el brazo hacia su jefe–. ¿Te encuentras bien?
–Todo va bien –respondió Mosis–. ¿Por qué?
Josué tragó saliva.
–Nos esperan, detrás –dijo con una voz que intentaba mantener tranquila–. ¿Hago que la gente se instale en las colinas que te he indicado?
Mosis inclinó la cabeza.
–Mejor será que estés conmigo cuando organice la instalación –prosiguió Josué–. Sin duda habrá algunos que pongan objeciones.
Mosis barrió con la mano aquella evocación de las objeciones. Una pandilla de discutidores al acecho de la primera ocasión para manifestar su irrisoria existencia y llenarse la boca de saliva.

Aarón acudió a caballo, inquieto.

–¿Qué ocurre? ¿Qué has decidido? El pueblo aguarda, se impacienta.

Aquella impaciencia impacientó a Mosis.

–Diles que vengan. Se instalarán en aquellas dos colinas.

–¿En aquellas dos colinas? Pero estaremos expuestos al viento por los cuatro costados...

La severa mirada de Mosis privó de palabra a Aarón.

–Bueno, ya voy.

–¡Iré a buscar a los soldados! –gritó Josué–. ¡Hoy tienen que empezar a levantar las murallas!

Mosis se quedó solo en el valle. Su mirada se volvió irresistiblemente hacia la montaña. Unas nubes velaban el sol; el esplendor era, pues, intermitente. Se dirigió al paso hacia la montaña, que parecía un león tendido. Por el camino distinguió, al pie de una colina, junto a un alineamiento de piedras que sin duda señalaba los límites de un campamento, una roca plana. La examinó y reconoció huellas de sangre. Sintió cólera. Los demás dioses, los falsos dioses... ¡Los aniquilaría! Escupió sobre el altar y prosiguió su camino. Sólo existía un dios. Aquel que se le había manifestado en el desierto.

–¡Un solo dios! –exclamó.

Se volvió y distinguió, a lo lejos, a los soldados de Josué que llegaban. Le había prometido a Josué estar presente durante la instalación. Tiró de las riendas y volvió sobre sus pasos, irradiado todavía por la luz que le había poseído unos momentos antes. Había sido Dios, sólo podía ser Dios el que le había dirigido aquella señal.

4

LOS INTRUSOS

–¿Por qué has elegido las cimas de esas colinas tan ventosas? ¡Pereceremos de frío!
 –¿Y dónde encontraremos agua cuando los torrentes se hayan secado?
 –El clan de Issachar quiere ocupar un territorio mayor que el de los demás, ¡es inadmisible!
 –¿Qué significan esas murallas? ¿Contra qué deben protegernos? ¿Contra las cabras?
 Al alba del primer día, los ecos de protestas e indignaciones despertaron a Mosis. Se levantó de un salto y fue a ver a Aarón.
 –Ven conmigo.
 Reunieron a los jefes en consejo urgente. Su número era de once.
 –No quiero seguir oyendo el ruido de las discusiones. Si llegan a oídos del Señor, la cólera divina nos enviará una plaga mayor que las que cayeron sobre Egipto. Os encargo que restauréis inmediatamente la buena voluntad de todos, por respeto al Señor, que nos ha protegido hasta aquí. Aarón procurará que, al llegar la noche, cualquier espíritu de querella haya desaparecido de entre nosotros.
 –¿Es éste el país que el Señor nos ha otorgado? –preguntó uno de los jueces, Nadab–. ¿Por qué nos detenemos aquí? ¿Qué sentido tiene esta instalación?
 La irritación, perceptible en su voz, sorprendió a Mosis, que se volvió hacia Aarón.
 –¿No os ha explicado mi hermano, que es vuestro jefe después de mí, que es necesaria una pausa en nuestro viaje hacia la Tierra prometida para que nos recuperemos? –replicó–. Desde que sali-

mos de Egipto sólo he escuchado vuestro descontento. Ni una sola vez habéis hecho una espontánea acción de gracias al poder celestial que os libró del faraón. Creo que esta región os da la oportunidad de recogeros y tomar conciencia del hecho de que sois un pueblo sometido a la voluntad del Señor, y no una horda de vagabundos hambrientos, siempre descontentos.

–Aarón nos lo ha dicho –respondió el juez–. Pero no basta para convencernos. Estamos descontentos porque no hemos llegado aún a ese país que el Señor prometió a nuestro padre Abraham. Instalémonos allí cuanto antes y el descontento que te descontenta desaparecerá por sí mismo.

–¿Y cómo creéis que vamos a entrar en Canaán? –clamó Mosis–. ¿Creéis, acaso, que allí las tierras aguardan a que queramos esparcir nuestras simientes para darnos cosechas, que los pozos y los ríos no son explotados y seguirán sin serlo hasta que nos tomemos el trabajo de sacar de ellos el agua? Pero bueno, ¿dónde tenéis la cabeza? ¿Creéis que nuestras casas están ya construidas en Canaán, con sus hogares encendidos y las marmitas en el fuego para cocinar los estofados? ¡Tendremos que conquistar el país! ¡Tendremos que reconquistarlo por la fuerza de las armas, con nuestro valor y nuestra unidad! ¿Y cuál puede ser el cemento de nuestra unidad, salvo nuestra fe en el Señor? ¡Pero vuestra unidad no existe! ¡Os agitan sin cesar las rencillas! Lo demuestra el hecho de que haya tenido que designaros para resolver estas incesantes querellas y que no dejáis de reuniros para juzgar. Os había supuesto prudentes y he aquí que, apenas investidos, os consideráis los jefes de nuestro pueblo. Y vuestro valor es semejante al de los niños de pecho, porque ni siquiera podéis soportar un solo día el hambre y la sed. Por lo que a las armas se refiere, si no os hubiera dado la milicia que manda Josué, un hombre mucho más prudente que vosotros, todo sea dicho de paso, hubierais sido diezmados por los amalecitas.

Recuperó el aliento.

–Espero que durante nuestra estancia aquí toméis conciencia de que sois el pueblo elegido por el Señor y de que sin el Señor no sois nada. Sólo una pandilla de fugitivos con las almas en tinieblas.

Sus gritos habían atraído a un centenar de hombres en torno al grupito. Uno de ellos, un anciano al que Mosis no conocía, se adelantó y levantó un descarnado brazo.

–El Señor no se me ha revelado –dijo–. No tengo el carácter de Mosis. No sé lo que el Señor le dijo. Pero escucho en su voz lo que lleva en su corazón, y sé que lo que dice es justo y bueno para todos nosotros.

Los jueces, desconcertados, se volvieron hacia el anciano.

–Escuchadme, hombres sabios –prosiguió éste–. He sufrido durante nuestro éxodo, como todos nosotros, y sin duda algo más que la mayoría de vosotros, dada mi edad. Tengo derecho a hablaros, hombres sabios. Añadiré algo a lo que Mosis acaba de deciros. Os ha dicho que sin el Señor no somos nada. Y yo os digo que sin Mosis tampoco seríamos nada. ¡Y no soy el único que piensa así!

Los jueces, consternados, bajaron la cabeza. Si les desautorizaban los mismos que debían apoyarles, su autoridad se vería comprometida.

–¿Cuánto tiempo deberemos permanecer en esta región? –preguntó un tal Gilead.

–No le corresponde al hombre medir el tiempo del Señor –repuso Mosis–. Sólo el Señor puede decidir la hora en la que deberemos reanudar nuestro camino.

Los siguientes días fueron más apacibles, pese a la agitación y a las inevitables discusiones en una instalación a largo plazo. Josué y sus hombres se apresuraban a defender los territorios de los campamentos con muros de piedras amontonadas unas sobre otras, a falta de mortero. Aquellas improvisadas murallas apenas llegaban al pecho de un hombre, pero bastaban como protección, consideró Josué. Levantadas a flanco de colina, permitirían ya, a los defensores, rechazar a pedradas el asalto. Lo ideal hubiera sido levantar, en su lugar, empalizadas de troncos de árbol, pero éstos faltaban y, sobre todo, faltaba tiempo.

–Son necesarias tres horas para derribar un solo árbol, desbrozarlo y afilarlo para clavarlo en el suelo –explicó Josué en el informe que le hizo a Mosis–. Además, necesitaríamos por lo menos mil árboles y no tenemos bastantes hachas.

Mosis inclinó la cabeza.

–¿Ves la ladera de aquella montaña? –prosiguió Josué–. Domina las dos colinas. Instalaré allí un puesto de vigía con diez hombres que se encarguen de vigilar los alrededores, para que nos avisen de cualquier intrusión de extranjeros. Quiero solicitar una autorización: que los hombres puedan bajar a avisarnos si va a producirse un ataque, aunque sea día de sabbat.

Mosis no respondió. Sentía clavada en él la mirada de Josué.

–Siendo el pueblo del Señor –prosiguió Josué–, ¿no es justo que lo defendamos el día que le está consagrado?

Mosis levantó la cabeza sorprendido por el razonamiento.

–¿Lo importante, Mosis, es lo que está inscrito en el corazón o lo que dice la ley?

Mosis suspiró.

–Lo que está inscrito en el corazón, cuando el corazón es puro. –Pensó unos momentos y añadió–: ¿Pero quién será, entre los hombres, juez de los corazones?

–Sólo el Señor será juez –dijo Josué.

–No puedo dejar a los hombres solos ante el Creador, sin que tengan que responder ante ninguna autoridad terrenal. ¿De qué serviría, entonces, la ley?

–¿Ordena la ley que quienes la respetan al pie de la letra sean aniquilados? Si quienes la respetan deben ser aniquilados, no habría ley, porque nadie quedaría ya para respetarla.

–Josué –dijo dulcemente Mosis–, ¿por qué me atormentas?

Por primera vez, el hombre en quien mayor confianza había depositado le ponía en un aprieto.

–Perdóname, no quiero atormentarte. He venido a pedirte autorización para entablar combate si somos atacados el día del sabbat.

–Te la doy, Josué. Haremos luego un sacrificio de contrición. Pero rogaré al Señor que no seamos atacados ese día.

–Quiero pedirte otra cosa, Mosis.

Mosis posó en el joven una mirada inquieta.

–Quiero pedirte que te reúnas con nosotros, arriba, si somos atacados.

Mosis entornó los párpados.

–Eres nuestro jefe. ¿Qué sucedería si caes bajo los golpes de nuestros enemigos?

Mosis suspiró.

–¿Quién iba a perdonarme, Mosis, si tú murieras? –gritó Josué.

–¡Josué! ¡Josué! Temo que algún día llegue otro Josué para deshacer lo que he hecho.

Mosis se tomó el rostro entre las manos.

–Para que llegue ese día –repuso dulcemente Josué–, nuestro pueblo debe seguir vivo aún, es decir, que es preciso que me concedas las dos cosas que te pido.

–Te las concedo. Pero entonces será necesario que tus hombres vengan a buscarme por la fuerza[1].

Josué enmudeció unos instantes.

–No, Mosis. No puedo aceptarlo. Necesitaré a todos mis hombres y lo que me pides es hipócrita. El Señor es demasiado inteligente para aceptarlo.

Mosis inclinó la cabeza con resignación. Por primera vez en su vida se sentía cansado. Posó la mano en el hombro del joven.

—Mosis —dijo Josué en tono pensativo—, tal vez seas más egipcio de lo que crees.

Aquella entrada en materia anunciaba alguna declaración; Mosis esperó.

—Nunca habíamos sufrido, cuando estábamos en Egipto, la ley que nos impones.

Josué levantó los ojos hacia su decano, pero éste seguía esperando la conclusión, ya que Josué gozaba del excepcional privilegio de decir lo que pensaba, porque conocía la confianza que les unía; lo diría.

—Y el ejército que me has hecho crear y que me has confiado está hecho a imagen del ejército del faraón.

Mosis contuvo una sonrisa.

—En el fondo, Mosis, eres nuestro faraón.

Esta vez, Mosis soltó la carcajada y luego se puso pensativo. Ciertamente era egipcio; ¿acaso no lo eran todos, en cierto modo, tras los cuatro siglos pasados en Egipto? Pero él era aún más egipcio que los demás, por la sangre y por el hecho de haber sido educado en palacio. E incluso por su oposición a Ramsés. El enemigo había reflejado tanto su imagen en él que le había empapado. Eso era, sin duda, lo que Josué sentía[2].

—El Señor no se manifestó a Ramsés, Josué. Eso debería bastar para diferenciarme del faraón. Y no he formulado ley alguna; ¿dónde quieres que lo hubiese hecho? ¿Acaso no habría impuesto una ley si el Señor me la hubiese dictado?

—No la has formulado, pero todos la adivinan. Escuchas la voz del Señor y la aplicas a medida que vas oyéndola, como cuando nos impusiste el sabbat.

—¿Por qué me dices eso? —preguntó Mosis turbado.

—Porque, para nuestro pueblo, la ley permanece secreta y ese Señor al que habían olvidado, en Egipto, se mantiene invisible. Tu autoridad será discutida mientras la voluntad del Señor sólo se manifieste por ti. Soy tu soldado, Mosis, más aún que si fuera tu hijo, y te defenderé con mis hombres hasta el último aliento, pero sufriré, no obstante, cuando tu autoridad sea discutida y, al final, nuestro pueblo acabará extinguiéndose.

Josué tenía razón. Mosis, una vez más, se sintió conmovido ante la intuición del joven. Era preciso que la presencia del Señor se manifestara ante los ojos de todo el mundo, de modo esplendoroso. Pero aquello exigía reflexiones demasiado largas y secretas para que fuera posible formularlas en seguida. Mosis posó de nuevo una mano en su hombro e inclinó lentamente la cabeza. El gesto invitaba a la paciencia y al secreto.

No volvieron a decir una palabra hasta que Mishael fue a buscar a Josué para llevarlo con los soldados.

Le sucedió Aarón, seguido por su hijo Eleazar.

–Mosis, los torrentes a nuestro alrededor son numerosos, pero fugaces. Unas mujeres han ido a buscar agua a uno de ellos, que ayer fluía todavía, pero estaba casi seco. Necesitamos por lo menos un pozo.

–Vayamos a buscar a los terrapleneros –dijo Mosis.

Tienes que mandarlos tú, porque todos están dedicados a levantar las murallas.

Mosis fue a reclutar un equipo de terrapleneros entre los hombres que amontonaban grandes piedras en unos improvisados alineamientos. Hizo cavar un primer pozo y sólo encontró una mediocre capa de agua, aunque ordenó que, de todos modos, lo dejaran abierto. Hizo cavar otro y, cuando hubo encontrado el agua y le hubo parecido dulce, cuando hizo luego que hundieran en él una cuerda lastrada con una piedra y hubo averiguado que la capa de agua tenía, por lo menos, cuatro codos, lo hizo ampliar e hizo reforzar su contorno.

Las mujeres fueron a cantar y bailar en el pozo, lo que le hizo sonreír.

–Vas a caer enfermo –le decía dulcemente Sephira, por la noche, cuando entraba en la tienda para la única comida de verdad que hacía en todo el día.

Comía casi sin decir palabra, contemplando a su mujer y sus hijos, acariciándoles con los ojos y, a veces, con la mano; luego se acostaba y se dormía en seguida. Los trabajos de instalación, que habían requerido diez días, habían concluido cuando Mishael y otro teniente de Josué llegaron, al alba, para despertar a Mosis.

–¡Pronto! ¡Ya llegan!

Mosis se levantó de un salto y acompañó a ambos hombres hacia el norte del recinto. En los primeros vapores del alba, una masa humana corría por el valle. Stitho, que, como solía, dormía ante la tienda, se levantó tras de su dueño. Marchaban en cabeza los corderos y las cabras, luego unos quince camellos cargados con grandes fardos en los que se reconocían las tiendas, luego gente a pie, luego un grupito de jinetes. Debía de haber allí casi dos mil personas.

–¿Quiénes pueden ser? –preguntó Mishael.
–Madianitas, sin duda –respondió Mosis.
–¿Llegarán hasta aquí?
–Ya lo veremos.

Un segundo grupo, casi equivalente, siguió al primero; incluía más jinetes. Los primeros que habían llegado se detuvieron y los hombres comenzaban ya a descargar los camellos. Unos hombres llevaban el rebaño a pastar más al norte. El segundo grupo se detuvo y las cabezas se volvieron hacia las murallas de piedra. Mosis creyó adivinar que se organizaban deliberaciones. Más al norte aún descubrió la cabeza de un tercer grupo de recién llegados.

Seis mil hombres, pues, y nada aseguraba que no llegaran más.

Lo más desconcertante era que aquella gente no parecía animada por intenciones belicosas. No se hace la guerra llevando ante sí corderos. No de buenas a primeras[3].

El sol vertía en el valle una luz rojiza. Mosis se volvió hacia el sur y distinguió a los pastores de su pueblo que, también ellos, llevaban a pacer sus corderos y sus cabras. Recordó brevemente las reservas de agua de la región y los problemas que, sin duda, plantearía su reparto.

Pero, sobre todo, Canaán estaba al norte y aquellos recién llegados se interponían en la ruta hacia la Tierra Prometida. Madianitas o no, eran intrusos. Para acabar de complicar las cosas, llegó Hobab, intrigado por las voces que había oído al alba. Su mirada siguió la de Mosis y cuando Josué le dijo que eran madianitas y captó las preocupadas expresiones de los hombres, también él se entristeció.

5

EL HILO Y LA AGUJA

Josué, jadeando tras su carrera desde el puesto de vigía, aguardaba ante Mosis, mudo, con los ojos llenos de preguntas y el rostro contraído.

–No han venido a atacarnos –dijo Mosis por fin–. Al menos no en seguida.

La mano izquierda de Josué se crispó sobre una piedra del muro, la derecha sobre la lanza que no le abandonaba, los músculos de su brazo se convulsionaron bajo la piel como peces bajo el agua. Sus hombros brillaban de sudor. No conseguía apartar los ojos de aquellos extranjeros que invadían su territorio.

–Nos disputarán el agua –dijo.

–En ese caso, decidiremos –respondió Mosis.

–¡Mirad, nos envían unos emisarios! –dijo Mishael.

Una delegación de unos doce hombres escoltaban, en efecto, a un personaje a caballo que se dirigía hacia la primera de las dos colinas, en la que se hallaba Mosis. Era un hombre de cierta edad, cuyo pecho estaba cruzado por un pectoral visible a distancia. Le acompañaban dos lanceros a pie. Seguido por su escolta, comenzó a subir por la colina con la mirada fija en los hombres que le observaban desde lo alto de los muros de piedra.

–¡Quiero hablar con vuestro jefe!

–¡Soy yo, Mosis, el jefe de los apiru! ¿Quién eres?

–¡Soy Ewi!

Mosis no respondió.

–¿Quién es Ewi? –le preguntó a Hobab.

–Uno de los reyes madianitas.

–¡Ve a buscar dos docenas de hombres! –le ordenó Mosis a Josué.
Ewi seguía subiendo por la colina.
–Deténte a medio camino –le gritó Mosis–. Allí nos encontraremos.
–¿Por qué voy a detenerme?
–Porque estás en territorio apiru y no te aguardábamos.
La declaración no pareció gustar a Ewi y su escolta. Comenzaron a deliberar pero se detuvieron. Llegó Josué, seguido por los hombres requeridos, debidamente armados de venablos y espadas, y Mosis, seguido por Josué, Mishael, Hobab y los soldados, bajó al encuentro de Ewi. Tardó cierto tiempo, avanzando con paso solemne y mirada severa. Ambos jefes permanecieron largo rato frente a frente. Luego Ewi declaró:
–Que la fuerza de los dioses sea con nosotros.
–Que la paz del Señor les sea dada a los pacíficos.
–Ocupáis nuestro territorio –dijo Ewi por fin.
No tenía aspecto de ser un mal hombre y su panza revelaba, más bien, a un hombre aficionado a los placeres de este mundo. Pero Mosis, desde hacía mucho tiempo, había dejado de confiar en el físico de la gente. Algunos gordos bonachones tenían almas de víbora y algunos flacos malhumorados, de león.
–Estamos en el territorio del Señor, nuestro dios –repuso Mosis con severidad.
–Aquí hacemos pastar, desde siempre, a nuestros corderos. Hace un mes no estabais.
–Medir el tiempo del Señor no es cosa de los humanos. No sé lo que entiendes por *siempre*, pero comprendo, de todos modos, lo que quieres decir.
Josué susurró al oído de Mishael, que desapareció.
–¿Por qué no vais más al norte, al territorio de Moab? Somos madianitas y hacemos pastar aquí nuestros corderos –repitió Ewi.
Su escolta miraba la de Mosis, examinando venablos y espadas. También todos ellos tenían espada, pero no venablos.
–Te he oído, Ewi. Sin duda nos dirigiremos hacia el norte pero, de momento, estáis vosotros. Además, también hemos decidido, de momento, hacer pastar aquí nuestros propios rebaños.
–¿Crees que habrá bastante agua para nuestros dos pueblos?
–Si, por desgracia, no la hubiera, lo lamentaré por vosotros.
Uno de los tenientes de Ewi se adelantó y murmuró algo.
–No somos gente belicosa, Mosis. Pero podemos combatir por nuestra subsistencia.

–Eso es lo que quisieron hacer los amalecitas, Ewi.

La salida dejó mudos por unos instantes a los madianitas. Habían oído hablar de esa historia.

–Id primero a ver si hay bastante agua para vosotros antes de hablar de las armas –prosiguió Mosis–. Si no encontráis bastante, más al norte habrá. El agua no vale la sangre, créeme. Por lo que a nosotros respecta, estamos bien donde estamos. Hemos construido estas murallas. Nos servirán mientras haga falta.

Mosis oyó un movimiento a cierta distancia, a sus espaldas. Ewi y su escolta levantaron los ojos y contemplaron algo, más allá de Mosis. Parecieron pasmados. Mosis adivinó lo que contemplaban.

–Tal vez podamos vivir en buena vecindad –declaró Ewi al cabo de un instante en un tono conciliador–. Puesto que debéis ir más al norte, consideraremos que sois nuestros huéspedes durante ese tiempo.

Mosis inclinó la cabeza.

–Me parece más prudente. Vete en paz, Ewi. Como ya te he dicho, que la paz del Señor nuestro dios sea con los pacíficos y que su espada caiga sobre los enemigos de su pueblo.

–Te enviaré un odre de nuestro vino –dijo Ewi en un tono que quería ser ameno.

Dio media vuelta y bajó por la colina, seguido por su gente.

Mosis se volvió entonces para subir hacia el campamento y le llegó el turno de quedar pasmado. Josué había dispuesto a sus hombres en torno a las murallas, en hileras tan prietas que una piedra no hubiera pasado entre ellos. Un bosque de venablos se levantaba hacia el cielo, las espadas brillaban. Josué se mantenía delante. Mosis se dirigió lentamente hacia él, le miró largo rato a los ojos, luego sonrió, se inclinó hacia él y, ante todos los soldados, le dio un largo abrazo.

–¡Eres el defensor del Señor! –declaró con voz sonora.

Hobab asistía a la escena.

–Me satisface que todo haya ido bien –le confió a Mosis algo más tarde–. Habría sufrido si hubiera habido... un conflicto.

–Habrá un conflicto, no lo dudes –respondió Mosis–. Estás en el bando del Señor, te lo dije ya en Ecyon-Geber. Nuestros enemigos son los del Señor, Hobab, y puesto que eres de los nuestros, ahora también son los tuyos.

Pero nadie, ni siquiera Mosis, habría podido imaginar cómo estallaría el conflicto, ni por qué.

Durante los días que siguieron a la instalación de los madianitas en el valle, los contactos entre ellos y los apiru se limitaron a breves conversaciones entre los pastores, en las orillas de las corrientes de agua. Varias tormentas las habían alimentado y, por lo tanto, no había tema de querella. Los pastores se contemplaban de lejos, sin calidez pero sin hostilidad. Luego, prevaleciendo el oficio, comenzaron a comparar sus rebaños y, al cabo de unos días, se hablaba de carne, de enfermedades, de la calidad de los pastizales, de la esquila de los corderos, de fertilidad, de montas. A nadie podía perjudicar que un madianita prestase un semental a un apiru, o a la inversa. Llegaron rápidamente a las recetas para fabricar queso de cabra y de oveja, luego intercambiaron estos productos. Resultaba que los madianitas disponían de abundantes tejidos y la mayoría de los apiru, al no tener tiempo ni medios para hilar, llevaban los mismos harapos desde que habían abandonado Egipto. Pasaron al trueque. Un manto de lana por tres bandejas de queso, un vestido de lino por dos bandejas. Puesto que se trataba de tejidos, intervinieron las mujeres y, madianitas y apiru, se encontraron en el prado, en terreno neutral, para palpar las telas.

Siendo el comercio la cuna de la cortesía, aquello evidentemente debía llevarles a compartir algunos ágapes. Un pastor apiru aceptó cenar en casa de un madianita, y viceversa. «Caramba, tenéis esa especia, caramba, tenéis esas hierbas...» Adoptaron la costumbre de intercambiar cilantro, comino, cebolla, ajo, habas, pescado seco... Luego los madianitas dieron una fiesta en honor de su dios, Baal de Hor. Encendieron hogueras en la montaña, sacrificaron una cabritilla en un altar, cantaron himnos celebrando al más grande de sus dioses y asaron corderos; después danzaron y, entre los bailarines, había tantas muchachas como chicos.

¡Y por fin resonó la música! Tamboriles, sistros y castañuelas, sin mencionar los flautines de hueso de cordero y unas largas arpas de madera de ciprés que tenían un voluptuoso sonido. El vino, las melodías, la carne y el deseo atrajeron, esta vez, a quienes no eran pastores. La juventud apiru, que se aburría mucho desde su salida de Egipto, encontró entonces la primera ocasión de demostrarse que la vida valía la pena de ser vivida, a fin de cuentas, y no era sólo una larga travesía del desierto. Las inquietas reconvenciones de los ancianos no tuvieron mucho efecto: aunque no fueron numerosas las muchachas apiru que corrieron hacia los madianitas, las hubo de todos modos. Por lo que a las muchachas madianitas se refiere, menos hurañas, se sintieron excitadas al descubrir los rostros nuevos de los jóvenes apiru y, al mismo tiempo, unas galanterías desconocidas.

Tras la fiesta de Baal se celebró un festival de otoño, probaron una nueva cerveza y para los apiru que habían degustado los festejos madianitas fue un deber acudir. Al cabo de varias semanas, algunas hogueras brillaban todas las noches en las colinas, y a su alrededor, por una razón u otra, los jóvenes de ambos pueblos se encontraban y festejaban con mayor o menor discreción.

Mosis lo observaba todo de lejos, no muy informado de los detalles de aquellos regocijos, porque sus veladas en compañía de los jueces y los jefes, cuando no estaba en familia, eran mucho más austeras y nadie se atrevía a contarle unas licencias que no le hubieran gustado. Ignoraba así que unos jóvenes apiru habían bailado ante el altar de Baal y que, otra noche, algunos se habían mezclado con jóvenes madianitas apenas vestidas, celebrando más tarde, en el secreto de la noche y las colinas, lo que ellos denominaban ritos de la fertilidad. En resumen, a la flor y nata de ambos pueblos no le repugnaba beber ni fornicar. Aarón, por su parte, lo adivinaba por algunas observaciones de su hijo Eleazar, que trataba con la gente de su edad y era de natural gazmoño; escuchaba sus confidencias. Pero no sabía bastante para escandalizarse. A fin de cuentas, también habían festejado en Egipto y que hubieran abandonado el país no significaba, forzosamente, que debieran llevar hasta la tumba una vida de penitencia. Además, la juventud siembra siempre su simiente al viento y no iban a reprocharle a ésta que demostrara que tenía savia y sangre.

Apenas algunos ancianos se aventuraron a sugerir, cierta noche, que tal vez la íntima mezcla de ambos pueblos no se adecuaba a la reserva que les parecía de rigor.

–¿Qué íntima mezcla? –preguntó Mosis, ceñudo de pronto.

Se volvió hacia Aarón y le interrogó con la mirada.

–Nada grave –repuso Aarón–. Comercio, algunas comilonas, amistades sin duda. A fin de cuentas, no vamos a lanzarnos empuñando la daga contra toda la gente que nos compra lentejas. También tú aceptaste y bebiste el vino de Ewi, ¿no?

Josué, que sabía algo más y había probado las seducciones madianitas, le dirigió una mirada irónica, pero Mosis no lo advirtió. Una vez más, no iban a importunar a Mosis con ociosas consideraciones sobre los ocasionales extravíos de la juventud. Pero, de todos modos, Aarón salía demasiado bien librado.

Josué no pudo evitar decirle a Aarón:
–Lo del vino puede pasar. ¿Pero y lo de su dios?
–¿Qué dios? –preguntó Aarón con voz neutra.
–Baal.
–¿Cómo? –dijo Aarón–. «Baal» quiere decir Señor. Rinden homenaje al Señor. Incluso Jethro ha reconocido que nuestro Señor es el más grande.
–Pse –murmuró Josué.
–¿Pero de qué estás hablando, Josué? –preguntó Mosis.
–Hablo de la noche en que jóvenes y muchachas de nuestro pueblo y del suyo bailaron medio desnudos ante el altar de Baal.
–Era una fiesta que nada tenía que ver con Baal... –farfulló Aarón.
–Mosis, voy a acostarme –dijo Josué–. Recuerda lo que te he dicho. La ley debe ser visible. Incluso para tu hermano.

6

EN EL MONTE DE LA PREPARACIÓN

Llegaron la tempestad y la noche, la mayor noche de la historia del mundo.
Un poco antes del crepúsculo, el cielo se puso negro como nadie recordaba haberlo visto nunca. De un negro violáceo que asustó a todos, apiru y madianitas, jóvenes y viejos, tanto a los valientes como a los timoratos. Los rebaños habían regresado a los campamentos, pero el diluvio que amenazaba movió a los pastores a encerrar el ganado y a cubrirlo con grandes telas destinadas a este uso. Algunos espíritus fuertes intentaron levantar la moral de los demás, asegurando que la tormenta inminente sería una bendición, porque alimentaría con abundancia el Araba, pero aquello resultaba, de todos modos, un magro consuelo.
La tempestad estalló por el norte, mucho después de la hora en que caía la noche, hacia la sexta después de la puesta del sol, según la clepsidra[1] que Aarón se había llevado de Egipto. Fue de inaudita violencia. Los incesantes relámpagos bañaron las montañas con una claridad azulada y espectral, y pudo verse la llanura hasta la lejanía. Los truenos resonaban uno tras otro y las montañas los repercutían, manteniendo un ensordecedor rugido. Incluso los soldados de Josué tuvieron miedo y se apretujaron como pudieron en una anfractuosidad de la ladera de la montaña.
Cayó un diluvio, crepitó sobre los árboles, las piedras de las murallas, las tiendas. Se formaron arroyos en las hondonadas, que pronto se transformaron en frenéticos riachuelos, luego en torrentes que bajaban hacia el Araba, brillando a la claridad de los relámpagos[2].

Sephira procuró dominar su propia ansiedad para tranquilizar a los aterrorizados niños. Hobab llegó corriendo para refugiarse en la tienda de Mosis, seguido de cerca por Aarón, buscando ambos que su jefe les reconfortara. Mosis salió para observar aquel fenómeno sin precedente, que evocaba aquellas plagas de Egipto que sólo conocía por las descripciones. El cielo, muy bajo, parecía una capa de brasas que ardían entre espesas humaredas. ¿Pero qué azote podía aportar la tempestad?

—Debe de significar algo —murmuró.

Instintivamente dirigió su mirada hacia la montaña en la que, el día de su instalación, el sol había brillado con tanta violencia. Su cima era invisible. Los madianitas le habían dicho su nombre: el Monte de la Preparación. Aquel nombre era un presagio. Se dirigió a grandes zancadas hacia los improvisados establos. Aarón corría tras él y gritaba en el estruendo:

—¿Adónde vas?

Mosis desató su caballo, montó y bajó por la colina, perseguido por Aarón, Hur, Stitho, Hobab y, luego, Josué, que agitaban los brazos. Partió al trote en aquella noche de ultratumba, con el rostro chorreando, cegado por la densa lluvia.

—¿Eres tú, Señor?

Un rayo golpeó un árbol a un centenar de pasos y lo convirtió en un humeante esqueleto. Saltando sobre los súbitos torrentes y los montículos, desafiando la cortina de lluvia que obligaba al caballo a detenerse de vez en cuando, Mosis, impávido, sólo sentía ya una fiebre devoradora. Llegaba al pie del león tendido, la montaña[3], cuando un sonido de trompa procedente de los confines del universo, un son sostenido, comenzó a crecer. Ensordecido, Mosis tiró de las riendas esforzándose por descubrir la cima de la montaña, que aparecía y desaparecía al albur de las nubes.

¿Qué trompa? Debía de ser un instrumento del tamaño de la propia montaña. ¿Y qué podía anunciar salvo la venida del Señor? ¡Pero ante todo el mundo, esta vez! Se desencadenó un furioso viento, las nubes se desgarraron y el rayo golpeó la cumbre, en el lomo del gigantesco león, y despertó un estruendo de ecos que repercutían hasta las desaparecidas estrellas. Un rayo como nunca lo había visto hombre alguno. La trompa calló tras un mazazo celestial. Una formidable sacudida se propagó de la montaña hasta el suelo. Mosis, que había descabalgado, tembló y el caballo relinchó de terror[4]. Un diluvio de chispas brotó del punto de impacto, como estrellas escapando de la mano del Creador en el nacimiento del mundo; crepitaron en la lluvia, describiendo arcos de centenares de codos de alcance. Luego sopló una violenta borrasca, llovió a la vez fuego y agua y Mosis cayó de rodillas, como antaño ante la zarza ardiente.

Un titánico horno de herrero ardía en lo alto. El vientre de las nubes se tiñó de azufre y sangre y el fuego pareció fluir por las mismas laderas de la montaña. Evidentemente, aquello no era ya una montaña, ¡era un altar!

–¡Señor, Señor! ¡Ten piedad! –gritó Mosis asustado.

Al cabo de cierto tiempo, el viento perdió su violencia y Mosis se atrevió, por fin, a levantar los ojos. La cima de la montaña seguía ardiendo y hacía estallar las piedras.

Mosis permaneció de rodillas, como petrificado, durante un tiempo indefinido. Una lluvia más suave se dejaba peinar por el viento, pero no conseguía apagar el fuego en lo alto. Por el contrario, se vaporizaba por encima del brasero. Mosis se levantó y se dirigía hacia la montaña. El suelo, mojado, estaba resbaladizo. Una lívida palidez anunciaba, tal vez, el alba. La pendiente era lo bastante suave para poder trepar saliendo del oeste. Siguió avanzando como desposeído de sí mismo. Estaba a mitad de camino cuando las últimas nubes corrieron hacia el sur, a llevar increíbles noticias. El cielo se despejó. Brilló la luna. Pero su fulgor no podía rivalizar con el del brasero sobre el que vertía su luz fría como para apaciguar el mundo.

Mosis llegó a la grupa del león y se detuvo para recuperar el aliento, incapaz de apartar su mirada de la fantástica hoguera. ¿Pero qué podían consumir aquellas llamas? ¿Y, por lo demás, eran llamas en efecto? No, lo que parecía consumirse era la propia roca. ¿Sería víctima de una ilusión? Tampoco, pues percibía el calor a trescientos codos del brasero. El calor se hizo, incluso, tan fuerte que tuvo que detenerse, con los pies, las manos y el rostro ardiendo. Iba a consumirse. Tal vez él era el carnero que pertenecía al Señor...

–¡Detente!

Con la garganta seca, Mosis detuvo sus pasos. ¿Quién había hablado? ¿Pero quién podía ser salvo el dueño del universo?

–¡La ley! –gritó Mosis–. Dame la ley. ¡Ahora que te has hecho visible ante los ojos de todos, dame la ley! ¡Es necesario!

Estalló una piedra, que lanzó un fragmento hasta sus pies. Una advertencia.

–He aquí que me he detenido. Te imploro que me des la ley.

La ley. Tomó conciencia de su ignorancia. ¿Qué otra ley, salvo la del Señor, podía existir? ¿Y acaso él no la conocía? Claro que sí, la conocía. Se inclinó para tomar el fragmento de piedra. Oblongo, largo como el antebrazo, ancho como una mano, ardiente, cortante, delgado. Iba a escribirla allí. Era sencilla: no hay más vida que el Señor, no hay más Señor que el Señor. Es dueño de todo y de toda vida. La evidencia.

Sopló el viento e hinchó el vestido y el manto de Mosis. Toda su silueta palpitó de un modo convulsivo, como llena súbitamente del Espíritu.

–La infundí en ti. Escríbela ahora. Es la ley de mi pueblo. Será eterna.

Mosis había cerrado los ojos desde hacía ya un rato. Volvió a abrirlos, sintió un vértigo, se sobrepuso y lanzó una ojeada a su alrededor. Descubrió el país bañado por la luna. No era ya un país, era el país de su Señor.

–Yo soy el que soy.

Suspiró. El poder del aliento que lo había habitado le había consumido. Procuraba recuperar su propio equilibrio y miraba sus manos y sus pies con asombro.

¡Estaba, pues, vivo todavía! Lo bastante, en cualquier caso, para advertir que estaba empapado hasta los huesos y que tenía frío. Miró el extraño fragmento de piedra plana que tenía en las manos y que comenzaba a enfriarse. Allí tenía que escribir, pues, la ley. Permaneció largo rato así. El fuego rugía. ¿Acaso no estaba todo dicho? No, todo comenzaba. Una humareda se desprendía de la hoguera, en entrecortadas y sibilantes bocanadas, como las que producen las últimas pavesas al finalizar un sacrificio.

Josué, que le había seguido, también a caballo, había llegado al pie de la montaña justo cuando el cielo se aclaraba. Distinguió una minúscula silueta en el lomo del león de piedra, envuelta en los misteriosos resplandores que desprendían un humo rojizo, y por la luna. Era la primera vez en su vida que veía una silueta humana inscribiéndose en el cielo. Quedó más arrobado aún que por lo que había visto en las horas precedentes.

7

LA MELENA DE FUEGO

Josué no fue el único que vio a Mosis en la cima de la montaña. Cuando el sonido de la aguda trompa resonó y terminó en la formidable sacudida que conmovió la montaña, apiru y madianitas salieron todos de sus tiendas desafiando la tormenta. Y sus miradas se dirigieron a la melena de fuego que adornaba la montaña y ya no pudieron apartarse de ella. Luego vieron la minúscula silueta de un hombre que avanzaba hacia el brasero. Los apiru lo comprendieron en el acto: era Mosis, sólo podía ser él. El Señor se le manifestaba, una vez más, pero ahora ante los ojos de todos. Pensaron que Mosis quedaría calcinado por el terrorífico fuego. Pero regresó de la prueba chorreando.

En el camino de regreso, Mosis, seguido por Josué, tuvo que atravesar los campamentos de los madianitas. El alba blanqueaba entonces la tierra y éstos comprendieron que el primero de ambos espectros envueltos en mantos empapados era Mosis, «el hombre que había estado en la montaña». Les vieron cruzar al paso, llenos de un respeto preñado de terror; incluso su caballo parecía pensativo. Luego, sus miradas se volvieron hacia el Monte de la Preparación y el humo que de él se desprendía renovó su sagrado espanto. Cuando Mosis estuvo entre los apiru fue recibido por una muchedumbre silenciosa. No necesitaba mirarlos para verles. Pero de pronto no percibió sus rostros alucinados. Llegó a su tienda y se derrumbó. Por la noche, como casi no se había movido en su sueño, Sephira levantó una lámpara sobre él y le creyó muerto. La sirvienta gemía y los niños, asustados, habían escapado para refugiarse en la vecina tienda de Aarón.

–Duerme, duerme –dijo Stitho.
Pero Sephira no le creyó y corrió a llamar a Aarón y Hobab; ambos se inclinaron sobre él. Stitho estaba sentado a los pies de su dueño, extrañado ante aquella agitación. Mosis abrió de pronto los ojos y creyeron desvanecerse de espanto. Leyó sus pensamientos y dijo:
–No estoy muerto.
Se sentó, se pasó las manos por el rostro y sintió una quemadura.
–Tu rostro... –murmuró Sephira–. Tus cabellos, tu barba...
Tenía una expresión estupefacta y alarmada a la vez.
–¿Qué les pasa?
–Están quemados –dijo Sephira.
Se miró las manos y los pies: estaban rojos, inflamados. Recordó el intenso calor que había sentido, allí arriba, cuando estaba ante el brasero. Sephira fue a buscar su espejo de bronce pulido. Hacía años que no se había mirado en un espejo y sintió vértigo. Contempló al extraño que descubría en el disco dorado y sólo vio una máscara huraña. ¿Era él? Examinando con atención la imagen, advirtió que sus rizos habían tomado un color extraño, que iba del negro al bronce oscuro y que, por efectos del fuego, se habían ensortijado[1].
–Pasará –dijo. Luego le hizo una señal a Stitho–: Voy a lavarme.
Se levantó y se dirigió con paso algodonoso, como ebrio, hacia la portezuela de la tienda, luego se volvió y le dijo a Aarón:
–Quiero que todo el mundo, todo el pueblo hasta el último hombre, incluso los egipcios y los esclavos amalecitas, se lave y lave las ropas que tocan el cuerpo. Quiero pureza, ¡pureza!
Aarón le miraba en un estado próximo al espanto.
Stitho derramó sobre él agua perfumada, le frotó y le dio un masaje con las hierbas que conocía y que hacían afluir la sangre a la piel, luego le lavó el cabello, le enjuagó y le secó como si se hubiera tratado de un ángel polvoriento. Mosis venía inmediatamente después de éstos en la jerarquía de las criaturas celestiales y terrestres, no sólo para Stitho sino también para los casi cuarenta mil seres humanos que habían asistido a su encuentro con el fuego celestial, en un altar grande como una montaña y en forma de león tendido, símbolo que no podía engañar a nadie.
Cuando hubo terminado con las abluciones y le hubo tendido a Mosis ropa limpia, el antiguo ladrón sacó un bálsamo calmante con el que frotó las manos y los pies de su dueño. Mosis le dejaba

hacer, perfectamente confiado, perdido en sus pensamientos. Stitho era uno de esos seres que se le habían consagrado en cuerpo y alma y que se hubieran dejado matar antes que concebir un pensamiento infiel.

La tranquilidad y el silencio de la velada que siguió fueron los de un sabbat, aunque fuera un día normal de la semana. Todo el mundo siguió escrupulosamente la orden de Mosis, se lavó y lavó todas las ropas que tocaban directamente el cuerpo, luego las pusieron a secar. En la incertidumbre en que se hallaban, los ancianos prohibieron que los hombres tuvieran relaciones con sus mujeres, puesto que Mosis había exigido pureza. Pero los hombres no estaban de humor para el comercio sexual, pues el animal inquieto no está dispuesto a la reproducción. La cena fue más frugal aún que de costumbre. Al cabo de unas agitadas deliberaciones, los ancianos y los jueces se decidieron a preguntar a Aarón sobre las intenciones de Mosis, el mensajero del Señor.

Aarón no sabía nada.

–¿Qué puedo deciros que no sepáis ya? No ha pronunciado ni una sola palabra desde que regresó, salvo ordenar que todos nos purifiquemos. Subió hacia el fuego encendido por el Señor y regresó sin hablarnos de ello. El Señor se le ha manifestado, es lo único de lo que estoy seguro.

Mientras Mosis, lavado y con vestiduras limpias, volvía hacia su tienda, apareció Josué. Mosis se detuvo unos instantes y posó los ojos en el joven que, después de su mujer y sus hijos, después de Stitho, le era más cercano. Ambos hombres se miraron largo rato. Josué creyó descifrar en los parpadeos de su dueño una frase que decía: «Te comprendo. Sé paciente.» Luego siguió su camino hacia la tienda.

Los ancianos acosaron a Stitho. ¿Tenía Mosis marcas en su cuerpo? Sí, su rostro había sido abrasado por el esplendor del Señor. ¿Cómo abrasado? Les había parecido, en efecto, extrañamente enrojecido. ¿Se quejaba? No. ¿Había dicho algo? No, nada. Stitho no podía decir nada; había lavado a su dueño y no había advertido nada de particular. No, Mosis no había dicho nada. Crecieron las especulaciones. Y más aún cuando se supo que, desde su regreso, el jefe sólo había tomado agua y ni una migaja de comida.

Y cuando al día siguiente, al amanecer, se marchó de nuevo hacia la montaña y se llevó consigo el fragmento de piedra, encontró a una muchedumbre al pie de la montaña. Antes de comenzar a subir, se volvió e hizo con el brazo un simple gesto que significaba: «Marchaos.» Retrocedieron. Él subió seguido por sus miradas.

El cielo estaba empolvado de plata. La altiplanicie de la montaña se había enfriado. Una estela negruzca señalaba el emplazamiento del brasero y el viento dispersaba fumarolas oscuras en dirección contraria a Mosis. Éste se sentó en una roca e hizo el vacío en su interior, de acuerdo con la disciplina que ahora dominaba. Algo más tarde, dijo:

–Señor, habítame y díctame.

Tomó la piedra en sus rodillas y la examinó. Era una placa de un gris amarillento. Un esquisto laminar de bordes netos, casi cortantes, y superficie polvorienta[2]. ¿Cómo iba a escribir allí? No era un papiro y Mosis no disponía de una caña cortada, ni de tinta. Arañó con la uña una esquina de la piedra y advirtió que aparecía un trazo mucho más blanco. Tendría que grabar las palabras que el Señor le dictara. ¿Pero con qué? Miró a su alrededor y descubrió un sílex de punta aguda; lo recogió. Un movimiento ajeno a su voluntad recorrió su brazo y levantó la mano; pareció dispuesta a emprender el vuelo. Tomó el sílex. La Voz ascendió de las profundidades de su ser. Y Mosis comenzó a grabar.

SOY EL SEÑOR TU DIOS Y NO TENDRÁS OTRO DIOS MÁS QUE A MÍ.
NO HARÁS IMAGEN DE MÍ, NI DE NINGUNA DE MIS CRIATURAS EN LAS AGUAS, EN LA TIERRA NI EN EL CIELO.
NO INVOCARÁS MI NOMBRE EN VANO.
OBSERVARÁS, COMO YO, EL REPOSO DEL SÉPTIMO DÍA Y ME CONSAGRARÁS ESTE DÍA[3].

La piedra estaba cubierta. Buscó desesperadamente otra con la mirada, y la encontró, casi del mismo tamaño.

HONRARÁS A TU PADRE Y TU MADRE PARA QUE TE CONCEDA UNA LARGA VIDA.
NO MATARÁS.
NO COMETERÁS ADULTERIO.
NO ROBARÁS.
NO DIRÁS FALSOS TESTIMONIOS.
NO DESEARÁS LOS BIENES DE OTRO, SU MUJER, SU ESCLAVO, SU GANADO NI NADA DE LO QUE LE PERTENEZCA.

La voz calló. El brazo de Mosis era pesado. La voluntad del Señor había sido dicha. Dejó la piedra en la roca y cayó de rodillas. Puso la frente en tierra y permaneció así hasta que un impulso irresistible le ordenó levantarse y llevar a su pueblo la voluntad del Señor. Contempló desde lo alto el paisaje, a sus pies. Las colinas habían desaparecido; estaban cubiertas de seres humanos. Todos levantaban los ojos hacia lo alto de la montaña. En primera fila distinguió una ínfima silueta, una hormiga, pero sabía que era Josué. Tras él, otra silueta, azotada por el viento, y adivinó que era Aarón.

Comenzó a bajar apretando las piedras contra su pecho y con el espíritu súbitamente frío. Los apiru le recibieron con un rumor gigantesco, una verdadera tempestad vocal, el primer son que emitían desde que el Señor había inflamado la melena del león. Les hizo frente. Josué se mantenía solo, en primera fila. Y luego los ancianos, los jueces, los jefes de clan, tendiendo el cuello, con el rostro crispado por la espera. Miserables montoncitos de pasiones, de vanidades, de fanfarronadas, de cobardías, de rivalidades, de prejuicios, de compromisos, de cortas miras, de incoherencias, de egoísmos, de turbios pensamientos, de insidiosas malevolencias... Corazones insensibles al designio divino, gorgoteos del animal que apagan la molesta chispa divina, gorgorismos de la pereza, miasmas de la bestia que caza... ¡Ya había visto bastante todas aquellas miradas! ¡Ciegas para el Señor! ¡El zorro o el lobo, así se había dividido la humanidad! La voluntad del Señor pondría orden en ello. La paciencia que tenía, para recrear así, hasta el final de los tiempos, esos montones de blanda arcilla y darles una forma más o menos aceptable.

Mosis levantó el brazo. Se hizo el silencio.

–Ayer visteis cómo el Señor vuestro único dios se manifestaba en esa montaña –comenzó–. Para testimoniar ante todo su pueblo su solicitud inflamó la montaña. Subí a su llamada. El Señor, vuestro único dueño, vuestro libertador, ha hablado. ¡Me ha hablado para que os dé a conocer su voluntad!

Su voz rebotaba en las paredes de la montaña y se amplificó hasta el cielo. Aarón levantó los brazos, nadie supo por qué. Mosis distinguió, diseminados entre la muchedumbre, a sus enemigos, los pequeños reivindicadores, las miserables individualidades que no veían más allá de la punta de sus narices y a quienes una rigidez de la nuca impedía levantar al cielo los ojos. Consternados, lívidos, torturados en su interior por la ansiedad. También

ellos habían visto el fuego en la montaña. Se habían terminado sus argucias, sus discusiones, sus baladronadas y sus desafíos. *Señor, tú me confiaste a este pueblo, sólo tu voluntad me hizo aceptar la tarea. Ahora debo encender en ellos el fuego como tú encendiste el fuego en la montaña. ¡Dame fuerzas para abrasarlos!*
–¡El Señor me ha dictado sus mandamientos!
Mostró las dos tablas de piedra y las levantó por encima de su cabeza y luego, con voz lenta, leyó los diez mandamientos.

El silencio que siguió fue como un espantoso aumento de la presión atmosférica, una asfixia comparable a la que deben sentir los enterrados vivos. Estalló de pronto. De todos los gaznates, de todos los pechos brotó un clamor indistinto, la vibración del animal enfrentado al poder celestial.

–Aaaaah...
Las paredes de la montaña resonaron de nuevo.
–¡Loado sea nuestro Señor, que nos sacó de Egipto!
¿Quién les había inspirado aquella alabanza? Aarón, sin duda, y algunas almas nobles, como el anciano desconocido que, el otro día, había tomado su defensa ante los jueces.
–¡El Señor me ha dictado también sus leyes! –prosiguió Mosis.

¿Escuchaban? ¿Oían? ¿Comprendían? Por primera vez, Mosis tuvo la sensación abrumadora, desesperante, de que la naturaleza humana no podía percibir lo divino, al igual que la piel no puede soportar el fuego, ese fuego que ahora le abrasaba el rostro. Lo divino la aniquilaba, la reducía a nada, a un miserable montón de arcilla condenada a la desecación, polvo en el camino. Las voces del pueblo crecieron y disminuyeron, luego volvieron a crecer, como una masa líquida. Mosis bajó hacia ellos, tendiendo los brazos para que no le tocaran. Josué y Aarón lo habían comprendido. Se lanzaron ante él para apartar a quienes querían tocar al elegido del Señor. Josué había traído su caballo y le ayudó a montar, le siguió luego rodeado por una escolta de cien soldados.

Ante la tienda estaba Sephira, de pie, con Guershom y Eleazar. Mosis descabalgó, se detuvo y la miró con la expresión que le parecía llena de maravilla y tendió hacia ellos las manos.
–¡La paz del Señor sea con vosotros!
Josué iba a impedirles que se acercaran a Mosis, pero fue él quien les llamó.
–¡Venid, carne de mi carne!
Acudieron, le besaron las manos y, sujetando las dos piedras con su mano izquierda, él tomó al más joven con la derecha. Sep-

hira contenía sus lágrimas. Se acercó a ella, dejó a Eleazar en el suelo, puso la mano en la frente y los labios de su mujer y le dijo:
 –Sigues siendo mi lámpara aquí abajo. Dame de comer.
En el exterior, Josué había reforzado la guardia. Eran ahora trescientos soldados los que impedían al pueblo acercarse a la tienda donde Mosis descansaba. Tras haber devorado tres pichones cazados por Stitho, con la honda, y rellenos de trigo, reflexionaba.

Ante la tienda vecina, Aarón hablaba con los jefes y los jueces. Mosis percibía sus voces y fragmentos de sus frases. Repetían uno a uno los mandamientos y los comentaban doctamente. ¡Qué importaban sus deliberaciones! Una cosa contaba más que nada en el mundo: era preciso que el Señor estuviera siempre presente entre los apiru. Era preciso que estuviese en su mismo seno. Inevitable. Omnipresente.

Levantó la portezuela para mirar el paisaje inundado de sol. Unas libélulas se estremecían ante la tienda, sobre un arbusto florecido, alas inmateriales, espíritus puros, infancia angélica, embriones de querubines. Llamó a Guershom para decirle:

–Mira. Tu alma debe ser tan pura, tan leve como estas libélulas. Y, sin embargo, de hierro. ¿Comprendes?

Una mirada de niño: libélulas.

8

EL SUEÑO DEL ARCA

El Señor, ¿pero quién podía ser el Señor si no el gran dispensador de todas las felicidades? La idea estaba justificada, aunque no fuese muy elevada, ¿pero podía pedirse más a unos pastores, tejedores, carpinteros, ladrilleros, campesinos escapados sólo desde hacía unos meses del pétreo puño del faraón y arrojados luego a los ardores del desierto y a la sequedad del viento, con el vientre siempre apenas medio lleno?

En cuanto hubo recuperado algunas fuerzas, Mosis convocó a Aarón y a Josué y les ordenó que prohibieran a todo el mundo que se acercaran a la montaña, so pena de ser fulminados inmediatamente. Una hora más tarde, equipos de terrapleneros fueron a plantar estacas unidas por una cuerda, para impedir el acceso al único sendero que llevaba a la cumbre del Monte de la Preparación.

Pasado el primer espanto, disueltas las emociones provocadas por la proclamación de Mosis, entre los apiru corrió de tienda en tienda un rumor: la divinidad se había manifestado públicamente y, aunque no hubieran entrado todavía en la Tierra Prometida, la presencia del Todopoderoso era indiscutible y, con ella, la seguridad del bienestar, género inmaterial que habían echado mucho en falta desde la partida de Egipto. Convenía, pues, celebrar alegremente esa ocasión.

Los madianitas no eran ajenos a esta interpretación. Ciertamente, el gran dios, Baal el Señor[1], dueño del cielo y de la tierra, nunca se les había manifestado con tanto brillo, pero nadie puede prever el humor de las potencias celestiales. Pues bien, Baal había recordado su existencia con unos extraordinarios fuegos artificiales y, además, acompañados por gran abundancia de aquella agua sin la que los humanos sólo son polvorienta arcilla. Baal era también Señor de los relámpagos y, convencidos de que era él quien se había revelado en el Monte de la Preparación, vieron con indiscutible perplejidad cómo el jefe de los apiru trepaba al león tendido para ir, según decía, a hablar con su dios.

Ewi, el jefe madianita, convocó a un anciano de los apiru para preguntarle sobre la iniciativa que Mosis había tomado de ir al altar encendido por el propio dios.

—Es un signo de nuestro Señor —respondió el anciano.

—En ese caso, tenemos el mismo Señor —replicó Ewi—. Pero esta vez se nos ha manifestado en la forma de Baal-Samem.

—¿Baal-Samem?

—El dios del Sol.

Uno de los magos madianitas que asistían a la entrevista mostró al anciano un amuleto de bronce que representaba al dios con un creciente lunar en la frente y teniendo en la mano diestra un círculo almenado, que representaba simbólicamente el sol.

—Es evidente, produjo el fuego cuando la luna brillaba.

El anciano, superado por esos misterios, inclinó la cabeza y añadió que informaría a los suyos.

—Pero también llegó con la lluvia, lo que significa que apareció también en su forma de Baal-Adad —continuó el mago.

Decididamente, los madianitas se hacían una idea multiforme de su dios, pero el anciano, que conservaba el recuerdo de las transformaciones de las divinidades egipcias, no se sintió en exceso sorprendido.

—Es el buey divino —dijo el mago.

El anciano inclinó la cabeza.

—Los egipcios lo llaman Apis —dijo.

El mago asintió con la testa.

—Sí, lo sabemos. Es un gran dios que reina sobre muchos pueblos.

—Tenemos su estatua —declaró Ewi—. Pronto os la enseñaremos. Está toda cubierta de oro. Daremos una gran fiesta para celebrar la ocasión.

La fecha de las festividades no se había concretado. Pero una gran fiesta era siempre una idea bienvenida y el anciano se prometió, también, anunciarla a los suyos.

Mosis estaba muy lejos de sospechar esos preparativos y el hecho de que los madianitas se dispusieran a celebrar también al Señor. Permanecía en su tienda, inaccesible. Al llegar el mediodía salió para contemplar el Monte de la Preparación, y lo vio aún coronado por fumarolas. Se desplegaban en el aire calmo, como cintas de gasa.

Mientras haya humo significará que la presencia del Señor sigue ahí arriba, se dijo Mosis. Pero cuando el humo se haya disipado, la naturaleza humana, siempre olvidadiza, creerá que ha terminado, que el Señor se ha manifestado, que nos protege; prosigamos nuestra vida como antes, nos acercamos al objetivo. La gente volverá a sus roderas. Señor, dime qué debo hacer para que tú permanezcas eternamente entre nosotros.

Tomó su caballo y recorrió de nuevo el camino que conducía al Monte de la Preparación. Josué se ofreció a seguirle.

–Sólo hasta la cerca que rodea la montaña –repuso Mosis–. Allí tomarás mi caballo para alimentarlo. Nadie debe acercarse a la montaña[2].

–¿Cuánto tiempo permanecerás arriba?

–Lo ignoro. El tiempo que el Señor quiera.

Cuando hubo llegado al pie de la montaña descabalgó. Luego inició el ascenso.

Llegado a la cumbre, se situó de nuevo en la misma roca, contempló el brasero del que escapaban las fumarolas y pronto se sumió en una especie de sopor, aun manteniendo los ojos abiertos. Unas imágenes luminosas se elevaron, se mezclaron, giraron con tal plenitud que le pareció que le salpicaban las manos... Un renovado chorro de formas y fulgores que, lo adivinaba, debían de ser magníficos, pero que eran tan rápidos que no aprehendía su sustancia. Jadeó. Las imágenes amenazaron con devorarlo en su profusión y ahogar su espíritu. Respiró profundamente y procuró recuperar el control de su alma. La sucesión de visiones se hizo más lenta. Respiró más despacio, las imágenes se concretaron.

Vio un cofre magnífico, recubierto de oro puro. En sus dos extremos, dos querubines de oro macizo frente a frente[3]. Sus alas cubrían el techo del cofre. Adivinó que contenía lo más valioso que podía existir en el mundo, pero ignoraba de qué se trataba. La ansiedad cubrió de sudor su piel.

Las prendas de mi alianza... Las prendas de mi alianza con vos...

¡Los mandamientos! ¡Las piedras grabadas!

Señor, este cofre estará siempre entre nosotros y tu presencia estará en nuestro corazón... Sí, contendrá las prendas de tu alianza...

Luego las imágenes se enturbiaron y Mosis creyó que las fumarolas habían llegado al interior de su cráneo y lo llenaron de tinieblas. Pero, de nuevo, espléndidas imágenes se desprendieron de oscuros torbellinos y se dibujaron en su espíritu.

Toda una vajilla de oro, boles en forma de grandes flores de almendro... Una rutilante vajilla, para el servicio del Señor...

¡Y un árbol de oro! No, un árbol no, un candelabro con tres brazos a la izquierda y tres a la derecha. También las arandelas tenían forma de flores de almendro.

Las imágenes se oscurecieron y fueron colgaduras violeta, púrpura, escarlata las que se tendieron ante él. Suntuosas colgaduras, bordadas con hilo de oro... Creyó distinguir unos querubines en el dibujo de los bordados.

Cuando volvió a abrir los ojos, el sol se ponía y el cielo era violeta, púrpura, escarlata... Se sumió en la rememoración de lo que había visto.

El Señor le había dictado todo aquello. Su voluntad. Sí, el cofre, el Arca de la Alianza...

Cuando se levantó, la noche había caído y tardó bastante tiempo en llegar al pie de la montaña. Un hombre le aguardaba con una antorcha en la mano, y reconoció a Josué. El joven le ayudó a montar a caballo, saltó sobre su propia montura y volvieron al paso hacia el campamento, entre los desgarradores gritos de los chacales y las enloquecidas preguntas de las lechuzas.

9

APIS

Cuando se acercaban al campamento de los madianitas, Mosis y Josué percibieron unos clamores mezclados con el agrio ruido de los sistros y el sordo batir de los tambores. Algo más adelante entornaron los ojos cegados por un bosque de antorchas.
–¿Qué ocurre?
–No lo sé.
–¿Una victoria? ¿Pero sobre quién?
Las antorchas formaban un vasto círculo en el centro del territorio que separaba los campamentos madianita y apiru. Una inmensa muchedumbre estaba allí reunida. Veinte, treinta mil personas, la mayor parte instaladas en la ladera de las colinas y observando a los demás, en la hondonada del valle. En el centro del círculo se erguía una estatua sobre una estaca clavada en el suelo. Era de oro y brillaba a la luz sulfurosa y carnal de las antorchas. Mosis entornó los ojos y reconoció la efigie de un toro, del tamaño de un corderillo, con un disco plateado entre los cuernos. Se detuvo. Tres o cuatrocientos jóvenes bailaban en torno a la estatua, desnudos o casi desnudos.
Cantaban levantando la pierna al compás. Una orquesta de sistros, flautines, tamboriles y tambores ritmaba sus movimientos. Aquí y allá en los claros otra gente bailaba también al unísono, y casi todos con el vaso o el cuerno en la mano. Estaban ebrios. De vez en cuando, una pareja se apartaba y se derrumbaba entre los matorrales. Ni siquiera en las fiestas de Egipto había visto Mosis, nunca, tantos pechos bailando sobre los vientres, tantos ombligos giratorios y, ciertamente, nunca tan-

tos sexos masculinos en erección. Todo estaba pringado de sexo y sudor.

Una pareja en especial había alcanzado la cima de la indecencia. Estaban por completo desnudos y danzaban una zarabanda que unas veces les acercaba y otras les alejaba, al albur de sus simiescos brincos. Pero cuando se acercaban, el hombre frotaba su túrgido miembro en el regazo de la mujer, que levantaba entonces los brazos al cielo. Se ponían, recíprocamente, las manos en los hombros y proseguían con sus giros.

–¡Gloria a nuestro dios libertador! –cantaba la muchedumbre, fascinada y burlona a la vez.

De salto en salto, la pareja había llegado al abrazo y, ante la embobada multitud, se produjo la inevitable cópula. Con el torso echado hacia atrás, la mujer quedó poseída y el simulacro de danza concluyó en la realidad de la fricción del coito.

Mosis y Josué habían puesto en ellos sus miradas en exceso, pues, una vez captada, la atención es como el propio acto sexual: no puede interrumpirse. El uno y el otro vieron cómo el hombre se desprendía de la mujer al cabo de unos instantes, agitaba su miembro brillante todavía y giraba lentamente, mientras la mujer, inmóvil, con las piernas abiertas, levantaba los brazos al cielo incendiado.

–¡Gloria a nuestro dios libertador!

–¡Pero es el dios Apis! –gritó Mosis con la voz ronca–. Y son... Pero son los nuestros quienes danzan con los madianitas.

–Son los nuestros, en efecto.

–Participan en la fiesta.

Mosis dio un furioso talonazo en los flancos de su caballo, que partió al galope. Derribándolo todo a su paso, con gran escándalo de la muchedumbre embriagada, se lanzó hacia el círculo de fuego, seguido por Josué. Sin bajar del caballo, arrancó la estaca y la estatua que la coronaba, dio media vuelta y hundió la estatua en una hoguera cercana. Exclamaciones de indignación resonaron a su alrededor, le tiraron de la pierna, tiraron de la cola del caballo, pero había tomado impulso. Josué cabalgaba muy cerca, con la espada en la mano. Hombres y mujeres se derrumbaron, presas de ataques de enloquecida risa. Poco les importaba, en el punto donde estaban, que alguien arrojara al fuego el símbolo de la fertilidad viril, habían bebido vino y aquel latoso no iba a quitarles la embriaguez.

Mosis se lanzó de nuevo al galope, esta vez hacia el campamento apiru. Llegado a su tienda, levantó bruscamente la portezuela y, con indecible alivio, encontró allí a Sephira, sus dos hijos, Stitho y los dos esclavos. Todos se levantaron de un salto y corrieron hacia él.

–¡Tú al menos estás aquí! ¡Loado sea el Señor! –dijo Mosis con voz ronca.

Ella le miró desolada. Mosis salió con igual brusquedad y fue a la tienda de Aarón. Vacía. Ni Aarón, ni Elisheba. Nadie tampoco en la tienda de Miriam. Se volvió hacia Josué.

–¿Y tus soldados?

–Están en su puesto. Los veo desde aquí. Incluso los egipcios.

Hur se acercaba a Josué y le hablaba en voz baja, al oído.

Por unos momentos pareció extraviado. Unos hombres que se habían asomado a la muralla se volvieron y Mosis reconoció a los tres hijos de Aarón, Nadab, Abihu y Eleazar.

–¿Dónde está vuestro padre?

–En la fiesta –respondió Eleazar en tono dolido.

–¡En la fiesta! –atronó Mosis–. ¿Qué fiesta?

–La fiesta de Baal-Adad.

–¡Pero es una fiesta de los madianitas!

–Lo sé.

–Pero he visto la estatua del dios Apis...

–Todos estos dioses se parecen –explicó Eleazar cansado.

–¿Cómo ha podido permitir tu padre que se haga eso?

–No ha podido oponerse al pueblo[1].

–¿Y los jueces?

–¿Once hombres contra toda esa gente? Están en sus tiendas y temen tu regreso.

–¿Los ancianos?

–La mayoría están también en sus tiendas.

–Josué –dijo Mosis con voz rota y la cabeza gacha, apretando con fuerza los hombros del joven–. ¡Es demasiado indigno! ¡Es inmundo!

Y lloró. Luego se desprendió bruscamente de Josué. Sintió la violenta tentación de romper las piedras grabadas. El desgarrón que ese mero pensamiento le provocó le obligó a doblarse como si tuviera un violento dolor de estómago. No, las piedras no eran suyas. Romperlas sería una blasfemia. Y una excesiva satisfacción para sus enemigos. Cerró los ojos para absorber el choque de aquel conflicto que le había opuesto a sí mismo[2].

–¡Debería romper las piedras grabadas! –gritó.

–¡No! –exclamó Josué.

–¡No! –gritó también Eleazar lanzándose hacia Mosis.

–Mi señor –dijo Josué–, tu vida es ahora la única garantía de la voluntad del Señor. Te suplico que tomes reposo. Esta noche es demasiado tarde, no podemos ir a batirnos contra treinta mil personas.

También Sephira había salido de la tienda, seguida por Stitho, que estaba consternado por la emoción de Mosis.

–Dueño mío –dijo Stitho–, la voluntad del Señor es que descanses y recuperes tus fuerzas. ¿Quieres que te ayude a lavarte?

Parecía incapaz de moverse.

–Mosis –prosiguió Josué–, ¿qué será de nosotros si no descansas?

Cedió pues a los ruegos de los suyos y se abandonó a los cuidados de Stitho y luego a las atenciones de Sephira. Josué tenía razón, era preciso seguir viviendo para defender la voluntad del Señor. Aarón y los demás nada perdían esperando.

Hasta el amanecer resonaron las trompas, los desordenados gritos de las mozas y los clamores avinados de los hombres, y los sistemas de eco del valle los llevaban hasta los oídos de Mosis y le laceraban los nervios. Su dolor, al fermentar, produjo una rabia fría. Tampoco Sephira durmió mucho, consciente del efecto que aquellos ruidos hacían en su esposo. En un momento dado, Mosis, exasperado, se levantó para dar unos pasos por el terreno que separaba su tienda de la muralla. Pasó por encima del cuerpo tendido de Stitho, que despertó de pronto y se reunió con su dueño ante el muro. Observaron a los jaraneros que regresaban a sus tiendas con pasos errabundos y hablaban en voz tan alta que se les oía a mil pasos.

–¡Mira esta chusma! –mascullaba Mosis–. Han ahogado en vino y grasa de cordero la chispa divina. ¿Ha regresado Aarón?

–Le he visto, con su mujer Elisheba, antes de dormirme.

–¿Ebrio, también?

–No, con aspecto más bien abrumado.

–¿Y Miriam?

–Había bebido.

–¡Qué ralea!

Se levantó de un humor execrable. Terminado su arreglo corporal y apenas hubo tragado un bol de leche caliente, se plantó ante la tienda de Aarón y le llamó con voz tonante. El otro salió, medio dormido y ya doliente.

–¡Quiero que me expliques la abominación de esta noche! –atronó Mosis.

–Yo no lo organicé. Cualquiera podrá explicártelo tan bien o tan mal como yo –repuso Aarón.

–Allí estabas tú, con tu mujer.

–No bailamos. Y tal vez mi presencia redujo los excesos.

–¡Buena reducción! Deberías haberles azotado para que regresaran a sus tiendas.

Elisheba asomó la nariz por la portezuela; el dedo vengativo y la mirada, que no admitía réplica, de Mosis la devolvieron a sus cuarteles.

–¿Tenía que azotar a los ancianos? –protestó Aarón–. ¿Con qué autoridad? ¿Con qué brazos?

–¿Cómo comenzó todo?

–Los madianitas proyectaban dar una fiesta en honor del Señor. Y nuestro pueblo, en los últimos meses, no ha tenido muchas fiestas. Ni tampoco vino, cerveza o carne. Varios ancianos vinieron después de tu partida hacia la montaña para anunciarme que tenían la intención de hacer sacrificios al Señor[3]. ¿Tenía que oponerme?

–¿Qué Señor? ¿Apis?

–Los madianitas llaman a su dios «Señor». ¿Tenía que hacer un sermón para explicarles que el Señor de los madianitas no es el nuestro? Hace unos meses éramos esclavos, Mosis. Nuestra religión fue borrada como lo son las inscripciones de Egipto por la arena del desierto. ¡Cuatro siglos, Mosis, cuatro siglos desde Abraham! ¿Lo concibes?

Despertados por los gritos de Mosis, avisados por sus mujeres y sus sirvientes, llegaban los jueces uno tras otro. Alrededor de Mosis y Aarón se formaba un grupo que iba creciendo de un instante a otro.

–Pero cuando me vieron arriba, en la montaña... –prosiguió Mosis al cabo de un tiempo.

–También los madianitas te vieron. Para ellos, el Señor que se manifestó no era sólo el nuestro, sino también el suyo.

–¡Pero los nuestros! –exclamó Mosis–. Cuando vieron el buey Apis, la bestia de los egipcios, ¿no comprendieron que no era el Señor? ¡Fueron a bailar desnudos ante ese dios inmundo!

Aarón agachó la cabeza.

–Sólo ayer, Mosis –dijo uno de los jueces–, nos comunicaste la prohibición del Señor de fabricar efigies. ¿Realmente crees que todo el mundo podía asimilarla en pocas horas?[4]

–Incluso vosotros asististeis a la fiesta –dijo Mosis en un tono reprobador–. ¿No podíais mandar la gente a casa e impedir que se entregaran a esas obscenas contorsiones?

–Somos once. Once. Había en la fiesta varios miles de los nuestros, mezclados con los madianitas. ¡Habríamos sido acusados de oponernos a una celebración del Señor! ¡Habríamos sido tachados de impíos, maltratados, lapidados tal vez!

–¿Debo entender, pues, que es perfectamente normal que nuestros hombres y mujeres se pusieran a danzar desnudos alrededor de la estatua de Apis? –dijo Mosis abandonándose a la exasperación.

–¡Cuando se produjo era ya demasiado tarde! –repuso otro juez en el mismo tono–. ¡No podíamos hacer nada!

Y dio media vuelta.

Dominado aún por la cólera, Mosis llamó a Josué, que se mantenía un poco apartado de la reunión.

–Quiero que tomes cien hombres y les des látigos. Tienen que ir de tienda en tienda, preguntando quién bailó ayer por la noche alrededor de la infecta estatua del toro y, cuando hayan encontrado a esa gente, les propinarán diez azotes a cada uno. ¡Les dirán que yo lo he ordenado, porque han traicionado al Señor que les hizo salir de Egipto![5].

El castigo colectivo ocupó la mayor parte de la mañana. Los gritos, los gemidos, los sufrimientos de la humillación de los varones, poseídos la víspera por la locura genésica, y de las mujeres, encendidas por el espectáculo de la carne y la promesa del orgasmo, llenaron el aire hasta el anochecer. Mosis los escuchó en una profunda postración.

¿No ven esos fornicadores que intentan divinizarse a sí mismos cuando se entregan a sus cópulas? ¡Habrá que poner remedio a ello!

Cayó la noche en el abatimiento. Ambos campamentos estaban silenciosos.

–Y, sin embargo, el Señor es nuestra gloria –murmuró para sí mismo–. ¡Es nuestra alegría, nuestro orgullo, nuestra vida! ¿Cómo no lo comprenden? –Un inmenso desgarrón le colmaba–. Señor, ¡qué fardo me has impuesto!

10

LOS OBJETOS DE LA PRESENCIA

Mosis había ordenado que fueran a buscar a los jueces, los ancianos y todos aquellos con los que solía tratar. El hombre estaba ante él, enteco, nudoso, con unas manos fuertes y finas a la vez. Bezalel, hijo de Uri, hijo de Hur. Uno de la tribu de Judá. De vez en cuando levantaba una mirada interrogadora hacia Mosis, que parecía absorbido en sus pensamientos y no se daba prisa en explicar por qué le había convocado. Tendió la mano hacia el bol de higos de sicomoro que tenía ante él. Eligió bien su higo, que había sido picoteado por un pájaro y que por ello había secretado más jugo, lo que lo hacía más azucarado.

–¿Hacías tú muebles en Egipto? –preguntó por fin Mosis.

El hombre inclinó la cabeza.

–¿Con qué madera?

–Eso dependía del mueble, el uso y la fortuna del que me los encargaba. Para las camas, por ejemplo, el cedro y el ciprés son las mejores. Se endurecen con el tiempo. Para los cofres prefiero el ébano, el sicomoro o la acacia. Pueden hacerse tablas delgadas, más ligeras. Y depende del dinero.

–¿Y para hacer un cofre recubierto de oro? ¿Y si debiéramos fabricarlo aquí?

–Acacia evidentemente, pues no tenemos ébano. He visto acacias por estos parajes. Algunos cedros también, creo. Pero trabajar el oro no es mi oficio.

–¿Conoces a alguien de nosotros que sepa hacerlo?

–Hay algunos. Jehosaphat, por ejemplo. Hizo un cofre provisto de oro para el nomarca de Avaris. Un buen trabajo.

Buscó otro higo y levantó los ojos hacia Mosis.
—¿Qué quieres hacer?
—El cofre más hermoso que se haya visto nunca.
Se hizo un largo silencio.
—Un cofre eterno —prosiguió Mosis.
El hombre no hizo ninguna observación; acostumbraba a decir si podía o no satisfacer los deseos de su cliente, no a comentarlos.
—El cofre contendrá los símbolos de nuestra alianza con el Señor.
—¿Las piedras?
¡Las piedras! ¿Así las llamaban?
—Los mandamientos del Señor.
El hombre no manifestó especial emoción.
—¿De qué dimensiones?
—Dos codos y medio de largo, un codo y medio de ancho y otros tantos de altura. Que sea portátil[1].
—¿Portátil?
—Transportable, si lo prefieres. No hemos llegado todavía a Canaán. El cofre viajará con nosotros. Deben fijarse dos anillas a cada lado para pasar los varales. Unas anillas de oro.
—¿Cuánto tiempo tengo?
—¿Cuánto tiempo necesitas para fabricar el cofre?
—Depende del equipo que tenga.
—Tendrás el equipo que necesites.
—Entonces, quince días.
Mosis inclinó la cabeza.
—Bien —dijo—. El cofre será colocado en un santuario que también debe ser transportable. Tendrá treinta codos de longitud y diez de anchura. No tendrá más que tres paredes, dos de treinta codos y una de diez.
Bezalel pareció algo sorprendido:
—Es muy grande.
—El santuario tiene que ser también desmontable.
—Cuando se monte, será difícil impedir que se bambolee, porque no tendrá cimientos, si lo he comprendido bien.
—¿Tienes alguna solución?
—Podríamos lograr que las tablas de las paredes se mantuvieran unidas por medio de espigas. Y luego sería preciso pasar barras por unas anillas para reforzarlo todo.
Mosis inclinó de nuevo la cabeza.

Quiero las espigas de plata. Dos por tabla. Y las anillas de oro, como en el cofre.
—Háblalo con Jehosaphat.
—Lo hablaré con él. ¿Cuánto tiempo?
—Cinco semanas, por lo menos.
—¿No puedes organizar dos equipos, uno trabajando en el cofre y otro en el santuario?
—Debe de ser posible.
—Nadie será pagado, Bezalel. Está destinado a la gloria de nuestro Señor único y a su eterna presencia entre nosotros.
Bezalel dirigió a Mosis una mirada pensativa.
—Entonces, será una obra piadosa.
Mosis inclinó la cabeza.
—Es mucho trabajo. Necesitaré un capataz.
—¿Conoces alguno?
—Aholiab, el hijo de Ahimasach. Hemos trabajado juntos ya.
—Muy bien, ve a buscarlo, así como a Jehosaphat.
Aholiab era un joven de complexión robusta y mirada viva. Jehosaphat un hombre de más edad, de rostro risueño. Se sentaron ante él.
—Algunos de nosotros se dejaron engañar por los dioses extranjeros, los falsos dioses —declaró Mosis—. Ofrecieron ayer a nuestro Señor, el que nos sacó de Egipto, el espectáculo de la abominación. Celebraron en plena indecencia un dios extranjero. La cólera de nuestro Señor es grande. Por ello, en adelante estará presente entre nosotros, estemos donde estemos, para ponernos en guardia contra la infidelidad.
Le escuchaban en silencio; tal vez alguno de los suyos había participado en la fiesta; o tal vez conocían a gente que lo había hecho. Se guardaban mucho de juzgar.
—Estará presente en un santuario donde se hallará el arca que contenga el testimonio de la alianza que decidió hacer con nosotros. Sois los encargados de construir el santuario y el arca. Nunca habrá habido nada más hermoso desde que el mundo fue creado.
Le describió a Jehosaphat los dos querubines cuyas alas deseaba que cubrieran el techo del arca.
—Eso significa que las alas de cada querubín medirán por lo menos un codo y cuarto de largo —observó el otro—. Eso supone mucho oro.
—Tenemos mucho oro —replicó Mosis—. De todos modos, los querubines no serán de oro macizo.

–Tú te encargas de pedir el oro –dijo Jehosaphat–. Yo no tengo autoridad para ello.
–Lo haré. ¿Cuánto tiempo necesitas para terminarlo?
–Tres semanas desde el momento en que tenga el oro, sin incluir los sabbats.
–Puedes hacer que un artesano coloque el oro sobre la madera del arca.
–Empezaremos batiendo el oro.
–Empieza haciendo que batan el oro para que las hojas estén listas cuando esté terminada el arca. No necesitas esperar a que el arca esté terminada para empezar a esculpir los querubines[2]. Lo esencial es que estén soldados al oro del techo.

Jehosaphat escuchaba, pensativo.

–Quiero también que fabriques los accesorios y la vajilla de oro destinados al servicio del Señor. Quiero un gran candelabro de oro macizo, tanto los brazos como las copelas. Las copelas tendrán, cada una de ellas, la forma de tres flores de almendro y el conjunto tendrá que recibir siete lámparas de oro macizo. Que el total represente un talento de oro puro.

–Empezaré en cuanto me des el oro –dijo Jehosaphat levantándose.

–Vosotros –prosiguió Mosis dirigiéndose a Bezalel y Aholiab– podéis comenzar en seguida. Cuando hayáis terminado tendré otra tarea para vosotros. Quiero que fabriquéis un altar. Será de madera de acacia, de sección cuadrada, de dos codos de lado y dos codos de alto, con los cuernos esculpidos en la masa. Jehosaphat, eso te interesa también. El altar estará enteramente chapado en oro. Lo rodeará una franja de oro y estará provisto de cuatro anillas para pasar los varales que sirvan para transportarlo. También los varales estarán chapados en oro.

Inclinaron la cabeza y se fueron. Mosis convocó al tesorero general, Elzaphan, el hermano de Mishael[3]. Le informó de su proyecto y le ordenó que reuniera el oro y la plata necesarios lo antes posible para entregárselos, en su presencia, a Jehosaphat.

–Así se hará. ¿Pero por qué esta prisa? –preguntó Elzaphan.

–Quiero que el Señor en seguida esté presente entre nosotros y que no podamos ir ni venir sin ser conscientes de su presencia. Hago pues construir un arca, un altar y un santuario. El arca contendrá las tablas en las que están grabados los mandamientos del Señor, y estará en el interior del santuario. El altar se colocará ante el arca. Los dos estarán por completo cubiertos de oro; el Santuario tendrá muchos adornos de oro, como debe ser. Además, quiero que se confeccione una vajilla de oro puro para el servicio del Señor, nuestro Dios único y omnipotente. Eso requiere, pues, oro en gran cantidad. Es el oro con el que esperábamos conquistar nuestra libertad y justo es que se consagre al que nos liberó. La memoria de los hombres es como la arena. Bebe la solicitud divina y luego se seca y olvida. Quiero que los espíritus de este pueblo conserven permanentemente la conciencia de la protección divina gracias a la presencia de la Casa del Señor.

Como Elzaphan había presentido, algunos jefes de clan al principio pusieron reparos para entregar su oro.

–¿Pero cómo, ni siquiera estamos instalados en la Tierra Prometida y tenemos que desprendernos ya de ese oro que mañana podría sernos muy útil? –protestaron.

–Ya conocéis a Mosis –dijo Elzaphan–. Si sabe que os negáis a contribuir, su reacción será espantosa.

–¿Para qué va a servir ese oro? –preguntó uno de los jefes–. Si hemos entendido bien, para construir un mobiliario y utensilios dignos del faraón. ¿Y quién va a utilizarlos? Los partidarios de Mosis.

–El mobiliario y los utensilios se instalarán en el centro de nuestro campamento, porque materializarán la presencia del Señor entre nosotros. Los utensilios estarán exclusivamente consagrados al servicio del Señor –observó Elzaphan en un tono reprobador.

–¿Por qué cree Mosis que el Señor no estaba presente entre nosotros? –gritó otro jefe.

–La danza en torno a la estatua de Apis le ha dado motivos para pensarlo –repuso Elzaphan.

–¡Era la estatua de los madianitas! ¡Aquellos de nosotros que fueron a bailar eran unos ignorantes! ¡Y bastante se les ha azotado!

–Sin embargo, muchos de vosotros aceptan de buena gana entregar su oro...

–Es cosa suya. Cada cual es dueño de su oro.

Elzaphan pareció preocupado. Si se lo explicaba a Mosis, provocaría otra crisis. Y si no le entregaba a Jehosaphat tanto oro como reclamaba, la crisis estallaría también. Se retiró para reflexionar.

La noche le fue de ayuda, pero no como hubiera imaginado. Un violento diluvio cayó mientras todo el mundo dormía. Empapó el suelo y aflojó las piedras que sujetaban una de las estacas de una tienda. Ésta se inclinó y el viento penetró en ella con la lluvia.

El propietario de la tienda se levantó para remediarlo pero, al no ver ni una pizca, su pie quedó atrapado por la cuerda y cayó. La tienda estaba en la periferia del campamento, muy cerca de la muralla, y el hombre dio con la cabeza en el muro. Sus hijos le encontraron al día siguiente, caído en el barro, inconsciente, y poco después entregó el alma. Aquél era uno de los jefes de la facción opuesta a donar el oro.

El efecto del accidente fue radical: al día siguiente, a mediodía, todos aquellos que tenían las mejores razones del mundo para conservar su oro las habían cambiado por otras, igualmente buenas, para entregarlo. Los orfebres recogieron así veintinueve talentos setecientos treinta shekels de oro y cien talentos mil setecientos setenta y cinco shekels de plata.

Mosis se había forjado al principio proyectos más amplios. Había previsto cubrir el santuario con grandes colgaduras violeta, púrpura y escarlata. Pero, tras haber convocado a los tejedores para pedirles que las hilaran, oyó que le respondían que no se habían llevado sus telares. ¿Y dónde iban a encontrar los hilados? ¿Y los tintes?

Inclinó la cabeza despechado. Lo dejaría pues para más tarde[4].

11

LA CONVERSACIÓN CON MIRIAM

—¿Nos quedaremos aquí mucho tiempo aún?
Mosis aguardaba la pregunta de Josué desde hacía varios días. Sentado en una roca que había hecho arrastrar ante su tienda y que le servía de sitial, dejó que transcurrieran unos instantes, miró al cielo y respondió:
—Espero a que estén terminados el arca y el santuario. Quiero también que se instalen a la vista del lugar donde el Señor se apareció ante todos.
—Llega el verano, el agua escasea, los pastores comienzan ya a pelearse —Josué se apoyó en el muro—. Y, además, van a terminar por no creer en Canaán.
Examinó el rostro de Mosis. Ni siquiera tenía cuarenta años, con la cara arrugada ya en las comisuras y envejecido por la inflamación que le había desfigurado allá arriba, en la montaña. Comenzaba a perder la piel. Patas de gallo. El cabello y la barba canosos. Últimos vestigios de la juventud, unos mechones rebeldes, la boca que de vez en cuando se hacía golosa, casi risueña. Sería deseable que Mosis no fuera demasiado viejo cuando entrara, por fin, en la Tierra Prometida... si entraban alguna vez.
—La conciencia del Señor es más importante que la Tierra Prometida —dijo Mosis. Luego levantó hacia Josué una mirada casi burlona—: Quieres combatir, ¿no es cierto? Tranquilízate, ya combatirás.
Seis semanas más tarde, el arca y los elementos del santuario estuvieron listos, casi al mismo tiempo. Mosis convocó a los hombres adultos y animosos de la tribu de Levi en la llanura, apartados de los demás.

–El santuario se elevará en el centro de nuestro campamento –anunció–. Levantaréis vuestras tiendas a su alrededor. Sois sus guardianes. Será nuestro lugar más sagrado.

–Hay dos campamentos –observó uno de ellos.

–Para el Señor son sólo uno. Vosotros montaréis el santuario y colocaréis en él el arca, y también vosotros lo desmontaréis cuando debamos levantar el campo y transportaréis sus elementos. Tendréis también que transportar el arca. A vuestra custodia se confiarán los accesorios del culto y toda la vajilla de oro.

–¿Por qué nosotros? –preguntaron.

–Porque sois los únicos, según me han dicho, que no fuisteis a bailar a la inmunda fiesta.

–¿Tendremos un jefe si no lo eres tú?

–Sí. Tendréis cinco. Aarón y sus hijos, Nadab, Abihu, Eleazar e Ithamar.

–¿No estaba Aarón en la fiesta? –preguntó un levita en tono altanero.

–Estuvo, pero para tratar de evitar los excesos.

Permanecieron silenciosos y contemplaron por unos instantes a Mosis; él permanecía impasible. ¿Estaría engañándoles? ¿O había perdonado a su hermano?

–¿Os oponéis a Aarón? –preguntó.

Y como, en efecto, sus expresiones no demostraban entusiasmo alguno, prosiguió:

–¿Acaso no fue él quien, por orden del Señor, os hizo salir de Egipto?

Ignoraban, evidentemente, que estaba probando en ellos el efecto que produciría el nombramiento de Aarón como jefe del clero, aunque el principal interesado ni siquiera estaba informado.

Mosis hizo una pausa y prosiguió:

–El Arca de la Alianza con el Señor se colocará al fondo del santuario. Delante se dispondrá el altar, aunque separado por una cortina, en cuanto sea posible tejerla. El santuario se colocará en el centro de un patio de cien codos de largo y cincuenta codos de ancho. Cuando dispongamos de telares, el santuario quedará cubierto de colgaduras violeta, púrpura y escarlata y los postes que marquen los límites del santuario serán también forrados con iguales colgaduras, brocadas todas con querubines.

Se inclinaron y regresaron al campamento. Mosis les siguió y se dirigió a casa de Aarón para anunciarle su nombramiento.

–¡Bendito día! –gritó Aarón deshaciéndose en lágrimas.

Corrió a llamar a aquellos de sus hijos que estaban en las proximidades y los cuatro cubrieron de besos las manos de Mosis.

–¡Bendito día! –gritaba Elisheba en la parte trasera de la tienda.

Los gritos alertaron a los vecinos. Incluso acudió Miriam. Había abandonado su litera para hablar con Mosis. Estaba enferma y Mosis descubrió en su rostro los arañazos y la palidez de la cercana muerte. Ni siquiera tenía fuerzas para gritar.

Quedaron frente a frente largo rato.

–Los designios del Señor son impenetrables –dijo por fin ella, como si acabara de descubrirlo–. ¡Tú, el hijo de la egipcia! Tú eres ahora nuestro dueño y a ti se dirige el Señor de Abraham.

La miró sin decir palabra, respetando en ella más la muerte que a la hermana. Nunca había querido a Miriam. No había sido la hermana consoladora que había esperado. Sólo había apreciado en él su utilidad para los apiru. Y en el fondo, pensó con melancólica diversión, se le parecía. Pues él había preferido, sin duda, a los servidores del proyecto celestial, como Josué. Incluso Sephira le parecía la sierva de aquel proyecto, puesto que era la compañera perfecta.

–¡No nos faltaban hombres animosos, pero a ti te ha correspondido el honor de guiarnos!

–Descubro en tu voz tanto resentimiento como admiración –dijo.

–Ni siquiera sabías nuestra lengua y a ti te dictó el Señor sus mandamientos. Mira, Mosis, la admiración es cierta. ¡Me admira, en efecto, la inteligencia del Señor! Pues cierto es que eras el hombre necesario, nos guiaste fuera de Egipto y henos, ahora, libres, con un ejército y rebaños. Nunca lo hubiera creído cuando fui a anunciarte, en el patio de palacio, en Menfis, que tu padre había muerto, y partiste a caballo sin decirle una sola palabra a la fregona que era yo. No, nunca lo hubiera creído cuando eras el príncipe de Avaris y condescendías a visitarme para ofrecerme un gatito y una oca. No, realmente nunca hubiera creído que fueras a convertirte, algún día, en nuestro jefe.

–¿Y el resentimiento?

–No tengo ya tiempo para el resentimiento.

Era una frase que dictaba el orgullo.

–En aquel tiempo yo era tonta. No comprendía que la buena sangre no puede mentir.

–¿Qué significa eso?

Soltó una risita sarcástica, una carcajada chirriante.

–¿Y tú me lo preguntas, Mosis? ¡Llevas el poder en la sangre! Eres como ellos, los de la familia de Seti y Ramsés y todos los demás; habéis nacido para el poder. Es vuestro único alimento. Observé cómo, cuando salimos de Egipto, te contentabas con casi nada, algunos frutos secos, un pedazo de pan, media calabaza de agua salobre...

–Abandoné Egipto y a la familia real hace mucho tiempo. Abracé vuestra causa.

–No te bastaba ser príncipe, de hecho, del Bajo Egipto. Estabas sometido al yugo de tu tío, Ramsés. En tu orgullo aspirabas a no responder ante nadie, salvo ante el Señor.

–Siempre tus insolencias, Miriam. Pero estás demasiado enferma para que me encolerice.

Allí estaban los dos, en aquel apacible paisaje, como dos bloques, firme él, temblando ella con los primeros vientos de la muerte. Mosis se impacientó.

–No has comprendido nada, Miriam. Nada. Partirás hacia el Sheol doblándote bajo el fardo de tus falsas ideas y tus irrisorios resentimientos.

–¿Qué es lo que no he comprendido? –soltó en un tono de desafío.

–¡La pureza, la pureza! Egipto, Seti, Ramsés y todo lo demás, ¿sabes qué representaban para un niño? El compromiso, los chanchullos, la búsqueda de lucro y el poder, precisamente. ¡El poder por el poder! Toda esa gente que conspiraba y fornicaba, con la boca grasienta por esas ocas que tanta falta os hacen, con el aliento cargado de ese ajo y esas cebollas que obsesionan vuestro recuerdo. El sexo y el dinero y la mentira y el poder, eso es lo que me apartó de Egipto. ¿Has olvidado, acaso, el sentido de la pureza y la justicia que están en un niño? ¿Crees realmente que tengo sed de poder? ¿Me he rodeado acaso de los signos del poder? Llevo la misma ropa, el mismo manto, las mismas sandalias que cuando fui a recibiros, a la salida de Egipto. Como poco y peor que la mayoría de vosotros. No, Miriam, no me anima el deseo de poder, sino la pureza del Señor, la justicia y el esplendor del Señor.

Pareció turbada y, frunciendo el ceño, con la expresión apesadumbrada, repentinamente perpleja, se encogió de hombros.

–¿Y dónde descubriste al Señor, si no entre nosotros?

–No sabes nada. El Señor está en cada uno de nosotros. Está incluso en el corazón de algunos egipcios, los que no se dejan cegar por esos dioses que ladran o gruñen. El Señor alto y puro...

Su recuerdo fue hacia Nesaton, hacia las sesiones de meditación a orillas del mar. Miriam interrumpió el curso de sus pensamientos.

–¿Por qué has nombrado a Aarón jefe del clero? –prosiguió–. No le amas. Nunca amaste a Aarón, porque es un hombre débil y lleno de compasión. Sólo amas a los hombres jóvenes y fuertes. Amas a Josué, que es un bruto. Casi le has convertido en tu hijo, tu heredero.

–Los designios del Señor, que tanto te admiran, Miriam, no soportan a los hombres débiles. Por debilidad, Aarón bailó ante el Becerro de Oro[1], no por perversidad.

–¿Por qué lo has elegido, entonces?

–Porque era necesaria una continuidad. Él os reunió en Egipto.

–Y tal vez, también, porque no deseas ser jefe del clero. Tú eres un jefe de guerra, ¿no es cierto, Mosis?

Hizo un gesto con la cabeza para indicar que trataba unos temas en los que no tenía competencia.

–Las guerras no han terminado, Miriam. El servicio del Señor es, en efecto, muy absorbente.

–Me siento casi feliz de morir pronto. Porque moriré pronto, lo sabes. Estoy cansada de guerras. Estoy cansada de violencia. Soy como todas las mujeres de Israel. Quisiera la Tierra Prometida, donde los almendros florecen sin sentir nunca el avinado aliento de los guerreros, donde el vientre de las mujeres se redondea sin temer nunca la espada y donde la fatiga de los hombres es sólo, siempre, la de una repleta jornada de trabajo. No sabía lo que anunciaba la promesa de Canaán. Odio el olor de la sangre.

Inclinó la cabeza.

–Yo no quiero sangre. Son los designios del Señor.

–Son crueles.

–¡No blasfemes!

–¡Son crueles! –gritó–. ¡Y tú eres a su imagen!

La miró largo rato. Sabía que nunca más volverían a hablarse. Ella regresó a su tienda. Él se entristeció.

El anuncio de la conclusión del arca y del santuario[2] había provocado ya la conmoción, pero ésta se volvió efervescencia cuando Mosis hizo despejar el centro del campamento, cuando los levitas se instalaron allí y el perímetro destinado al santuario quedó prohibido para todos y colocado bajo la custodia de los soldados. Los levitas transportaron entonces las tablas y las barras y montaron el edificio siguiendo las instrucciones de Mosis y de los artesanos, con la puerta hacia el sur. Jóvenes y viejos fueron a observar, aunque a distancia, cómo se levantaban las tablas, cómo se unían con las espigas y, cuando un tabique había sido realizado, cómo se ponían las barras de acacia que lo consolidaban. Luego, los levitas transportaron el arca hasta el fondo del santuario y, por fin, colocaron delante el altar.

Los apiru sólo vieron pasar el arca, mientras la transportaban. Un magnífico cofre de oro, rutilante, un verdadero pedazo de sol. El techo, sombreado por las alas de los querubines, provocó comentarios de asombro. Las anillas por las que pasaban los varales que servían para moverla eran de oro. Las patas estaban provistas de anillos de oro. Exultaron ante tanto esplendor y se lamentaron por no poder demorar en él sus miradas. Lo compensaron examinando el santuario. Y cuando éste hubo sido, por fin, erigido, asistieron maravillados al transporte del altar, cubierto también por completo de oro. ¡Y los varales del al tar también cubiertos de oro! Se disputaban los lugares desde donde observar cómo se colocaban los pilares que señalaban el perímetro del patio. Tuvieron, sobre todo, conciencia del hecho de que se había producido un acontecimiento, de que su historia estaba en marcha, de que el Señor no les había olvidado.

Incluso los madianitas fueron a ver lo que pudieron, pues grande era la prisa. Se encaramaron a los árboles para divisar los muros del santuario. Sus campamentos se llenaron de rumores. ¡Los apiru habían construido, para su dios, una casa claveteada de oro!

Los jóvenes y los niños fueron los que más se impresionaron. El espectáculo de aquellos hombres transportando con gravedad aquellas tablas cubiertas de oro, provistas de oro, claveteadas de oro...

–¿Quién es el Señor? –preguntaron por la noche, antes de dormirse.

–Nuestro rey inmortal, que vela por nosotros.

–¿Dónde está?

–En el cielo.

–¿Es el rey de todos los hombres?

–Es nuestro rey.

–¿Es mayor que Mosis?

–Nunca morirá.

–¿Y por qué tanto oro? –preguntó Guershom, el hijo de Mosis, al volver de su clase de caligrafía en casa de un anciano.

Sephira volvió la cabeza, sorprendida por la pregunta.

–Porque el oro nunca se empaña cuando es puro. El Señor es puro, Guershom. Es la pureza misma. No lo olvides nunca. La pureza.

12

REBELIONES

Pero, a fin de cuentas, Josué tenía razón, las querellas por el agua entre los pastores amenazaban con llegar, antes o después, a un enfrentamiento.
—Es más difícil combatir contra gente con la que te has llevado bien —dijo Josué.
—Pues partamos —convino Mosis.
Más de ocho días, nueve contando un sabbat, fueron necesarios para levantar el campamento. Durante aquella larga parada habían sido numerosos los que habían cedido a la locura de plantar: cebollas, lechugas, achicoria, pepinos... Con el corazón destrozado, arrancaron las cebollas apenas formadas, las lechugas de un verde tierno, la achicoria que apenas comenzaba a rizarse, los pepinos de un verde oscuro todavía.
—Los tendréis mucho mejores en Canaán —les decían los ancianos a guisa de consuelo.
Pero el instinto de cultivar no es menor que el de perpetuarse. Algunos sentían afecto por una higuera, por un bancal de cilantro o de ajos silvestres.
—Es una suerte que no hayáis plantado trigo, ¡nos habríamos quedado aquí siempre!
Los levitas desplegaron una prodigiosa habilidad: en tres días lo habían desmontado todo, los postes del recinto y los muros del santuario, lo habían embalado todo en esteras y mantas y aguardaban, sólo, la señal de la partida.
Josué recorrió los campamentos con sus hombres para asegurarse de que todo el mundo estuviera listo, y en el valle resonaron

los sones de las trompas. Los madianitas, atónitos, interrumpieron sus actividades. Los apiru se marchaban. Se vertieron, clandestinamente, lágrimas de amantes separados, de amistades cortadas por el hierro de la partida, algunas enemistades se convirtieron en añoranza. A fin de cuentas, aquellos apiru no eran malos tipos. Sabían reír, sus muchachas eran cálidas y sus muchachos, apuestos.

El propio Ewi, al que no habían vuelto a ver desde el episodio del Becerro de Oro, que le había ofendido gravemente, fue a saludar a Mosis, seguido por un sirviente que llevaba un saco de especias y un odre de vino.

–¿Os marcháis, pues?
–Estaba anunciado.
–¿Adónde vais?
–A Canaán, ya te lo dije.
–Os deseo prosperidad.
–La paz del Señor sea en vosotros.

Muchos habían muerto, es cierto, durante aquel alto entre los madianitas, pero habían nacido muchos más, y entre los animales, las burras habían concebido también asnillos y las camellas, crías. Sin hablar de los rebaños, donde había muchos más corderillos y cabritos que a la llegada. Además, los apiru habían acumulado bienes, efectos, víveres, leña y también se habían acostumbrado a estar cómodos. En vez de apretujarse como antaño, macilentos, en compactas hileras, con sus fardos a la espalda, mantenían cierta distancia de un grupo a otro. De ese modo, entre el momento en que se veía pasar la cabeza del convoy y aquel en que se distinguía su fin transcurría más de una jornada. Delante iban Mosis y Aarón, luego los suyos, formando un pequeño grupo seguido de cerca por los levitas, con el arca y el santuario desmontados bajo la custodia de la mitad de las tropas de Josué, es decir dos mil quinientos hombres. La otra mitad de los soldados cerraba el convoy.

Y todo el mundo bebía, claro está.

Al cabo de once días de viaje, al llegar a un valle mucho más verde que el que acababan de abandonar, se apresuraron a dar de beber a los rebaños y a sus animales, a llenar cántaros y calabazas en los numerosos arroyos que serpenteaban entre las colinas. A lo lejos, en un valle, se dibujaba una aldea, y un pastor, asustado primero por aquella masa de seres humanos y animales que veía llegar de pronto, farfulló que era Kadesh[1], sede del rey madianita Reba y, dicho eso, se apresuró a poner pies en polvorosa junto con sus dos docenas de corderos. Había dos pozos a poca distancia, pero las mujeres apiru que creían poder aprovisionarse en ellos se encontraron con mujeres madianitas que llenaban también sus cántaros.

–¿Qué estáis haciendo aquí? –preguntaron las madianitas a las mujeres apiru, tras haber lanzado largas e inquietas miradas al formidable río de seres humanos y animales que se perfilaba en el valle.

–Llenar nuestras jarras.

–No son vuestros pozos.

–Los súbditos de Ewi eran mucho más acogedores que vosotros.

–No somos súbditos de Ewi, somos súbditos de Reba. Marchaos.

Las mujeres apiru regresaron, prometiéndose volver durante la noche para llenar sus cántaros. Mientras los apiru plantaban sus tiendas, llegó un grupo de unos cincuenta hombres y preguntó quién era su jefe. Ante Mosis, el que los dirigía declaró:

–Somos los hijos y los jefes de clan del rey Reba. ¿Con qué derecho os instaláis aquí? Estáis en las tierras del rey.

–Sólo haremos un alto. El rey Ewi nos concedió hospitalidad, creemos que vuestro rey puede hacer lo mismo.

–No es ésa su intención. Vais a devastar nuestros pastos y a agotar nuestras reservas de agua.

Josué, que había visto llegar la delegación, se apresuró a acudir con quinientos de sus hombres y a colocarse bien a la vista de los madianitas, a unas decenas de pasos de Mosis. Él mismo y dos de sus tenientes iban a caballo, con la espada al cinto.

–Estamos aquí, no podemos volatilizarnos aunque sea éste vuestro deseo –respondió Mosis–. Ya os he dicho que sólo hacemos un alto. Deseo que sea pacífico.

Los madianitas le dirigieron una furiosa mirada y, tras haber evaluado a los soldados que les rodeaban, dieron media vuelta sin decir palabra para llevar su informe al rey. Aquellos madianitas parecían más prósperos que los demás, sin duda tenían armas y podía temerse que no permanecieran cruzados de brazos.

Los levitas fueron a preguntarle a Mosis si debían instalar el santuario y el arca.

–Todavía no –dijo Mosis–. No quiero que se encuentren en medio de una batalla. Primero juzgaremos las intenciones de esos madianitas. De todos modos, quiero que el santuario esté erigido el primer día del mes, y Elul termina. Dentro de ocho días será el primero del mes de Tichri, el día apropiado para instalar la Casa del Señor.

Llegado aquel día, se había instaurado un *statu quo*, como con los súbditos de Ewi, pero con la diferencia de que madianitas y apiru no establecieron, esta vez, vínculos de vecindad. Por el contrario, las peleas entre pastores y los tirones de pelo en los pozos eran frecuentes. Pero, a fin de cuentas, podían esperar una estancia larga. Mosis convocó a los levitas.

–Instalad el santuario y el arca. Quiero que aquellos de vosotros que hayan llegado a los veinticinco años y estén sanos de cuerpo sean destinados al servicio del santuario.

Luego llamó a Mishael.

–Pídele a Josué una escolta de veinticinco hombres, que el tesorero te dé plata y cobre y vete a Kadesh a comprar un telar. Si tienen dos, cómpralos.

–¿Cómo van a recibirnos?

–La esperanza de un beneficio prevalece sobre cualquier sentimiento.

Mishael soltó la carcajada y Mosis sonrió.

–En mí no, mi señor.

–Por eso formas parte de mis hijos. Si tienen hilados de lino no tejido, cómpralos también. Del lino más fino. Compra también tintes, violeta, púrpura y escarlata. Finalmente, cómprales todo el incienso que quieran venderte. Ve.

Mishael regresó por la noche con un solo telar. Usado, pero en buen estado. También con hilados de lino y tintes. Y con un gran saco de incienso.

–Ha sido como dijiste. Han comenzado mostrándose huraños, pero cuando les he explicado el objeto de mi visita se han suavizado.

–Muy bien –dijo Mosis.

E hizo convocar a Bezalel.

–Mira.

–¡Un telar! –dijo Bezalel, sorprendido.

–Quiero que me hagas dos ejemplares más. ¿Cuándo estarán?

–Dentro de una semana, sin contar el sabbat.

Les llegó la vez a los canteros.

–Quiero que me fabriquéis una pileta perfectamente estanca, de tres codos de ancho por cinco de largo. La destinaremos a teñir las colgaduras que cubrirán el santuario y que colgarán de los postes del patio.

Durante los preparativos murió Miriam. Se reunió una muchedumbre ante las tiendas de Mosis y Aarón. Las lágrimas bañaban el rostro de Aarón, Mosis tenía los ojos secos.

–¿Tú no lloras? –le preguntó Elisheba.

–¿Debo fingir, acaso, que la creía eterna?

–Era tu hermana...

–En verdad, Elisheba, tengo hermanos que no engendró mi padre. Los parientes se eligen.

Pero, de todos modos, acompañó al pequeño cortejo fúnebre que llevaba a la montaña los despojos de su hermanastra. Se esperaba de él que pronunciase una oración. Fue breve.

–El Señor, nuestro libertador, es inmenso. El ser humano es mortal y sólo puede percibir de él una ínfima parte, y sólo cuando se le concede tamaña bendición. De ello se desprende que a menudo se aflige y se alegra por lo que no conoce. Sólo el justo, consciente de los límites de su mirada, mantiene en cualquier circunstancia incólume el alma, sabiendo que el Señor decide por él de acuerdo con su impenetrable voluntad. Quiero esperar que el alma de Miriam es ya capaz de juzgar la pequeñez de su vida terrenal.

Apenas regresado al campamento, le dijo a Aarón:

–A partir de este día quemarás cada mañana incienso en el altar de oro del Señor. Por la noche encenderás las lámparas y quemarás también incienso. Es preciso que, a cualquier hora del día y de la noche, arda incienso en el altar del Señor.

Aarón levantó hacia él unos ojos enrojecidos por las lágrimas. Mosis permanecía impasible.

–No me has dicho ni una sola palabra de consuelo. Tampoco les has dicho una sola palabra a los hijos de Miriam. Incluso los oficiales egipcios se las decían a los soldados cuyos hermanos habían muerto en combate.

–Sólo debemos esperar consuelo del Señor, Aarón.

–¡Qué seco debe de estar tu corazón! –clamó Aarón, y se alejó bruscamente.

La luna llena parecía agitar los ánimos pues, poco después, Mishael y Hur fueron a ver a Mosis mientras tragaba un bol de sopa y un panecillo con queso de oveja. No dijeron nada, pero su aire apesadumbrado hablaba por ellos. Mosis les invitó a sentarse y les ofreció compartir su pitanza. Comieron por cortesía, el uno un higo seco, el otro un pastelillo de miel. Agua como bebida.

–Bueno –dijo–. ¿Qué pasa?

La costumbre que prohibía anunciar malas noticias les hacía las cosas difíciles, pero la lealtad exigía que no mantuvieran en secreto aquellas noticias. Ambos hombres comenzaron a farfullar.

–No entiendo nada –dijo Mosis molesto–. Al grano.

–Una rebelión –dijo por fin Mishael.

–¿Quién?

–Korah, Dathan, Abiram, On... Y otros.

–¡Otra vez!

Mosis se pasó las manos por la cara. Korah, hijo de Kohath, era su primo, un levita que había manifestado ya mala voluntad con respecto al agua y los víveres poco después de la salida de Egipto. Dathan, Abiram y On eran rubenitas que nunca habían aceptado sin rechistar la autoridad de Mosis. Formaban parte del núcleo de contestatarios que encontraban siempre mil razones para discutir las decisiones de Mosis.

–¿Y quiénes son los otros? –preguntó Mosis.

–Levitas. En estos momentos están celebrando una reunión.

–¿Qué dicen?

–Que no hay razón alguna para someterse a tu autoridad, ni para aceptar que Aarón y sus hijos sean los jefes del clero.

–Iré a verlos. Tú avisa a Josué.

Mosis hizo llamar también a Aarón y se dirigieron al lugar de la reunión. Todos se interrumpieron al ver llegar a ambos hombres, eran más de trescientos formando un círculo en cuyo exterior se mantenían varias mujeres.

–En vez de discutir entre vosotros, también podéis venir a exponerme vuestros cargos –dijo Mosis mirándoles de arriba abajo.

–Es que contigo no se puede discutir –dijo Korah–. Sólo se puede escuchar tus órdenes y ejecutarlas. Reinas sobre nosotros como un faraón.

Mosis se encogió de hombros. Era una obsesión.

–No soy un faraón, Korah, o tú lo serías también, puesto que eres mi primo. ¿Qué queréis?

–¿Que qué queremos? –gritó On dirigiéndose hacia Mosis y agitando el brazo–. ¡Eres el único que lo decide todo! ¡Nadie tiene derecho a poner una objeción! ¡No hay ya jefe de tribu, ni jefe de clan, tu autoridad ahoga a todas las demás! Hablas sin cesar del Señor, pero el Señor está con nosotros y en cada uno de nosotros. ¡No eres mejor que nosotros!

–Nunca he dicho que fuera mejor que vosotros. Cuando estéis en Canaán podréis hacer lo que os parezca. De momento, yo he decidido llevaros fuera de Egipto. Todos lo aceptasteis. Para ello necesitáis un jefe y resulta que soy yo. Y ahora, ¿cuál es el objeto concreto de esta reunión?

–¿Por qué has puesto a Aarón a nuestra cabeza? ¿Acaso entre nosotros sólo hay ejecutores? ¿No es el ser tu hermano su principal cualidad? –preguntó un levita.

Aarón palideció. ¿Hablarían de nuevo de aquella historia del Becerro de Oro? Entonces llegó Josué seguido por trescientos soldados.

–Os designé, entre todos, para el servicio del Señor –gritó Mosis–, y me parece justo que vuestro jefe sea el que os reunió en Egipto, según la voluntad del Señor, y que luego os sacó de allí, conmigo, también bajo la protección del Señor. Nada os impedirá más tarde demostrar vuestra prudencia cuando Aarón se haya hecho viejo.

–¡Has nombrado también a sus hijos!

–Mis hijos son levitas como vosotros –dijo Aarón.

–¿Os excluye eso del número de los levitas o del servicio del Señor? –prosiguió Mosis–. ¿Creéis pues que Eleazar y sus hermanos pueden hacerlo todo?

Parecieron calmarse y uno de ellos levantó la voz para decir que el nombramiento de Aarón era legítimo, puesto que también le había designado el Señor.

–Y ahora –preguntó Mosis–, ¿en nombre de qué hacen los rubenitas causa común con los levitas? ¿Acaso quieren entrar al servicio del santuario?

–No hemos dicho eso –repuso Dathan–. Queremos saber por qué razón eres tú el que posee la autoridad suprema y siempre dice la última palabra en cualquier materia. No somos menos respetables que tú. Pedimos ser consultados.

El rostro de Mosis se congestionó. Respiró profundamente para recuperar la calma.

–Ya sabemos lo que ocurre en las asambleas donde todo el mundo quiere ser jefe. No sois jefes de tribu y no queréis ver que los tenemos. No sois jueces y no queréis ver que los tenemos. Pues tú, Dathan, y tú, Abiram, y tú, On, y todos vosotros –dijo señalando con el dedo a los que se habían agrupado tras ellos–, decís que estáis habitados por el espíritu del Señor, pero ese espíritu no os inspira la rebelión, la inspira vuestra vanidad. Queréis destacar ante los vuestros, ¿no es cierto? Y os decís: «¿Por qué manda Mosis?» Pero no habéis visto, porque vuestros ojos están llenos de pus, que el Señor se manifestó públicamente. No habéis visto las Tablas de la Ley. No habéis visto que aquí soy sólo el instrumento del Señor y ese instrumento está por completo consagrado a vuestra salvación. No es, en verdad, la primera vez que os oponéis a mí o, al menos, que creéis oponeros a mí. Os oponéis al instrumento del Señor. Vuestro lugar no está entre nosotros.

Dirigió hacia ellos su índice.

–Os expulso –dijo con voz tonante–. Respetaré vuestra vida y os abandono a la justicia del Señor. Plegad vuestras tiendas y abandonad nuestro pueblo, vosotros, los vuestros y vuestra servidumbre. Los soldados os llevarán a una jornada de camino de aquí.

Un grito de rabia brotó de la boca de Abiram. Pero los levitas se interponían ya y los soldados avanzaban. Mosis y Aarón dieron media vuelta[2].

La rebelión había sido sofocada.

13

LAS LEYES

Al día siguiente, cien soldados escoltaron a unos cincuenta hombres de rostro ensombrecido, de mujeres llorosas, de niños apesadumbrados, cargados todos con fardos, y los acompañaron fuera del valle. Eran los rebeldes y sus familias.

Los apiru les vieron pasar con aire sombrío. Algunos se ofrecieron a darles comida para el viaje, otros gritaron:

–¿Qué será de ellos?

–Deberían estar satisfechos de que se respete su vida.

–Es fácil decir que se respeta su vida, ¿cómo van a defenderse? Estos parajes están llenos de osos y lobos.

–¡No debían discutir la autoridad de Mosis!

–Pero son nuestros hermanos...

–¿Y qué es un hermano que se rebela contra los suyos?

Muy pronto los expulsados fueron sólo una nube de polvo, a lo lejos, en el valle, pero aquel polvo envenenó el campamento. Los jueces intentaron poner fin a las disensiones, recordando que un hombre que pretendía sustraerse a la ley cometía una falta y que Dathan, Abiram, On y todos los demás se habían excluido, ellos mismos, de la comunidad. Pero más de uno había que temía verse excluido, también, algún día, por haber incurrido en el disgusto de Mosis.

Entretanto, los tejedores tejían. Mostraron a Mosis la primera medida. Palpó y sopesó el lino, luego inclinó la cabeza.

–Está bien, mostrádselo a Aarón.

Luego Mosis convocó a Aarón y a los jueces y les dijo:

–Os anuncié que iba a comunicaros las restantes voluntades

del Señor acerca de las leyes que deben regirnos. Es hora ya. Traed papel, rollos de papiro y cálamos; escuchadme y escribid.

–¿Debemos escribir todos o sólo uno? –preguntó el decano de los jueces.

–Tres de vosotros escribirán la voluntad del Señor, para que si uno de ellos comete un error, los otros dos puedan corregirlo.

Pero no había papiro, ni tinta, ni cálamos. Fue necesario ir a comprarlos a Kadesh, y aquello requirió todo un día[1]. A la mañana siguiente, la asamblea se reunió de nuevo. Mosis estaba sentado ante los jueces y Aarón, que se hallaban situados en arco en unos taburetes. Tres de ellos tenían tablillas en las rodillas, unos tinteros estaban colocados en piedras, a su lado, y los tres redactores tenían junto a ellos un afilado cuchillo para sacar punta a los cálamos.

–Si compráis un esclavo apiru –comenzó Mosis– será propiedad vuestra durante seis años, pero al séptimo año quedará libre sin pagar nada.

»Si ha llegado solo, partirá solo, pero si está casado, su mujer partirá con él.

»Si su dueño le da mujer y ésta concibe hijos varones o hembras, la mujer y sus hijos pertenecerán al dueño y el hombre se marchará solo. Pero si el esclavo declara: "Amo a mi dueño, mi mujer y mis hijos, no quiero mi libertad", su dueño lo presentará al Señor, ante la puerta o en el umbral, le perforará la oreja con un punzón y el hombre será su esclavo de por vida.

Los jueces se inclinaron unos hacia otros para comentar en voz baja esta ley moviendo mucho la cabeza.

–Si un hombre vende a su hija como esclava, no recuperará su libertad como lo haría un hombre. Si su dueño no ha mantenido relaciones con ella y la muchacha no le gusta, permitirá que sea rescatada. No la ha tratado equitativamente y, por lo tanto, no tiene derecho a venderla a unos extraños. Si se la da a su hijo, le concederá los derechos de una hija. Si toma otra mujer, no privará a la primera de carne, ropa y derechos conyugales. Si no le proporciona esas tres cosas, la mujer quedará libre sin rescate.

Levantaron los ojos, pensativos.

–El que golpee a otro hombre y lo mate recibirá la muerte. Pero si no ha actuado intencionadamente y se ha encontrado a la víctima por voluntad del Señor, el asesino podrá huir a un lugar que yo indicaré...

–¿Quieres decir que el Señor indicará? –interrumpió un juez.

–Ése es su mandamiento.
–Y si no lo indicara, ¿cómo habría que entenderlo?
–Lo discutiremos. Pero si un hombre ha proyectado matar a otro a traición, le arrancaréis incluso del altar del Señor para ejecutarlo.

Se hizo un silencio.

–Quien golpee a su padre o a su madre recibirá la muerte –prosiguió Mosis–. Quien rapte a un hombre será reo de muerte, lo haya vendido o haya sido encontrado el hombre en su posesión.

»Quien hable mal de su padre o su madre recibirá la muerte.

–¿No tiene un justo derecho a condenar a su padre si éste ha cometido un crimen? –preguntó un juez.

–También lo discutiremos –repuso Mosis en un tono neutro, antes de proseguir–: Si unos hombres se pelean y uno de ellos golpea al otro con una piedra o con el puño y ese otro no muere, pero se ve obligado a acostarse; si ese hombre se restablece y puede caminar por el exterior con un bastón, su agresor sólo le debe la compensación por el tiempo perdido y debe velar porque su víctima se restablezca.

»Si un hombre golpea a su esclavo, varón o hembra, con un bastón y el esclavo muere de inmediato, debe ser castigado. Pero no será castigado si el esclavo sobrevive uno o dos días, porque el tal esclavo vale dinero para su dueño.

»Si, durante una querella, un hombre golpease a una mujer encinta con fuerza bastante para que ésta abortara, aunque sin otro mal, el ofensor tendrá que pagar la multa que le exija el marido tras estimación del dolo.

»Cuando se causa algún daño, debéis tomar vida por vida, ojo por ojo, diente por diente, mano por mano, pie por pie, quemadura por quemadura, golpe por golpe, herida por herida.

Mosis recuperó el aliento, miró a los jueces con aire pensativo, bebió un largo trago de agua y prosiguió:

–Cuando un buey cornea a un hombre o a una mujer hasta la muerte, el buey será lapidado y su carne no podrá comerse; el propietario del animal estará libre de daños. Sin embargo, si el animal se hubiera mostrado vicioso desde tiempo atrás, si el propietario hubiera sido debidamente avisado, si no hubiese vigilado al animal y éste hubiera matado a un hombre o a una mujer, entonces el propietario será también reo de muerte. Sin embargo, si se conmuta la pena por una multa, pagará como rescate de su vida todo lo que se le pida. Si el buey cornea a un muchacho o a una chica, se aplicará la misma regla. Si el buey cornea a un esclavo, varón o hembra, su propietario pagará treinta shekels de plata al dueño y se matará al buey.

»Si un hombre retira la tapa de un pozo o excava un pozo y lo deja abierto, y un buey o un asno caen en él, el propietario compensará la pérdida. Tendrá que indemnizar al propietario del animal en plata y el animal será suyo.

»Cuando el buey de un hombre mate al de otro, tendrá que venderse el animal que ha sobrevivido, repartir el precio y repartir también el animal muerto. Pero si era notorio que el buey era vicioso, desde hacía tiempo, y su propietario no lo hubiera vigilado, entonces tendrá que compensar el perjuicio, buey por buey, y el animal muerto será de su propiedad.

»Cuando un hombre robe un buey o un cordero, lo mate y lo venda, tendrá que pagar cinco bueyes por el buey y cuatro corderos por el cordero; tendrá que pagar la totalidad. Si no tiene recursos, será vendido para pagar el robo. Pero si se encuentra el animal en su posesión, buey, asno o cordero, tendrá que pagar dos bestias.

»Si un ladrón es sorprendido en flagrante delito y queda mortalmente herido, no es un crimen; pero si penetra después de la salida del sol y es mortalmente herido, entonces es un crimen.

»Cuando un hombre incendie un campo de trigo o un viñedo y deje que el fuego se propague de modo que se extienda al campo de otro hombre, entonces compensará las pérdidas con sus propias cosechas, según la cosecha que se esperara; y si el campo vecino queda devastado, entonces compensará la pérdida con la mejor parte de su campo o su viñedo.

–¡Tendremos, pues, viñedos! –gritó uno de los jueces.

–La palabra del Señor afirma que entraremos en Canaán –dijo Mosis. Aprovechó la introducción para reflexionar un instante y prosiguió–: Si el fuego se propaga por la maleza y prende gavillas de trigo o trigo sin segar, o un campo entero es devastado, el que haya iniciado el incendio pagará todos los daños.

»Cuando un hombre confía a otro dinero o efectos para que se los guarde y sean robados de la casa de este último, el ladrón devolverá el doble si es encontrado. Pero si el ladrón no es encontrado, el propietario de la casa se presentará ante el Señor para declarar que no ha tocado la propiedad de su vecino. En los casos de delito que implique un buey, un asno o un cordero, un manto o cualquier posesión perdida que pudiera ser reclamada, cada una de las partes presentará su caso ante el Señor; aquel de quien el Señor declare que ha faltado, devolverá el doble a su vecino.

Los jueces se consultaron y el rascar de los cálamos sobre el papiro se interrumpió.

—¿Importunaremos al Señor por una historia de un manto? —preguntó uno de ellos.

—La justicia nunca importuna al Señor.

—¿Y cuál será nuestro papel?

—Queda definido por todas las leyes precedentes. Continúo. Cuando un hombre confíe un asno, un buey, un cordero o cualquier otro animal a la custodia de su vecino y el animal muera, o sea herido o desaparezca, el vecino jurará ante el Señor que no ha tocado la propiedad de su vecino. El propietario lo aceptará y ninguna compensación será pagada. Si el animal ha sido robado, el hombre indemnizará al propietario. Si el animal ha sido atacado por una bestia salvaje, presentará los despojos como prueba; no indemnizará lo que así haya sido atacado.

»Cuando un hombre tome prestado un animal a su vecino y el animal sea herido mientras su propietario esté ausente, el prestatario lo indemnizará por entero; pero si el propietario estuviera presente, el prestatario no pagará los daños. Si el animal ha sido alquilado, debe pagar el alquiler.

—¡La sabiduría del Señor es infinita! —exclamó uno de los jueces—. ¡Lo ha previsto todo!

Mosis dejó resbalar entre sus pestañas una mirada suspicaz. El tono del juez le había parecido demasiado entusiasta; ¿era aquella gente sincera o se burlaban de él? Prosiguió:

—Cuando un hombre seduzca a una virgen que no esté todavía prometida pagará el precio de una esposa para que se convierta en su mujer. Si el padre se niega a darle la mano de su hija, el seductor pagará una suma de plata equivalente al precio de una esposa virgen.

»No dejaréis vivir a una bruja.

—¿Definiremos lo que es una bruja? —preguntó un juez.

—¿Es necesaria la definición?

—¿Una bruja es sólo la que se dedica a la magia o también una mujer que recurre a los sortilegios de una bruja por su propia cuenta?

—Lo discutiremos —respondió Mosis—. Quien mantenga una relación contra natura con un animal será reo de muerte.

»Quien sacrifique a cualquier otro dios distinto del Señor será reo de muerte tras veredicto solemne.

Los jueces y escribas detuvieron el cálamo y mantuvieron la cabeza baja. Aarón se agitó.

–Las leyes se proclaman a partir de hoy –dijo Mosis.

Mantuvo un largo silencio y luego continuó:

–No perjudicaréis al extranjero, no seréis duros con él; también vosotros fuisteis extranjeros en Egipto. No maltrataréis ni a la viuda ni al huérfano. Y si lo hacéis, tened la seguridad de que yo escucharé su llamada. Mi cólera se levantará contra vosotros y os mataré por la espada; vuestras propias mujeres serán viudas y vuestros hijos, huérfanos.

»Si prestáis dinero a uno cualquiera de los pobres de mi pueblo, no actuaréis como prestamistas y no reclamaréis interés de antemano.

»Si tomáis el manto de vuestro vecino como prenda, se lo devolveréis a la puesta del sol, porque es su única protección. Es la vestidura con la que se envuelve, ¿qué le quedaría para dormir? Si apela a mí, le escucharé, pues estoy lleno de compasión.

–¡Sabiduría divina! –exclamó el mismo juez de antes.

Y esta vez fue Aarón quien le lanzó una torva mirada.

–No envileceréis al Señor y no maldeciréis a un jefe de vuestro pueblo.

–¿Maldecir o discutir? –preguntó uno de los escribas interrumpiéndose.

–He dicho *maldecir* –respondió Mosis–. No guardaréis las primeras espigas de vuestra cosecha, sea trigo o viña. Me consagraréis vuestros primogénitos. Lo mismo haréis con vuestros bueyes y vuestros corderos. Permanecerán durante siete días con su madre, el octavo me los entregaréis.

»Seréis puros ante mí; no comeréis la carne de nada de lo que encontréis en la naturaleza que haya sido muerto por animales salvajes, sino que la arrojaréis a los perros.

–En efecto, ¿no hemos visto a gente que había consumido carne medio devorada por las bestias y que murió más tarde, de locura, con la baba en los labios? –declaró un juez–. ¡La prescripción está mil veces justificada! ¡Loado sea el Señor!

Mosis inclinó la cabeza y prosiguió:

–No propagaréis rumores sin fundamento. No haréis causa común con los malvados prestando un testimonio malevolente.

»No os dejaréis impulsar por la mayoría a actuar mal y cuando prestéis testimonio en un proceso, no tomaréis partido por la mayoría para falsear la justicia. Tampoco favoreceréis al pobre en un proceso.

Bebió un trago de agua y contempló el papiro, lleno ya.

–Cuando encontréis el buey o el asno de vuestro enemigo errando se lo devolveréis. Cuando encontréis el asno de vuestro enemigo doblándose bajo la carga tendréis que ayudarlo, sea cual sea vuestra repugnancia.

–¡Bondad infinita! –subrayó el juez.

–No privaréis al pobre de justicia si entabla un proceso. Absteneos de cualquier mentira y no causéis la muerte del inocente. Pues yo, el Señor, jamás absolveré al culpable. No aceptaréis sobornos, pues la corrupción ciega al hombre sensato y hace que el justo diga palabras perversas.

»Podéis sembrar y cosechar durante seis años, pero el séptimo año dejaréis vuestro campo en barbecho. Producirá alimento para los pobres y lo que éstos dejen será para las bestias salvajes. Lo mismo haréis con vuestras viñas y vuestros olivos.

–Quiera el Señor que pronto los tengamos... –suspiró el juez.

–Trabajaréis durante seis días, pero al séptimo os abstendréis de trabajo, para que vuestro buey y vuestro asno puedan descansar, para que vuestro esclavo y el extranjero puedan recuperar sus fuerzas.

»Prestad atención a cada una de mis palabras. No invocaréis a otros dioses y vuestros labios no pronunciarán sus nombres.

»Haréis por mí, tres veces al año, una fiesta de peregrinación. Celebraréis durante siete días la Fiesta de los Peregrinos con pan sin levadura; comeréis panes sin levadura como yo os he ordenado, en el tiempo llamado del mes de Abib, pues en este mes salisteis de Egipto.

»Nadie se presentará ante mí con las manos vacías. Celebraréis la Fiesta de la Cosecha con los primeros frutos de vuestra siembra y la Fiesta del Entrojamiento a finales de año, cuando llevéis todos los frutos de vuestro trabajo en los campos. En estas tres veces al año, todos vuestros varones se presentarán ante el Señor su Dios.

»No derramaréis la sangre de los sacrificios que me ofrecéis al mismo tiempo que cualquier otro alimento que contenga levadura.

»La grasa de los sacrificios que me ofrezcáis no permanecerá en el altar hasta la mañana.

»Llevaréis los mejores productos de vuestra tierra a la Casa[2] del Señor vuestro dios.

»No cocinaréis el cabrito con la leche de su madre[3].»

Mosis cerró los ojos y calló. Aarón y los jueces le contemplaron. Con los ojos cerrados aún, tendió ante sí la mano y añadió:

–Y el Señor ha dicho también lo siguiente: «Y ahora, yo os envío un ángel para que os proteja en vuestro camino y os lleve al lugar que yo he preparado. Prestadle atención y escuchadle. No le desafiéis, no os perdonará la rebelión, pues he puesto mi autoridad en él. Si sólo escucháis su voz y hacéis todo lo que yo os digo seré el enemigo de vuestros enemigos y acosaré a quienes os acosen. Mi ángel irá ante vosotros y os llevará hacia los amorreos, los hititas, los perizzitas, los cananeos, los hivitas y los jebusitas y yo haré que suene su final. No os inclinaréis ante sus dioses ni los adoraréis, no observaréis sus ritos sino que derribaréis todas sus imágenes y sus pilares sagrados. Adorad al Señor vuestro dios y bendecirá vuestro pan y vuestra agua. Os libraré de cualquier enfermedad. Nadie será estéril y ninguna mujer abortará en vuestro país. Os concederé una vida plena y larga.»

La voz de Mosis se había vuelto cavernosa. Su propia lentitud, calculada para que los jueces pudieran plasmar sus palabras en el papiro, le daba una resonancia que hacía temblar las entrañas del auditorio.

–«Haré correr mi terror ante vosotros y sembraré la confusión en todos los pueblos que encontréis en vuestro camino. Haré de modo que todos vuestros enemigos emprendan la huida. Propagaré el pánico para que huyan los hivitas, los cananeos y los hititas cuando os acerquéis. No los expulsaré a todos en un año, pues el país quedaría desolado y los animales salvajes serían en exceso numerosos para vosotros. Los expulsaré poco a poco, hasta que seáis lo bastante numerosos para ocupar todo el país. Trazaré vuestras fronteras desde la Gran Verde del este hasta la Gran Verde del Norte[4] y desde el desierto hasta el Gran Río[5]. Entregaré a vuestro poder a los habitantes de estos países y los expulsaréis. No os aliaréis con ellos ni con sus dioses. No permanecerán en vuestro país, por miedo a que os inciten a pecar contra mí, pues os harían adorar a sus dioses y estaríais entonces atrapados.»

Calló y permaneció tanto tiempo silencioso, con las manos en los muslos, inmóvil, que Aarón y los jueces creyeron que se había dormido. Aarón tosió discretamente y Mosis abrió los ojos. Parecía regresar del fondo de los tiempos, de otro mundo.

–¿Estás bien? –preguntó Aarón.
–Estoy bien. He vuelto a ver en mí el esplendor...
Se aclaró la voz y dijo levantándose:
–Mañana os dictaré el resto de las leyes que el Señor me ha dictado. Soy sólo un hombre.

Enrollaron los papiros, los ataron, cerraron los tinteros con tapones de sebo envueltos en lino fino, metieron los cálamos en sus bolsillos y se levantaron aguardando una orden.

–Id –dijo tan sólo Mosis–. Que la paz y el espíritu de justicia del Señor llenen vuestros corazones.

Volvieron hacia sus tiendas, con los mantos agitados por la brisa. Aarón se quedó un momento con Mosis, buscando las palabras para decirle su emoción, pero no las encontró, pues no sabía lo que su emoción era. Se sentía débil, tembloroso, dispuesto a gritar de entusiasmo o a deshacerse en lágrimas.

–Tú y tus hijos necesitaréis vestiduras dignas de vuestras funciones –dijo Mosis.

Luego calló de nuevo, levantó los ojos al cielo y Aarón se fue.

14

LA CÓLERA Y LA CONSPIRACIÓN

Una larga sequía cayó sobre la región y las peleas en los pozos y las corrientes de agua se agravaron. Los pastores madianitas se quejaron a aquel a quien llamaban su rey, Reba. Aquello no podía durar más, decían: los intrusos habían llegado, se habían instalado en tierras que no les pertenecían y se comportaban como si fueran dueños del lugar. Apenas quedaba suficiente agua para los madianitas y nada de pastos. Además, aquella gente les provocaba. El incidente del Becerro de Oro había llegado a oídos de Reba, que inclinó la cabeza consternado. Ewi no se había atrevido a responder a aquel insulto inaudito, por miedo a provocar un baño de sangre, pero la prudencia y la paciencia tenían un límite. Los pastores de Kadesh entraron en unas crisis de furor que alarmaron a sus vecinos y, luego, a todo el país.

–¿Qué debemos hacer, entonces? –clamaron ellos, su parentela y sus vecinos–. ¿Abandonar nuestra casa para dejar el lugar a estos extranjeros? Eres nuestro jefe, ve a decirles que se vayan o llamaremos a los egipcios para que nos ayuden.

–Los egipcios están regresando a su casa –repuso Reba–, y no volverán para complacerme. El gran rey Ramsés no ha terminado con los hititas y no vendrán a mezclarse en nuestras querellas para complacernos.

–Tienen todavía guarniciones cerca de Kiriat-Arba'a y de Jericó. Sabemos la aversión que sienten por los apiru. Para ellos será un placer hacerles pedazos.

–¿Imagináis a los soldados egipcios entrando en el valle? No sabrían hacer distinciones entre los apiru y nosotros.

–¡Llamemos entonces a los hititas! –replicaron los pastores.

–Los hititas tienen también otras cosas en qué pensar. Y, además, parecéis haber olvidado la fábula del hombre que metió un lobo en su casa para que devorara a los ratones. Cuando el lobo hubo devorado a los ratones, devoró al hombre. Ya nos costó mucho deshacernos de la tutela de los egipcios y, luego, de los hititas, no podemos mezclarles de nuevo en nuestras querellas. Es un asunto que debemos resolver nosotros.

Exasperados, quienes protestaban clamaron que entonces atacarían solos a los apiru. Reba se alisó la barba y miró a sus interlocutores con aire plácido.

–No voy a dejarme arrastrar por vuestras pasiones y tampoco voy a permitir que os arrastren a vosotros. Los apiru son tres veces más numerosos que nosotros y, por añadidura, disponen de una milicia entrenada, con cinco mil hombres muy bien armados, mientras que nosotros no tenemos ni la cuarta parte de venablos y espadas que esa gente. Ir a provocarles sólo serviría para producir muertes y convertirnos en sus súbditos. A fin de cuentas, seríamos nosotros quienes nos veríamos obligados a abandonar estos valles.

–¿Somos entonces esclavos? –gritó el jefe de los pastores en un tono desesperado.

–No. Debemos aliarnos con otras tribus y otros pueblos. Lo haré. Tened paciencia, venceremos con astucia y tiempo. Y con la ayuda de nuestros dioses.

Reba envió a su hijo a un rey de Canaán cuyos territorios estaban cerca de los suyos y al que estaba vinculado por un matrimonio, pues se había desposado con una de sus hijas. La ciudad de este rey se llamaba Arad[1], es decir, «Buey salvaje», porque el animal abundaba en la región. El rey de Arad tenía un ejército pequeño pero temible, y daba a entender que los egipcios y los hititas habían preferido pactar con él una alianza a medirse con sus tropas; sin duda era una exageración pero, a fin de cuentas, el ejército existía y ya había dado pruebas de su valor. El hijo de Reba fue recibido con el calor que se reserva a un príncipe pariente, pero el discurso que el rey le dedicó fue mesurado. En la terraza de su fortaleza, ante las hogueras donde se asaban cabritos y corderos, en las alfombras de lana trenzada y ante unos vasos de encendido vino de Siria, el rey dijo:

–Esos apiru se mueven sin parar. Llegaron de Egipto y para nadie es un secreto que se dirigen a Canaán, donde se reunirán con aquellos de los suyos que no estuvieron cautivos en Egipto. Reanudarán, antes o después, su camino hacia Canaán. No querrán pasar por el norte, pues correrían el riesgo de encontrarse con los egipcios que regresan a sus casas y, si les encuentran en su camino, los soldados de Ramsés no les darán cuartel[2]. Pasarán pues por aquí y será entonces cuando necesitaré vuestra ayuda. Nuestros dos pueblos, aliados, los empujarán hacia los egipcios, cuyos ejércitos siguen en el norte. Éstos les harán polvo y les arrebatarán su afición a los insultos. Pero mayores serán aún nuestras posibilidades de éxito si nos unimos a un tercer rey. Dile a tu padre que enviaré a mi hijo a visitar a Balak, rey de Moab, para pedirle que se una a nuestro pacto.

–¿Tendremos que esperar hasta entonces? –preguntó el hijo de Reba.

–Cuando se quiere golpear es preciso esperar la ocasión de que un solo golpe baste para derribar al enemigo. De ese modo se reducen pérdidas. No tardarán más que unos meses en ponerse de nuevo en camino; sus paradas nunca son muy largas.

–Esa gente, de todos modos, es insoportable –prosiguió el hijo de Reba–. Desde que su profeta, Mosis, afirma haber visto a su dios en el Monte de la Preparación aseguran que todas las religiones son falsas o depravadas, salvo la suya[3]...

–¿Pero qué es una religión falsa? ¿O depravada? –preguntó con asombro el rey de Arad–. ¡Extraña idea! Es como decir que hay falsos árboles y vacas depravadas. ¿Acaso los dioses son humanos para los apiru? ¿Y este profeta con el que me machacan los oídos, no sabe acaso que todos los dioses son perfectos? ¿Cómo puede ser falsa una religión, siendo religión?

Soltó la carcajada y los comensales le imitaron.

–En verdad hay que acabar con los apiru, no sólo porque nos privan de nuestros pastos, sino también para evitar que propaguen tan perniciosas ideas.

Todos aplaudieron la prudencia del rey y terminaron de comer y beber con buen humor y ardor guerrero.

15

LA ENFERMEDAD Y LAS SERPIENTES

De regreso a casa de Reba, días más tarde, su hijo le encontró inquieto. Cierto es que el rey le escuchó con atención, pero cuando hubo oído su informe, le dijo:

–Lo más difícil será contener la cólera de los nuestros. Entre los apiru hace estragos una peste y los nuestros dicen que los malos efluvios de la enfermedad se propagarán por el valle y les contaminarán. Algunos de nosotros han sido ya alcanzados.

¿Qué significaba aquella enfermedad? Era una de las innumerables formas de la Enfermedad, esa semilla de muerte que crecía, de pronto, en el cuerpo de los humanos para recordarles que no eran dioses. Una fiebre, granos, vómitos, la pérdida de los líquidos corporales, el delirio y, muy pronto, la derrota del desalentado organismo. La naturaleza, que debería haberle sostenido, que le había engendrado incluso en un acceso de inexplicable ternura, lo rechazaba de pronto en un ataque de asco injustificado, tal vez de cólera, por una de esas misteriosas razones que mueven el mundo y desafían el pensamiento del hombre.

Se habían visto muchas ratas últimamente, esos espíritus malignos de la noche, como se decía antaño en Egipto. ¿Habrían traído con ellas la Enfermedad, puesto que estaban cerca de la tierra bajo la que se arrastran los espíritus maléficos? ¿O tal vez eran las mujeres madianitas, con las que, y a pesar de todo, los hombres seguían fornicando, con la loca ilusión de que eran todavía jóvenes y sus riñones seguían produciendo simiente? O tal vez los muchachos madianitas, pues también consumían, claro está, la carne extranjera, incluso carne de varón, como todos sabían pero nadie reconocía. De todos modos, la Enfermedad sólo podía haber llegado de fuera, del exterior, del extranjero, del impuro, del infiel, del rebelde, del contestatario, del pecador. Eran, sin duda, los madianitas; sí, los sucios madianitas que, hipócrita, subrepticia, insidiosa, oblicua, perniciosa, sexualmente habían introducido la Enfermedad en el pueblo elegido por el Señor.

Ésa era, por lo demás, la hipótesis o, más bien, la explicación autoritaria de Aarón y los levitas y, como siempre en tiempos de catástrofe, la primera explicación oculta lanzada como pasto capta mucho mejor los espíritus que un razonamiento bien asentado. Pues la explicación oculta tiene la incomparable superioridad de aducir razones que sobrepasan el entendimiento de la gente común, de cosquillear las fosas umbrías y fétidas del alma, de ilustrar relaciones de causa y efecto en las que, claro está, nunca se hubiera pensado en la embriaguez de la salud, de ofrecer, finalmente, claves secretas. El miedo a lo que se desconoce es infinitamente más poderoso que la claridad de lo que se conoce. ¡La fornicación! ¡La fornicación con los madianitas! ¡Ese intercambio de los licores más preciosos del individuo! ¡Eso había provocado la Enfermedad! ¡No, había sido la revuelta! ¡Se habían rebelado contra Mosis! ¡Contra el profeta sublime, el enviado del Señor, el Libertador! ¡Sí, el Señor se vengaba de que hubieran puesto en duda a Mosis! ¡La fornicación y la revuelta! ¿Y no es la fornicación cierta forma de revuelta? ¡Se habían restregado con las mujeres y los muchachos madianitas, esas falsas mujeres! ¡Todas putas, y las peores, las que se prostituían por razones religiosas! Las prostitutas y prostitutos sagrados que merodeaban, por la noche, en torno a los altares de Baal, con los ojos perfilados con antimonio y las caderas contoneantes.

Gemidos, lágrimas, gritos arañaban la noche cristalina que caía sobre los campamentos de los apiru. Gemidos de los enfermos, lágrimas y gritos de quienes no lo estaban. Y remordimiento en todas partes.

Sentado ante su fuego y la hoguera que Stitho encendía cada noche, fiel, puntualmente, Mosis escuchaba los ecos, los fragmentos, las migajas, las briznas que le llegaban como esos restos irreconocibles que el mar arroja a los pies del nadador. ¡Miseria humana! ¿Qué sería, pues, la humanidad sin el esplendor del Señor? Por su parte, le costaba defenderse de la convicción de que, en efecto, sólo se estaba enfermo porque el alma desfallecía. ¿Y por qué iba a desfallecer sino porque el esplendor del Señor se había apagado en ella? Poco le importaba que fueran ancianas y niños los que proporcionaban la mayor parte de las víctimas a la Enfermedad, gente que, ciertamente, no se había rebelado y no habían ido a fornicar entre las rocas. La cólera del Señor no caía sólo sobre los culpables, sino también sobre los suyos. El remordimiento les era útil. Era preciso cultivarlo. Lo indicó en tres o cuatro palabras desenvueltas y los levitas se apoderaron de ellas y las propagaron, como antídoto, por el campamento. La Enfermedad había llegado porque no habían amado bastante al Señor.

–¡El miedo no basta! ¡El miedo no es nada sin el amor!

La Enfermedad[1] desapareció al cabo de tres semanas, tras haber terminado con cuatrocientas o quinientas personas, sin mencionar a las que dejó enflaquecidas, con los ojos amarillentos y las piernas débiles, cuando, en el colmo del infortunio, llegó la estación del amor de los reptiles, pues se acercaba el mes de Nisan, a quince días de la Pascua. Desde la instalación en Kadesh, todos se habían acostumbrado a recorrer las colinas en busca de maná, es cierto, pero también de bayas silvestres, higos, granadas, almendras, azufaifas, aceitunas y esos manzanos de Sodoma, cuyas hojas fermentadas producían una especie de cerveza. Nadie se fijó en el hecho de que los madianitas, que conocían aquellos parajes desde hacía mucho tiempo, se abstenían desde hacía unos días de recorrer las colinas.

La primera víctima fue una mujer que molestó a dos víboras en la maleza y que, por lo tanto, fue mordida dos veces. Se había marchado con cuatro vecinas, que la oyeron gritar, la vieron caer y acudieron justo a tiempo para distinguir a los reptiles moteados de pardo y negro que se deslizaban por el pedregal. Se lanzaron a perseguirlas y también ellas fueron mordidas por otras víboras sorprendidas en sus retozos. Regresaron a duras penas al campamento, donde se intentó curarlas, pero tres de ellas perdieron muy pronto la vida, con el rostro azulado y los labios púrpura. Al día siguiente, un niño y un anciano fueron atacados por una serpiente venenosa, una gran cobra negra que les escupió su veneno al rostro y se arrojó contra ellos. Encontraron al niño y al anciano por la tarde, y aunque el muchacho sobrevivió, su abuelo murió en el acto.

Los hombres organizaron batidas para exterminar a las serpientes. Por consejo de algunos ancianos se armaron de bastones antes de salir hacia la cosecha silvestre, y se acostumbraron a golpear la hierba ante sí para ahuyentar a las serpientes. Pero éstas, que el resto del año solían huir, parecían no soportar el trajín de los intrusos cuando estaban apareándose. Se arrojaban contra los hombres y su veneno despachó a más de un apiru. Se cortaron abundantemente las carnes en el lugar de la picadura para extraer la sangre envenenada, pero aquello no bastaba, pues a menudo el veneno se había propagado ya a todo el cuerpo. Se contaron cien muertos en cinco días, y la desesperación fue tan acerba que los jefes de tribu fueron a consultar a Mosis. Era preciso, clamaron agitando al cielo sus largos dedos huesudos, que intercediese ante el Señor. Era preciso que apartara, por fin, su cólera de su pueblo. ¿Acaso sólo habían escapado de los egipcios para caer en las garras de una enfermedad tenebrosa y bajo los colmillos de serpientes multiplicadas por las potencias del Mal?

Esta pretensión de dictar la voluntad al Señor indispuso a Mosis. Pero, sobre todo, los clamores y lamentos retomaron una antigua cantinela: ¿pero qué habían ido a hacer en tan horrible desierto? ¿A dejar los huesos? ¿Acaso el Señor sólo les había llevado al desierto para exterminarles?

Cuando la delegación de los jefes y los ancianos acudió a casa de Mosis, a éste le costó dominar la exasperación que le producían reivindicaciones y reproches. Estuvo a punto de despedirles increpándoles. ¡Que soportaran el peso de sus faltas! Pero era la víspera del último sabbat antes de la Pessah. Si las plagas enviadas por el cielo seguían diezmando al pueblo, pensó Mosis, la amargura podía provocar nuevos tumultos. Los preparativos de la conmemoración podían no ser observados, lo que comprometería la santidad de la celebración. Ante Sephira y sus alarmados hijos, Mosis cayó de hinojos para suplicar al Señor que le iluminara.

–¡Señor, Señor! ¿Qué voy a hacer? ¡No puedo más! Concédeme tu divina inspiración.

Entró luego en uno de aquellos trances que parecían petrificarle y que sus familiares conocían tan bien. Cuando salió de él, horas más tarde, convocó a Aarón y a los levitas.

–Sólo un sacrificio de penitencia es digno de acompañar nuestras plegarias, para que el Señor tenga a bien apartar de nosotros su cólera como le ruega su pueblo –declaró.

Procedieron pues a un sacrificio de penitencia en el santuario; los jefes se mantuvieron en el exterior del recinto tras haber aportado sus presentes. Durante las pocas horas que separaban el final del sacrificio del crepúsculo, el pueblo fue informado de que

Mosis y los levitas habían presentado al Señor la petición de su pueblo y de que se esperaba su decisión.

Comenzaba el sabbat cuando unos penetrantes gritos resonaron por todas partes en el campamento. Las víboras habían penetrado en las tiendas buscando calor y se vio salir de ellas a la gente, lanzando horribles gritos, lo que suponía una infracción casi blasfema. Para calmar los ánimos, al día siguiente Aarón declaró que el hecho de huir de los maléficos reptiles no era una infracción a las leyes del sabbat.

–Quiero que hagas inmediatamente una serpiente de bronce, de seis pies de altura, para fijarla en un mástil por encima del campamento –ordenó Mosis.

Aquella misma noche, la serpiente, caliente todavía, estaba lista y Mosis determinó el emplazamiento del mástil que la sostendría: a mil codos del tabernáculo[2]. El pueblo se apretujó para observar el extraño objeto que levantaba su cabeza por encima de las tiendas y lanzó un clamor de asombro.

–¡Miradlo por orden del Señor! –gritó Mosis–. Que todos los que hayan sido mordidos por una serpiente miren esta serpiente de bronce y se sobrepondrán al Mal.

Contemplaron abriendo mucho los ojos al reptil que los fulgores del poniente teñían de brillos rojizos, esperando ardientemente que su imagen disipara la maligna realidad que merodeaba por las colinas. Los padres levantaron en sus brazos a sus hijos para que se impregnaran del símbolo y, llegada la noche, encendieron hogueras al pie del animal de bronce, extraña divinidad a la que los reflejos de las llamas prestaban las ondulaciones y los contoneos de la vida.

¿Fue la protección del Señor? ¿El poder de la serpiente? ¿O tal vez el hecho de que la breve estación de los amores para los descendientes del animal que había seducido a Eva había terminado ya? Lo cierto es que las serpientes no volvieron a plantear problemas. Pero el Mal, como siempre, sólo quedó adormecido. Esperaba su hora.

16

LO QUE VIERON LOS EXPLORADORES

–Mosis, no nos dejemos engañar por la aparente calma de estos valles. Los madianitas se agitan. Han establecido alianzas con los moabitas y el rey de Arad. Antes o después, su coalición se sentirá lo bastante fuerte para atacarnos. Es hora ya de reanudar nuestro camino hacia Canaán.

Josué estaba ante su señor, en una actitud respetuosa, pero que expresaba de manera acuciante la espera de una respuesta.

–¿No me dijiste tú mismo que los egipcios ocupaban toda la llanura a lo largo del mar, incluido Canaán, y que subían hacia Siria porque Ramsés combate con los hititas? –preguntó Mosis.

–Es cierto. Pero se están replegando. No han podido con los hititas. Prefieren establecer con ellos alianzas.

–¿Han abandonado Canaán?

–Sus tropas se repliegan. Es de esperar que, dentro de unas semanas, se hayan marchado.

–¿Cómo lo sabes?

–Escucho a los viajeros. Y tengo mis espías.

Mosis permaneció silencioso unos instantes.

–Por lo tanto, de momento siguen ahí. ¿Nos dirigiremos hacia el oeste o hacia el este? Ésa es la cuestión.

–De momento, los egipcios están al oeste.

–De lo que deduces, pues, que debemos dirigirnos al este.

Josué se inclinó y, con la punta de una rama, dibujó en el polvo un mapa de la región.

–A tres o cuatro jornadas de camino de aquí encontraremos la orilla sur de un gran mar sin peces, que se llama el mar de

Sal, porque es muy salado. A mi entender, debemos rodearlo por el este y subir flanqueándolo. Allí nos encontraremos en la ribera oriental de un gran río que desemboca en este mar y se llama el Jordán. De ese modo no corremos el peligro de dar con los egipcios que, incluso dirigiéndose hacia Egipto, caerían sobre nosotros si nos encontraran en su camino. Por añadidura, Ramsés ha hecho alianzas con los pueblos de la región y estos pueblos nos atacarían por dos razones. La primera, porque invadiríamos sus territorios; la segunda, para obedecer las órdenes de los egipcios[1], eventualmente con la ayuda de éstos.

Mosis cerró los ojos, procurando captar la situación en su conjunto. Sólo estaba medio convencido. Al cabo de un rato volvió a abrirlos.

–Debemos enviar exploradores para ver si el camino está libre y si los territorios no están ocupados por gente hostil[2]. Te pondrás a la cabeza de estos exploradores.

–¿Cuántos?

–Uno por cada tribu. Id a pie. Doce hombres no llamarán la atención de las poblaciones, ni de los egipcios si los encontrarais. De la tribu de Rubén, elegirás a Shammua, el hijo de Zaccur. De la de Simeón, a Shaphat, el hijo de Hori. De la de Judá, a Caleb, el hijo de Jephunneh. De la de Isacar, a Igal, el hijo de Yussuf. De la de Benjamín a Palti, el hijo de Raphu. De la de Zebulón, a Gaddiel, el hijo de Sodi. De la de Manasés, a Gaddi, el hijo de Susi. De la de Dan, a Ammiel, el hijo de Gemalli. De la de Aser, Sethur, el hijo de Mishael; de la de Neftalí, Nahbi, el hijo de Vophsi; y de la de Gad, Jeuel, el hijo de Machi. En tu ausencia, confía el mando del ejército a Mishael, es un hombre seguro.

Partieron al día siguiente, hacia el norte, y Mosis y Aarón comenzaron a esperar. Los jueces, los ancianos, los demás, sus esposas aguardaron, y los niños, que realmente no comprendían lo que esperaban, suspendieron sus juegos, esperando que terminara la espera. En la plataforma que dominaba los cuarteles de la milicia, Mishael instaló un vigía al cumplirse el décimo día de la partida de los exploradores, para que se encargara de anunciar su regreso antes que nadie.

Regresaron treinta y tres días más tarde[3] y todo el mundo se agrupó detrás de la muralla. Comenzaron a trepar por la colina y, ante los ojos de una muchedumbre muda todavía se dirigieron hacia la tienda de Mosis, que les aguardaba también, con la mano

en la frente a causa del sol. Depositaron a sus pies un saco cuya boca desataron y del que sacaron, unido todavía a su sarmiento, un racimo de uva como nunca antes lo habían visto, ni siquiera en Egipto[4], gruesos y empolvados higos, enormes granadas ya abiertas y dispuestas a dejar escapar sus rubíes.
—He aquí los frutos de Canaán, mi señor —dijo Josué.
Mosis se negó a probar uno solo de los granos de uva.
—Los primeros frutos de la Tierra Prometida serán ofrecidos al Señor —dijo.
Hizo una señal a Aarón, que ordenó que se llevaran los frutos al santuario. Luego se sentó y miró a los exploradores. Sus mujeres les tendieron agua, boles de leche, pan. Bebieron, comieron un poco y Josué levantó la mano. Todo el mundo escuchaba, pero como no todos podían oír, los que estaban en las primeras filas repetían lo que habían captado a quienes se hallaban tras ellos, extendiéndose hasta el pie de la colina[5]. Y aquello, de repetición en repetición, acabó creando ciertos malentendidos.
—Subimos por el desierto de Sin hasta Rehob, pasando por Leb-Hamat[6] —comenzó Josué—. Realmente, hasta entonces no vimos a mucha gente. Llegamos a Kiriat-Arba'a[7], donde viven, según nos dijeron, Ahiman, Sheshai y Talmai, los gigantes que descienden de Anak[8].
Mosis frunció el ceño.
—¿Qué gigantes?
—Hombres muy altos.
—Hombres muy altos, entonces —dijo Mosis—. Hay hombres altos y hombres bajos, es normal, no merece mención alguna.
Josué no insistió.
—Al este y al norte encontramos una región soberbia, muy boscosa, donde recogimos al regresar los frutos que hemos traído. Abundan las corrientes de agua, los pastos son feraces, los cultivos prósperos, las viñas florecientes y los vergeles llenos de fruta. Pero las ciudades están bien fortificadas y sin duda nos costará sitiarlas.
Hizo una pausa y prosiguió en tono soñador.
—Nos preguntaron de dónde veníamos; respondimos que veníamos del sur y la gente, viajeros moabitas, parecieron sorprendidos; nos dijeron que los apiru estaban hacia el norte. ¿Dónde hacia el norte? En Galilea, nos dijeron. Por lo tanto, algunos de los nuestros están ya en Canaán, al norte y al sur[9].

—Los que no siguieron a Abraham —dijo Aarón inclinando la cabeza—. Cuando lleguemos, ya veremos.
—Podrían ayudarnos si somos atacados —observó Josué.
—¿Encontraste alguno? —preguntó Mosis.
—No.
—¿De qué tribu son? —preguntó un jefe de clan.
—Dan y Simeón, según me dijeron. Pero no puedo asegurarlo.
—¿Sabes su número? —quiso saber Mosis.
—Tampoco.
Aquella gente podía ser un problema, pensó Mosis. ¿Habrían conservado la religión de sus antepasados? ¿Reconocerían a sus hermanos? ¿Y su propia autoridad? No habían participado en la promesa divina; ¿cuál era pues su situación ante el Señor?
—Bueno, ya decidiremos cuando estemos en Canaán. ¿Qué más habéis visto?
—Más arriba, en el Negev, encontramos primero a unos amalecitas. Más arriba aún, a jebusitas y amorreos[10].
—¿Y los cananeos?
—Viven en las llanuras, junto al mar. Los amorreos, en cambio, viven en las alturas y son ellos los que tienen la mayoría de plazas fuertes. Hay hititas repartidos por todas partes, sobre todo militares, en pequeñas patrullas.
—¿Y las tropas de Ramsés? —preguntó Mosis.
—Siguen allí —repuso Josué a regañadientes.
Aarón, los jueces y los ancianos lanzaron gemidos de decepción. Dada la transmisión de las informaciones hasta las últimas filas de apiru, sus clamores y lamentaciones llegaron más tarde; fue como un dolor que se propagara por el pueblo.
—Sin embargo, me dijiste que sólo se quedarían unas semanas —observó Mosis.
—Aparentemente han cambiado de opinión y ahora quieren mantener los campamentos durante un tiempo indeterminado.
—¿Cuántos? —dijo Mosis con voz ronca—. ¿Cuántos son?
—No pudimos evaluar con exactitud su número, pero conté tres campamentos separados, de unos dos mil hombres cada uno de ellos.
Mosis reflexionaba.
—Están bien armados —añadió Josué—, una pequeña parte de la caballería sigue allí y quedan casi trescientos carros en un campamento cerca de Kiriat-Arba'a.
—¿Y Ramsés?

–Regresó a Egipto. Su hijo Imenherkhepeshef vela por el buen orden del regreso de las tropas a Egipto. Nos dijeron que acampaba cerca de Jericó.

Pasó largo rato sin que nadie se atreviera a decir nada. Sólo se oían de nuevo apagados gemidos, suspiros y confusos murmullos.

Uno de los exploradores, Caleb, dio dos pasos hacia adelante y se presentó ante Mosis.

–De todos modos, podemos entrar en el país y defendernos si somos atacados –dijo.

–¡Ni hablar! –gritó Jeuel, que también había formado parte de la expedición–. Atacar a los moabitas o los edomitas es posible, pero no a los egipcios. Llamarían en su auxilio a las tropas que están en el Sinaí, en el camino de regreso.

–¡El Señor está con nosotros! –clamó Caleb.

–Sin duda, el Señor está con nosotros –dijo otro explorador, Igal–, pero no nos perdonaría que presumiéramos de su ayuda y cometiéramos imprudencias.

–Propongo que esperemos a que todos los egipcios hayan regresado a casa –dijo Josué consultando a Mosis con la mirada.

Éste escuchaba el rumor que brotaba del pueblo: «¡Estamos cansados del desierto! –decía–, ¡y no podemos entrar en Canaán! ¿Qué va a ser de nosotros? ¡El Señor nos prometió esa tierra! ¿O acaso nos ha hecho llegar hasta aquí sólo para sembrar nuestros huesos[11]?»

–Démonos tiempo para reflexionar hasta mañana –decidió Mosis–. Rogaré al Señor para que me envíe su inspiración.

La muchedumbre se dispersó, discutiendo cada cual con su vecino.

–Y sin embargo, hay que partir –murmuró Josué dirigiéndose a Mosis.

El sol se ponía. Nunca el límpido cielo había contrastado más con la turbación de los corazones. Un abejaruco azul y rojo cruzó el aire y cayó sobre una libélula sin conseguir tragársela de una vez, y Mosis distinguió por unos instantes las alas esmaltadas del insecto que sobresalían del pico del pájaro. ¡Así se tragarían los egipcios a los suyos en cuanto les vieran llegar a Canaán! El mundo estaba poblado sólo de presas y depredadores. Se levantó pesadamente y, apoyándose en Stitho, se dirigió al rudimentario pabellón donde, como cada noche, hizo sus abluciones con la ayuda del muchacho. Le pareció que sus hombros nunca habían sido tan pesados, ni su espalda había estado tan abrumada.

–Los egipcios... –murmuró mientras Stitho le frotaba la espalda con una crin forrada de hojas balsámicas–. ¡Nunca terminaremos!

–Terminaremos –le respondió Stitho–. El Señor no nos ha hecho venir hasta aquí para abandonarnos. Ramsés no es el dueño del mundo.

Mosis sonrió por primera vez aquel día. No, ni siquiera Ramsés era dueño del mundo. Incluso él había tenido que abandonar Canaán. Había tragado su presa y había tenido que escupirla.

17

LA SOMBRA DE LOS EGIPCIOS

Era un fracaso.
Mosis salió al alba y contempló el paisaje desde lo alto de la terraza, con las manos en las piedras del muro del recinto, humedecido aún por el rocío de la noche. El sueño no le había descansado y se sentía pesado.
Un fracaso. Habían llegado hasta allí, iban por fin a entrar en la Tierra Prometida y no podían hacerlo. Los egipcios se levantaban al norte, como las esfinges que montaban guardia, en su país, ante algunos templos. Imaginó brevemente lo que sucedería si los soldados de Ramsés le capturaban y le llevaban ante aquel odiado tío... No, aquello no ocurriría, ¡el Señor no iba a permitirlo!
¿Pero por qué les enfrentaba, entonces, con aquel muro invisible? Tal vez él, Mosis, había permitido que la inspiración divina desfalleciese. Buscó con la mirada el cántaro de agua y fue Stitho quien, tras adivinar su deseo, se lo tendió. Bebió un largo trago, helado, y devolvió el cántaro al joven. Y, tras el desfallecimiento de la inspiración divina, su corazón cedía, ahora, al abatimiento.
La edad, se dijo. No la del cuerpo, sino la del corazón. Se sentía viejo. La contemplación del Señor abrasa cualquier pasión terrenal, ¿y qué es la juventud sino el hervor de las pasiones terrenales? Había contemplado en exceso el corazón de los demás sin encontrar, en absoluto, la luz.
Stitho le llevó un bol de leche caliente y Mosis lo bebió, pensativo, mientras el sol iniciaba el ascenso por aquel cielo que le pertenecía. Allí, en las últimas brumas de la noche, los pastores madianitas conducían sus rebaños, los pastores apiru conducían

los suyos hacia los raquíticos arroyos y los pelados pastos que les quedaban.

Indiscutiblemente, había que partir. Tras los informes de los exploradores, el pueblo no soportaría que el alto se prolongara. Pero, esta vez, irían en dirección contraria[1].

Cuando Mosis hubo terminado sus abluciones matinales se acercó a Aarón.

–La paz del Señor sea contigo. Me dijiste, permite que te lo recuerde, que mis funciones exigían ropas adecuadas.

Mosis inclinó la cabeza.

–Tus funciones y las de tus hijos –dijo.

Convocó a los tejedores, los orfebres y los sastres. Ordenó que con el lino que quedaba de las piezas tejidas para el santuario se confeccionaran, para Aarón, Nadab, Abihu, Eleazar e Ithamar, una túnica, un corpiño violeta, púrpura y escarlata, bordado de oro, el *ephod*, un manto bordado, un echarpe y un turbante. Encargó a los orfebres, para cada uno de los hombres, dos cornalinas engastadas en oro, en cada una de las cuales se grabaría el nombre de seis tribus de Israel y que se fijarían en los hombros. Y además, un pectoral cuadrado de un palmo de costado, provisto de cuatro hileras de piedras preciosas: la primera de sardónice, crisolita y feldespato verde, la segunda de granates, lapislázuli y jade, la tercera de turquesas, ágatas y jaspe, y la cuarta de topacio, cornalina y jaspe verde[2].

–¿Dónde vamos a encontrar todo eso? –preguntó el orfebre.

–Lo encontraréis cuando sea necesario –respondió–. Cada piedra tiene que llevar el nombre de una tribu de Israel, grabado como en un sello.

Los artesanos le miraron con escepticismo; Aarón y sus hijos estaban pasmados. Pero prosiguió:

–El pectoral tendrá que ir sujeto por dos cadenas de oro a las cornalinas de las hombreras y por unas cintas violetas que pasen en unas anillas de oro del cinturón violeta del ephod. De ese modo, cuando Aarón penetre en el lugar santo, en presencia del Señor, llevará en el pecho y los hombros los nombres de los hijos de Israel.

–Será necesario tiempo –dijo uno de los joyeros.

–Lo encontraréis cuando sea necesario. –En realidad, no parecía ya escuchar las voces terrenales–. El manto será violeta, con una abertura circular para la cabeza, orillada de bordados para que no se deforme. Los bordes interiores estarán provistos de bordados violeta, púrpura y escarlata, con una campanilla de oro entre ellos. Con el fin de que se oiga a Aarón y a sus hijos cuando se presenten ante el Señor y cuando salgan del santuario. De ese modo, no morirán[3].

¿Pero de dónde iba a sacar todo aquello?, se preguntaba la concurrencia. Luego recordaron que era un príncipe y que había sido educado en la corte de Egipto.

–Quiero que, en el turbante de Aarón, figure una roseta de oro unida a un pedazo de tejido violeta y grabado con las palabras «*Consagrado al Señor*». Servirá para que se perdonen los errores en los ritos de los nuestros cuando presenten ofrendas sagradas al Señor. –Los hijos de Aarón ocultaban a duras penas su estupefacción–. Quiero que los turbantes estén coronados por altas tocas, para conferir a quienes los llevan dignidad y grandeza.

La concurrencia procuraba descifrar la mirada de Mosis, pero mantenía los ojos entornados, como si escucharan una voz interior.

–El echarpe estará bordado –dijo. Volvió la cabeza hacia Aarón y sus hijos–: Sastres, confeccionaréis para el sumo sacerdote y sus hijos calzones de lino que lleguen hasta los muslos, para cubrir sus genitales. –Y, con la mirada fija en los sacerdotes–: Los llevarán bajo sus vestiduras cada vez que se presenten ante el Señor, so pena de muerte.

Hizo un largo silencio y nadie se atrevía ya a hacerle preguntas. Dijo por fin: «Id», con un gesto autoritario de la mano.

Cuando se hubieron marchado permaneció largo rato absorto en sus reflexiones. Éstas giraban en torno a un hecho muy simple: si no llevaba a su pueblo hasta Canaán, ello supondría una victoria para Ramsés. Una victoria huera, ciertamente, pero una victoria a fin de cuentas. Los apiru vagabundearían, se demorarían, se extraviarían o se dispersarían aquí y allá, instalándose donde hallaran menos enemigos. Las tribus se separarían. El proyecto de un gran pueblo habría terminado.

Fue entonces cuando percibió un rumor y, habiéndose levantado para ver qué lo provocaba, divisó una muchedumbre que se dirigía hacia su tienda. Eran apiru que parecían haber salido del campamento por la puerta del norte y que habían rodeado la colina. Llevaban fardos, conducían asnos también cargados y parecían dispuestos para un largo viaje. Se detuvieron a media colina y un hombre que parecía dirigirles siguió subiendo, solo, hasta la muralla. A medida que iba acercándose, Mosis distinguía mejor sus rasgos y, cuando el hombre estuvo sólo a un centenar de pasos, reconoció a Ammiel, el hijo de Gemalli, de la tribu de Dan. El hombre siguió acercándose.

–Mosis –dijo con voz sonora–, no tememos a los gigantes.

Mosis le miró sin responder. Imbécil, pensó. ¿Cómo descubrir, de buenas a primeras, la locura en el aspecto de un hombre?

–¡Vamos a la Tierra Prometida! –prosiguió Ammiel–. Nos reuniremos con los nuestros que se quedaron allí.

Mosis permaneció un momento sin responder. Por fin, dijo:

–¿Cuántos sois?

–Unos dos mil ochocientos.

–Sois pocos. El Señor no está con vosotros. Seréis aplastados.

–¡Sabemos combatir!

Josué que, desde lo alto de la colina, había visto también el pequeño convoy, se acercaba con paso lento.

–Vais a dar con los egipcios. En cuanto sepan que estáis por los parajes se arrojarán sobre vosotros como el gato sobre el ratón.

–Yo estaba contigo, Josué. Sabes muy bien que es posible evitarlos. Hay bosques. Podemos ocultarnos allí[4].

–Doce hombres, sí. Casi tres mil, no.

–Tenéis miedo de los egipcios, pero podemos rodearlos.

–Vais a ser como ratones entre los gatos y los perros. Si evitáis a los egipcios, daréis con los amalecitas y los cananeos.

–Peor para vosotros –dijo Ammiel–. Llegaremos antes.

–Sí, al Sheol –repuso Josué.

Mosis no decía nada. Contempló con mirada huraña la silueta de Ammiel que bajaba hacia aquellos emigrantes, a su vez desprendidos de una emigración. Su mirada siguió, incluso, al pequeño convoy hasta que hubo desaparecido en las colinas del norte.

–Locura –murmuró. Y, volviéndose hacia Josué–: Vete a ver a los jefes y pídeles que censen toda nuestra población, hasta los niños pequeños, los esclavos, los egipcios y los amalecitas que ahora forman parte de los nuestros.

–Sería el segundo censo desde la salida de Egipto.

El cielo, mientras, conservaba su implacable claridad.

Mosis envió a Stitho para que convocase a los jueces. Se tomaron algún tiempo y sólo aparecieron tres horas más tarde. Aarón, que les acompañaba, ponía una cara de tres codos de largo.

–¿En qué estabais ocupados? –preguntó Mosis.

–En nuestro oficio.

Se mostraban huraños.

–Tengo que dictaros el resto de las leyes.

No parecían muy entusiasmados.

–Díctalas pues –dijo por fin uno de los jueces–. Muy pronto las enterrarán con nosotros. Si queda alguien para cubrirnos de tierra.

–¿No queríais conocer las leyes del Señor?

–Nos preguntamos, Mosis, si tendremos alguna vez la ocasión de aplicarlas.

–¿Os rebeláis también?

–No nos rebelamos. Comprobamos que estamos rodeados de enemigos y que no podemos ir a ninguna parte o, en cualquier caso, no a Canaán. Egipcios al norte, madianitas delante, moabitas, amonitas, hititas, jebusitas... Muy pronto esos enemigos nos atacarán y quedaremos rodeados. Caeremos bajo sus golpes y, de batalla en batalla, no quedarán muchos de nosotros.

–¿No creéis, pues, que el Señor nos protege?

–Y si el Señor nos protege, ¿es justo que hayamos llegado hasta aquí para nada, tras haber sufrido tanto desde nuestra salida de Egipto? ¿Está poniendo a prueba nuestra paciencia? ¿O nuestra fe?

–¡Blasfemáis! –gritó Mosis.

–Oyéndote, Mosis, diríase que no hemos dejado de blasfemar desde el día de nuestro nacimiento –dijo tranquilamente un juez mirando a Mosis a los ojos.

Mosis hubiera deseado fulminarle con la mirada, pero el otro dijo:

–Tal vez sea necesario atemperar tus juicios. Y tu cólera.

Mosis sintió el viento de la rebelión y contuvo su cólera.

–Cualquiera que se atreva a discutir tus decisiones queda inmediatamente cubierto por ti de maldiciones, como un renegado, un enemigo del Señor. Pero debemos recordarte algo. Adquiriste el rango de jefe por encima de los jefes porque el Señor se reveló a ti. Pero sigues siendo un hombre, Mosis, un hombre como nosotros, con tus desfallecimientos y vulnerable al error. No puedes maldecirnos a todos, porque supondría anular toda tu misión. Sin nosotros no eres nada: una voz que clamase en el desierto. Y hemos venido a decirte que sólo eres nuestro jefe porque nosotros lo aceptamos[5].

Palideció y su cólera se tiñó de desesperación. Pero si los jueces se atrevían a desafiarle así, es que tenían segura la retaguardia; no se expresaban sólo en su nombre sino en el de muchos miles más. Apelar a la ayuda de Josué no serviría de nada. Si el pueblo entero se había levantado contra él, no les dominaría por la fuerza ni recuperaría su poder. Se habían marchado tres mil personas desafiando su autoridad. Y éstos acudían, a su vez, a discutirle. Lo más doloroso era comprender lo que los jueces decían: sin ellos, sin el pueblo, no era nada. Sólo podía hacer triunfar los designios del Señor si él mismo triunfaba, pero sólo podía triunfar gracias al Señor.

–Si la desesperación se ha apoderado de vosotros, si habéis perdido la confianza en el Señor, de nada sirve dictaros sus leyes –dijo por fin con voz cavernosa.

–Las leyes del Señor no son tuyas, Mosis. No puedes disponer de ellas a tu guisa. El Señor te encargó que nos las dictaras. Díctalas pues –dijo el más anciano de los jueces–. Pero explícanos, primero, por qué estamos en este callejón sin salida y cómo piensas que podemos salir de él.

Aarón lanzó un gemido y se pasó las manos por el rostro.

–Debemos dirigirnos hacia el este[6] –dijo Mosis con cansancio.

–¿Desandar el camino que ya hemos hecho? ¿Hasta dónde?

–Hasta Ecyon-Geber. Desde allí, subiremos hacia el norte.

Sus miradas se ahondaron y se hicieron sombrías, cayeron sus hombros y sus espaldas se inclinaron.

–Si queréis que el Señor esté con nosotros, ahora, dejad que os dicte sus leyes.

Inclinaron la cabeza, los tres escribas sacaron de sus zurrones las tablillas en las que colocaron el papiro, los frascos de tinta y los cálamos. Destaparon los frascos y posaron los ojos en Mosis.

–He aquí las ofrendas de alimentos que ofreceréis al Señor: el sacrificio cotidiano, regular, consistirá en dos corderillos sin defectos. Sacrificaréis uno por la mañana y el segundo entre el crepúsculo y la noche. La ofrenda de cereales consistirá en un décimo de *ephah*[7] de harina amasado con un cuarto de *hin*[8] de aceite de olivas machacadas. El vino para la bebida ordinaria será de un cuarto de *hin* con cada corderillo. Derramaréis esta bebida en el lugar sagrado, como una ofrenda al Señor. Es una ofrenda cuyo olor agrada al Señor.

–No tenemos viña, no tenemos aceite de oliva, puesto que no tenemos olivos y tenemos menos harina de la que necesitamos para alimentarnos –dijo un juez.

–Ya tendremos y, en aquel momento, conoceréis la voluntad del Señor. Para el día del sabbat, dos corderillos sin defectos, una ofrenda de cereales de dos décimos de *ephah* de harina amasada con aceite y la ofrenda ritual de vino. Esta ofrenda será presentada, por completo, cada sabbat además de la ofrenda regular y del vino prescrito.

»El primer día de cada mes presentaréis al Señor una ofrenda consistente en dos toros jóvenes, un carnero y siete corderillos, sin defectos todos ellos. La ofrenda de cereales será de tres décimos de harina amasada con aceite para cada toro, dos décimos de harina amasada con aceite para el carnero adulto y un décimo de harina amasada con aceite para cada corderillo. Es una ofrenda de alimento cuyo olor agrada al Señor. La ofrenda de vino será de medio *hin* por cada buey, un tercio de *hin* para el carnero y un cuarto por cada uno de los corderillos. Este sacrificio se ofrecerá, mes tras mes, durante todo el año. Se sacrificará un macho cabrío como ofrenda de penitencia al Señor, además de las ofrendas y libaciones de vino prescritas.

–No tenemos un solo toro y nuestros carneros son reproductores –objetó un juez–. Al cabo de poco tiempo no nos quedarían ya rebaños, ¿cómo haríamos entonces los sacrificios?

–¿Discutís acaso la voluntad del Señor? Ya he dicho que eso es para cuando estemos en la Tierra Prometida.

Reflexionaron unos instantes antes de escribir, luego, por fin, el cálamo rascó el papiro.

–La Pascua del Señor se celebrará el decimocuarto día del primer mes y el decimoquinto día se celebrará una fiesta de peregrinación; durante siete días sólo tomaréis pan sin levadura. El primer día celebraréis una asamblea sagrada; os abstendréis de vuestro trabajo cotidiano. Como ofrenda de alimentos al Señor presentaréis dos bueyes jóvenes, un carnero y siete corderillos, todo sin defectos; y como sacrificio de penitencia, ofreceréis un chivo emisario. Todos estos presentes se añadirán a los de la ofrenda matinal, que es el sacrificio regular. Lo haréis cada día, hasta el séptimo, pues este alimento tiene un olor que complace al Señor, además de las ofrendas regulares y del vino. El séptimo día celebraréis una asamblea sagrada y os abstendréis de vuestro trabajo cotidiano.

»El día de la primera recolección de frutos, cuando aportéis al Señor vuestra ofrenda de cereales de la nueva cosecha, celebraréis una asamblea sagrada; os abstendréis de vuestro trabajo cotidiano. Presentaréis una ofrenda de olor agradable al Señor: dos bueyes jóvenes, un carnero adulto y siete corderillos. La ofrenda reglamentaria de cereales será harina amasada con aceite, tres décimos por cada buey y un chivo emisario para vosotros; todos los animales carecerán de defectos. Haréis todas estas ofrendas, además de la reglamentaria de cereales y vino.

»El primer día del séptimo mes celebraréis una asamblea sagrada; os abstendréis del trabajo cotidiano. Será un día de alabanzas. Haréis un sacrificio de un olor que complazca al Señor: un buey joven, un carnero adulto y sus corderillos, todos sin defectos. La ofrenda reglamentaria de cereales será harina amasada con aceite, tres décimos para el toro, dos décimos para el carnero y un décimo para cada uno de los corderillos, así como un chivo emisario para vosotros. Haréis todas esas ofrendas, además de las reglamentarias de cereales y vino, según la costumbre; es una ofrenda de olor agradable al Señor.

Mosis advirtió que los cálamos no corrían ya por el papel; los escribas le miraban fijamente. Hubo un breve duelo de miradas, luego Mosis prosiguió:

—El décimo día del séptimo mes se celebrará una asamblea sagrada y os mortificaréis; os abstendréis de cualquier trabajo. Presentaréis al Señor una ofrenda cuyo olor le sea agradable: un buey joven, un carnero adulto y siete corderillos...

—Puesto que todos estos sacrificios nos son hoy imposibles y dado que no hemos entrado aún en la Tierra Prometida, donde tú aseguras que dispondremos de los medios para hacerlos, tal vez fuera más prudente, Mosis, aplazar ese dictado hasta que resulte urgente —dijo uno de los jueces.

Mosis se alisó la barba, miró a Aarón, sentado a su lado, y dijo:

—Si soy el depositario de estas prescripciones, debo comunicároslas lo antes posible, pues soy mortal. Continúo. El decimoquinto día del séptimo mes celebraréis una asamblea sagrada. Os abstendréis de vuestro trabajo cotidiano y organizaréis una fiesta de los peregrinos para el Señor, durante siete días. Como sacrificio, ofreceréis al Señor un alimento cuyo olor le sea agradable; llevaréis pues trece bueyes jóvenes, dos carneros adultos y catorce corderillos, todos ellos sin defectos. La ofrenda de cereales reglamentaria será harina amasada con aceite, tres décimos para cada uno de los trece bueyes, dos décimos para cada uno de los carneros y un décimo para cada uno de los catorce corderillos, y habrá un chivo emisario, además de las ofrendas regulares de cereales y vino.

»El segundo día ofreceréis doce bueyes jóvenes, dos carneros adultos...

Percibió suspiros de exasperación y se detuvo para mirar a los jueces, cuya expresión no dejaba duda alguna sobre su estado de ánimo. La evocación de todo aquel ganado les parecía, evidentemente, provocadora. A Aarón tampoco le llegaba la camisa al cuerpo; se agitaba en su banco, tocándose la nariz, la barba, uniendo y separando sus manos, adelantando y retirando sus piernas. Pero toda aquella gente debía comprender, y ahora más que nunca, que los designios del Señor no se detenían en período de Éxodo. Prosiguió:

–Y catorce corderillos con las ofrendas reglamentarias de cereales y vino para los bueyes, los carneros adultos y los corderillos, en función de su número como se ha prescrito, y habrá además un chivo como ofrenda expiatoria, acompañado por la ofrenda reglamentaria de cereales y vino.

»El decimotercer día, once bueyes jóvenes, dos carneros adultos y catorce corderillos sin defectos, con las ofrendas reglamentarias de cereales y vino para los bueyes...

Uno de los jueces se levantó y se marchó. Mosis le siguió con mirada indiferente.

–Si uno de los escribas falta, consideraré que tiene la intención de ofender al Señor y actuaré.

Prosiguió el inventario de las ofrendas hasta el séptimo día, con la misma voz sin entonaciones.

–Consagraréis el octavo día a una ceremonia de clausura; os abstendréis de vuestro trabajo cotidiano. Como ofrenda alimenticia cuyo olor será placentero para el Señor sacrificaréis un buey joven, un carnero adulto y siete corderillos, con las ofrendas de cereales y vino prescritas, según su número. Habrá además un chivo emisario acompañado por la ofrenda reglamentaria de cereales y vino...[9].

Uno de los escribas tomó el cántaro de Mosis, que había sido puesto al fresco, en el muro, y bebió a chorro un largo trago. Mosis fingió no haber advertido aquella impertinencia y concluyó:

–Ésos son los sacrificios que ofreceréis al Señor en las estaciones convenidas, además de las ofrendas votivas, las ofrendas espontáneas, las ofrendas de gratificación, las ofrendas de cereales, las ofrendas de vino y las ofrendas colectivas.

Calló y miró al cielo. Aguardaron largo rato y, puesto que no decía nada, los diez escribas y los demás jueces se levantaron. Se disponían a partir cuando salió, de pronto, de su aparente sopor.

–No son éstas, ciertamente, las únicas leyes que me ha dictado el Señor. Habrá otras.

Parecieron desconcertados.

–Un ejemplar de estas leyes y de las que os dicté antes, así como de las que os dictaré, se confiará al sumo sacerdote aquí presente, que se encargará de transmitirlas a las generaciones futuras.

–Si las hay –murmuró un juez con voz apenas audible.

Mosis oyó aquella nueva impertinencia, pero no reaccionó. Había tragado ya, desde la mañana, la amargura del fracaso. No podían penetrar en la Tierra Prometida por el norte, pues bien, penetrarían por el este. Eso requeriría algún tiempo más, sólo eso. El esplendor del Señor no aguantaría ya la desesperación de los hombres como la llama no aguanta los mosquitos, Él era la Ley y la Vida. Mosis se levantó y entró en su tienda para descansar.

Cuando iba a cruzar el umbral se detuvo, intrigado por la extraña sombra de un guijarro en el suelo. Hubiera jurado que era la sombra de una esfinge. Recogió el guijarro, que era informe. Se encogió de hombros. ¿Qué eran, pues, en verdad, las esfinges, sino guijarros? ¿Y qué era su imagen, sino una sombra?...

III
El lejano amanecer

1

LUTOS Y DESAIRES

—Últimamente, el espíritu divino no sopla sobre Kadesh —murmuró Josué cierta mañana dirigiéndose a Mishael.

La víspera, en efecto, dos de los cuatro hijos de Aarón, Nadab y Abihu, habían caído gravemente enfermos al mismo tiempo; tan gravemente que habían expirado tras terribles sufrimientos abdominales. El campamento hervía de querellas y rumores sobre la doble muerte de unos muchachos hasta entonces animosos, de veinticinco y veintiséis años; según algunos, sólo podía ser consecuencia de una cólera divina y, según otros, de haber consumido un alimento tóxico.

El debate era importante, porque comportaba consecuencias prácticas: ¿iban a enterrarlos como levitas muertos en estado de pureza o sólo se les concedería un entierro clandestino, tras apresuradas plegarias? Mosis preguntó a sus hermanos, Eleazar e Ithamar, luego a los demás levitas al servicio del santuario.

—Anteayer comieron hierbas que no conocíamos y que nosotros no tocamos —dijo Eleazar.

—¡No es ésta la razón! —intervino otro levita—. Consideraron, contra nuestra opinión y la de su padre, que un sacrificio ofrecido al Señor se había consumado mal. Decidieron pues, por cuenta propia, rehacerlo; y esto es una falta grave. ¡El Señor no había exigido esos sacrificios suplementarios! ¡El castigo divino no se ha hecho esperar! Consumieron las hierbas envenenadas[1].

Si la sospecha caía sobre aquellas muertes, que eran muertes de sacerdotes, mejor sería, decidió Mosis, no correr públicamente el riesgo de ofender más aún al Señor. Ambos hermanos fueron pues enterrados en la montaña, sin gran ceremonia. Aarón, Elisheba y los otros dos hijos, Eleazar e Ithamar, imploraron el perdón del Señor, para que no hiciera caer sobre ellos y los suyos las faltas de sus hermanos difuntos. Fueron los únicos testigos de la inhumación.

Tantas pruebas habían ajado a Elisheba. Murió de pronto, a los cuarenta y dos años. Fue preciso sostener a Aarón para que pudiera asistir a sus funerales. Tres días más tarde, Mosis visitó a su hermano.

–No me queda mucho tiempo –murmuró Aarón en un soplo.

–Sólo tienes cincuenta y cuatro años –observó Mosis–. No dejes que la desesperación te agote.

Pero debía admitirse que Aarón tenía el aspecto de un hombre de setenta inviernos.

–La tarea que el Señor me ha dado está por encima de mis fuerzas.

–Las fuerzas te vienen del Señor.

–Pues en ese caso, me las ha retirado.

–El Señor no retira sus dones sin razón, nuestros errores nos privan de ellos.

–Pues, entonces... entonces, he cometido errores –suspiró Aarón–. ¿Pero quién no los comete?

Eleazar e Ithamar le hicieron una señal a Mosis; su padre estaba agotado. Aarón no se levantó ya. Cinco días más tarde entregó también su alma. Mosis fue a la tienda acompañado por los dos hijos de Aarón y siete levitas más y allí dio orden de que se tomaran las vestiduras y los accesorios de sumo sacerdote del difunto y se entregaran solemnemente a su hijo Eleazar[2]. Luego hizo que se organizara una gran ceremonia de funerales con todos los levitas y ordenó un luto de treinta días[3].

Desaparecido el compañero de los años de pruebas, Mosis ya sólo podía confiar en los jóvenes: Josué, Mishael, Hur... Ahora bien, aunque observaran cortésmente el luto, a Mosis no se le podía escapar que estaban tascando el freno. ¡No iban a permanecer cien años en Kadesh! Y su impaciencia aumentó más aún cuando se supo que los tres mil que habían partido hacia el norte conducidos por Ammiel habían caído en una emboscada de cananeos y amalecitas al querer evitar un campamento egipcio. Éstos, que guardaban un doloroso recuerdo de la paliza que les había propinado Josué hacía algún tiempo, habían exterminado a la mayoría de los apiru y habían conservado al resto como esclavos. Pero no iban a reanudar el luto por quienes se habían lanzado a la aventura sin la bendición de Mosis.

–Estaban avisados –dijo Josué a guisa de oración fúnebre.

–Si hubieran sido más numerosos... –comenzó Mosis sin concluir su frase.

–Corrieron un gran riesgo –comentó Josué.

Se comprendían casi sin palabras, de modo que no necesitaban concluir sus frases.

–¿Y por dónde subiremos? –preguntó Mosis.

–Intentemos una ruta más al este, hacia el interior, a lo largo del Araba. Pero no sé si obtendremos derecho de paso. Como te he dicho, los edomitas se han aliado con los moabitas y no tengo la sensación de que sientan mucho afecto por nosotros.

En cuanto concluyó el luto, Mosis envió emisarios al rey de Edom para pedirle un simple derecho de paso, por la ruta del Araba que bordeaba su reino. De hecho, el país de Edom incluía varias ciudades-Estado, cada una de ellas gobernada por un príncipe, pero esas ciudades estaban sometidas a la soberanía del príncipe más poderoso, al que llamaban su rey.

«Nosotros, tus hermanos de Israel[4], estamos aquí, en Kadesh –decía Mosis–, y queremos dirigirnos a Canaán. Sólo pasaremos por la ruta que allí lleva. No hollaremos tus campos ni tus viñas. Pagaremos por nuestra agua y nos dirigiremos directamente al norte, hasta que hayamos abandonado tus tierras.»

Era un mensaje conciliador, pero el rey de Edom prestó oídos sordos. Los mensajeros regresaron despechados; al rey le importaba un comino el parentesco invocado por Mosis y había sido tan claro como breve: ni hablar.

–Espera –dijo Josué–, en Edom hay varios príncipes, tal vez algunos nos dejen pasar de todos modos[5].

La distancia entre Kadesh y la parte baja de la ruta del Araba era corta, podían correr el riesgo de intentar pasar. Dos días más tarde, apenas habían llegado a Oboth cuando la región se llenó de gritos y clamores, del brillo de las armas y el relincho de los caballos: eran tropas reunidas para cerrarles el paso. Y estaban bien armadas: lanzas, espadas, escudos, caballos, arqueros. Los egipcios les habían dado medios para defenderse. Intentando el enfrentamiento se corría el riesgo de despertar al león egipcio que dormitaba a poca distancia. Unos y otros quedaron frente a frente, a tres o cuatrocientos codos de distancia; los soldados de Josué y los otros agitaban los brazos y se lanzaban invectivas. Un destacamento de tres oficiales a caballo avanzó al paso hacia los apiru.

–¿Quién es vuestro jefe? –preguntó uno de ellos.

Josué señaló a Mosis.

–¿Eres tú su jefe? Debes de ser aquel al que llaman Mosis, el profeta.

Mosis respondió con una breve inclinación de cabeza.

–Somos siete mil soldados, edomitas y moabitas y otros tantos se unirán a nosotros durante el día si tenéis la intención de forzar el paso. No es necesario ser profeta para prever lo que os sucedería.

El oficial levantó el mentón para reforzar la advertencia y, tras lanzar una insolente mirada a los apiru, dio a sus dos compañeros la orden de dar media vuelta. Mosis permaneció inmóvil, impasible. De modo que, efectivamente, moabitas y edomitas se habían aliado, como habían comunicado a Josué sus espías.

–Siendo así, sigamos adelante –decidió Josué–. Rodearemos la región por el este. ¡Que la peste les asfixie!

Abandonaron Oboth ante la mirada del ejército edomita. El nuevo trayecto no carecía de peligros, porque pasaba entre Edom, al norte, y Moab, al sur, pero no atravesaba ni el uno ni el otro y podían esperar que los ejércitos de la coalición no se alarmaran. Por la noche llegaron sin problemas a los alrededores de una aldea moabita, Punon, y se detuvieron sin plantar las tiendas pese al frescor de la noche, pues Mosis había anunciado que reanudarían la marcha al alba. La siguiente etapa les llevó por una aridez montañosa y rojiza hasta otra aldea moabita, Iyye-Ha-Abarim.

–Nos faltará el agua –comenzaron a quejarse los emigrantes.

Pero unos exploradores les tranquilizaron: a poca distancia corría un torrente, era el Zared. Hicieron allí un prolongado alto, bastante para rehacer las provisiones de agua, dar de beber al ganado y lavarse. A partir de entonces subieron hacia el norte por una pista que flanqueaba, a la izquierda, los contrafuertes de una cadena montañosa que constituía el espinazo de los países de Edom y Moab y, a la derecha, el desierto, semejante a una infinita piel de león. Diez días más tarde cruzaron el río Arnon y Josué lanzó un suspiro de alivio: habían dejado atrás la mayor parte de los territorios enemigos y estaban en los confines de las llanuras de Moab y del país de los ammonitas, en territorio amorreo.

–Tal vez podamos atajar ahora atravesando el país de los amorreos –sugirió Mosis–. Sihon, el rey de su confederación, es enemigo de los moabitas; no puede, por lo tanto, ser su aliado ni compartir sus querellas.

Al día siguiente, en cuanto salió el sol, le envió a aquel rey, en su ciudad de Heshbon, los mismos mensajeros que había delegado ante el rey de Moab, con el mismo mensaje. No se habían plantado todavía las tiendas, pues no valdría la pena perder un día instalándose si era posible cruzar en breve plazo el país de los amorreos y llegar, por fin, al otro lado de las montañas, hacia el Jordán y Canaán. Luego que se les llevara el diablo si no podían, distribuyendo algunas estocadas y lanzazos, llegar por fin a la Tierra Prometida.

Los exploradores regresaron a mediodía, con el aspecto tan desencantado como la primera vez.

–¡Es peor que el otro! ¡Ha estado a punto de hacernos prisioneros! ¡Nos ha cubierto de injurias! ¡Y quiere atacarnos en seguida!

Mosis montó en una de sus cóleras frías, pero Josué mantuvo su flema.

–La suerte está echada –dijo–. No podemos seguir soportando los desaires de toda esa gente. ¿Me ordenas responder a la ofensa?

–¡Que el Señor arme tu brazo! –repuso Mosis.

Durante las siguientes horas organizaron el campamento. Los levitas y su precioso cargamento fueron llevados hasta la retaguardia, donde estarían seguros, y los hombres de Josué, que ahora ascendían a casi cinco mil quinientos, se colocaron delante. ¡Por fin iban a vérselas con aquellos salvajes!

Los jefes acudieron a anunciar solemnemente a Mosis el resultado del censo: desde la partida de la facción dirigida por Ammiel, eran veinticinco mil sesenta y siete; siete mil ciento doce hombres de más de dieciocho años y menos de sesenta, ocho mil ciento veinte mujeres, tres mil setecientos cincuenta y tres niños y adolescentes de menos de dieciocho años, cuatro mil doscientos treinta y un ancianos y mil ochocientos cincuenta y un esclavos, amalecitas y egipcios, adoptados.

Mosis inclinó la cabeza.

–¡Es la siembra del Señor! –dijo–. ¡Mañana sembraremos Canaán! –Levantó los brazos al cielo–: ¡Señor, haz que termine el tiempo del luto!

–Sí, Señor, enjuga nuestras lágrimas –respondieron los jefes y los jueces, esta vez de todo corazón.

2

TRES SONES DE TROMPA

Josué había dispuesto a sus hombres ante el campamento, como dos cuernos que se enfrentaran al enemigo. Entre los cuernos, un arco cóncavo de tres hileras de lanceros. El campamento se hallaba al pie de unos contrafuertes rocosos.

El alba enrojecía la cima de las montañas violetas cuando aparecieron los amorreos, procedentes de Heshbon. Josué subió, para observarles, a lo alto de un roquedal y entornó los ojos. Seguían una depresión que llevaba directamente al campamento provisional de los apiru. Un pequeño destacamento de lanceros a caballo, doscientos hombres como máximo, dirigía el grueso de los infantes. No había carros. Estarían allí en algo más de media hora.

Corrió hacia el campamento y le dijo a Mosis:

–Da la orden de que todo el mundo, hombres, mujeres y niños, se dirija a la montaña y, a una señal mía, tres sones de trompa, lancen las rocas sobre los jinetes en cuanto hayan franqueado la primera línea. Mejor será que se quede en el campamento el menor número de gente posible. Que nadie tome sus fardos. No corren riesgo alguno.

Mosis inclinó la cabeza y no había transcurrido aún media hora cuando todo el mundo había seguido sus órdenes.

Los jinetes amorreos se lanzaron hacia el centro de las tropas de Josué, que retrocedieron para hacer más profunda la trampa. En muy pocos instantes, el grueso de su tropa se halló en el fondo de un gollete que no dejaba de hacerse más profundo. Habían llegado al propio emplazamiento del campamento desierto, y los cascos de los caballos esparcían las tiendas plegadas, los sacos de ropas y provisiones... Los amorreos advirtieron entonces la trampa y comenzaron a cargar a diestro y siniestro. Josué tocó tres veces la trompa. No tardó en responderle un terrorífico rugido. Comenzaron a caer por las laderas de la montaña enormes rocas, que llenaron de pánico a los caballos, aplastaron, derribaron a los jinetes y terminaron muy pronto con su asalto. Las tropas apiru que formaban el fondo de la nasa avanzaron y se arrojaron sobre ellos. Quienes se mantenían en la silla se vieron desamparados, pues cuando creían poder atravesar a un apiru con la punta de su lanza, éste corría a refugiarse tras una roca y la lanza sólo encontraba piedra. Por lo que se refiere a los que habían sido derribados, su suerte no fue envidiable: en un abrir y cerrar de ojos, los apiru exterminaron a la mayoría de los que se mantenían en pie y remataron a los demás. Llegaron entonces los infantes y, viendo la ruta cerrada por un campo de rocas, perdieron toda su presencia de ánimo. Comenzaron a lanzarse contra los soldados de Josué, pero los dos cuernos que éste había dispuesto se unieron. Los amorreos habían caído en la trampa. No tenían que luchar ya en un solo frente, sino en una multitud de frentes. Se agruparon en una masa central que los golpes de los apiru fueron reduciendo paulatinamente.

Sin embargo, los apiru, que parecían llevar ventaja, pusieron de pronto pies en polvorosa. Los amorreos, que permanecían agrupados, miraron estupefactos las espaldas de sus enemigos que se alejaban. ¿Comprendieron el augurio de los tres sones de trompa? Si fue así, se mostraron lentos: un rugido semejante al de un temblor de tierra precedió a la nueva avalancha de rocas que cayó sobre ellos con la velocidad de un caballo al galope. A tres o cuatrocientos codos de allí, los honderos apiru arrojaron una granizada de guijarros sobre los que habían escapado a las rocas. No quedó sobre el terreno ni un solo amorreo.

Habían transcurrido menos de dos horas desde el comienzo del ataque. El aire de las crestas montañosas se volvía dorado. Por debajo, la púrpura de las montañas se llenaba de una bruma rojiza. Un silencio casi perfecto reinaba en el campo de batalla, sólo turbado, aquí y allá, por el estertor de los moribundos.

Josué levantó los ojos hacia la montaña y vio, arriba, a todo el pueblo inmóvil. Tocó una sola vez la trompa, largo rato. Nació un clamor en las hileras de los soldados, repetido, arriba, por el resto de la gente. Levantó un brazo. Un hombre, arriba, lo levantó también y, aunque no lo distinguiera bien contra el resplandeciente cielo, Josué supo que era Mosis. Fue luego la riada. Los veinticinco mil apiru bajaron de la montaña como rocas humanas. Se lanzaron hacia Josué, le besaron, le llevaron en sus hombros, estrecharon a los soldados en sus brazos y encontraron, incluso, la fuerza de levantarlos. El campo de batalla, entre rocas y cadáveres, pareció un vasto escenario de danzas.

Dominando a la muchedumbre, Josué reía. Aquel vencedor que reía triunfaba allí por su prodigiosa hermosura, la hermosura del hombre sostenido por el poder divino. Mosis le contemplaba desde abajo, con una mirada extática. Josué se dejó caer al suelo y Mosis le tomó con fuerza en sus brazos.

–¡Yahvé te bendiga! –gritó.

Era la primera vez que pronunciaba en público el nombre divino. Y Mosis reía, sí, reía como no se le había visto reír desde hacía mucho tiempo. Resplandecía de risa.

3

PRIMERA CONQUISTA

Se contabilizaron los muertos y heridos. Josué había perdido ciento quince hombres. Les enterraron y aquello duró hasta mediodía. Luego despojaron a los enemigos vencidos de sus armas y joyas. Cada cual buscó sus fardos entre los que habían dispersado y despanzurrado en la pelea los cascos de los caballos. Luego esperaron órdenes. Pues ciertamente no podían acampar allí, entre rocas y cadáveres enemigos.

–Vamos a Heshbon –les dijo Mosis a los jefes.

Se pusieron en camino, precedidos por los soldados, y llegaron una hora más tarde. La ciudad estaba prácticamente desierta. Sus habitantes habían huido, dijo un anciano que no había querido abandonar su casa. Josué, que se había adelantado para registrar el palacio de Sihon, sólo encontró esclavos aterrorizados. Una comida sin terminar, vasos medio llenos y joyas por el suelo revelaban la precipitación con que el potentado y los suyos, sin ejército ahora, se habían marchado.

–¿Y Sihon? –le preguntó Mosis al anciano.

–Se ha marchado a la ciudad vecina.

–¿Cuál?

–Elealé. Está muy cerca.

Levantó un descarnado dedo para señalar la dirección.

–Toma mil hombres y ve a buscarle –le dijo Mosis a Josué–. Captúrale y pega fuego a Elealé. Podría buscar refuerzos entre los amonitas, los moabitas, los edomitas, qué sé yo. Que no se ponga el sol ante la infamia de este hombre y de su pueblo. Mientras, nos instalaremos aquí. Esta ciudad es ahora nuestra.

El palacio, que era una vasta colección de estancias que rodeaban un gran vestíbulo cuyo techo estaba sostenido por cuatro pilares, podía acoger a varias familias. Mosis instaló allí sus cuarteles, con Sephira y sus dos hijos, y atribuyó las otras a Eleazar, Ithamar y sus familias; reservó la mejor para Josué. Los levitas, guardianes del santuario y del arca, fueron instalados en la gran sala y en los aposentos contiguos. Los demás ocuparon las casas abandonadas. Entretanto, soldados y chiquillos se entregaban al pillaje, apoderándose de los víveres, del oro, de la plata, del cobre, pero no del vino ni del aceite, que Mishael había requisado por orden de Mosis, pues eran géneros escasos. Los pocos esclavos que habían quedado allí y que, al principio, temieron ser pasados por el filo de la espada, comprendieron que tenían nuevos dueños y se pusieron a su servicio con un apresuramiento que hizo reír a Sephira.

–Antes de que anochezca, Eleazar, tenemos que dar gracias al Señor –dijo Mosis.

Y se atareó con él y los demás levitas para organizar un sacrificio en un altar improvisado en la plaza mayor de Heshbon, luego hizo que los jefes y los jueces convocaran al pueblo. Sacrificaron un carnero y, justo cuando las llamas prendían en la leña amontonada en el altar, una negra humareda ascendió en el crepúsculo por encima de Heshbon. Otro altar ardía a la gloria del Señor y todos comprendieron que se trataba de Elealé.

Terminado el sacrificio, con tanto respeto por las reglas como las circunstancias permitieron, Mosis invitó a los jueces a cenar con los víveres hallados en la ciudad y, por primera vez, invitó también a su hijo primogénito, Guershom. La comida se organizó en el tejado del palacio, para que todos pudieran ver la hoguera de Elealé. Stitho hizo poner en el suelo pieles de cabras y añadió almohadones. Mosis dejó vacío un lugar a su diestra e hizo que los preparativos de la comida se demoraran lo bastante como para que Josué y sus hombres tuvieran tiempo de regresar. Stitho llenó los vasos, pero nadie los tocó.

Anochecía. El viento atormentaba las antorchas cuando apareció Josué, seguido por un hombre con las manos atadas y dos lanceros.

–Os traigo a Sihon –dijo con una voz que la fatiga había enronquecido.

–Siéntate –le dijo Mosis a Josué indicándole su lugar.

Levantó su copa y dijo a la asamblea:

–Bebemos a la salud del hombre que ha hecho triunfar el brazo del Señor. Y bebemos por la ruina de los enemigos del Señor.
–Luego, dirigiéndose a los jueces–: Os pido que juzguéis a Sihon, rey de los amorreos. Sólo la conciencia de la voluntad divina debe guiar vuestros espíritus. Nuestro pueblo le pedía autorización para pasar, apaciblemente, hacia la tierra que el Señor le había prometido, se ha negado y ha enviado a sus soldados para atacarnos. No tenía para ello razón alguna, ni el miedo a los hititas ni el miedo a los egipcios. Sólo le movía la ambición personal que alienta en tantos monarcas. Ciento quince hombres valerosos han muerto para defendernos y la sangre de todos los amorreos, a mi entender, no puede bastar para vengarlos. Pronunciad vuestra sentencia. Sea cual sea, la aceptaré.

Los jueces volvieron de nuevo sus miradas hacia el cautivo. ¿Qué puede leerse en el rostro de un hombre? Muy poca cosa. Ni la crueldad ni la bondad cambian su color, ni la avidez ni la generosidad modifican el tamaño de la nariz ni la forma de la frente, y ni el temor de su Señor ni la impiedad pueden leerse en los ojos: hay gente piadosa de mirada turbia y asesinos de límpida mirada. El que estaba ante ellos era un hombre de unos cuarenta años, bien hecho a pesar de una ligera panza, con el cabello y la barba oscuros y cuidados y el rostro en absoluto desagradable. Era rey, es decir uno de esos para quienes la acumulación de riquezas y poder es algo natural y para quienes, también, la moral deseable es el orden del mundo que más les conviene. Poco más o menos el retrato psicológico de una fiera. Había tenido miedo de la masa de apiru y había supuesto que aquellos emigrantes, sin techo ni hogar, no le ofrecerían gran resistencia. Tal vez había oído decir que transportaban mucho oro y plata. Buena razón para atacarles. Había hecho un mal cálculo y había perdido. Podían sentirse tentados a mostrarse, para con él, magnánimos y dejarle marchar, pobre y lleno de gratitud. Pero aquello era, también, correr el riesgo de dejar que huyera una fiera que se uniría con otras fieras para mostrarse mucho más peligrosa en la siguiente ocasión.

–¿Tienes dios? –le preguntó un juez.

La pregunta pareció sorprenderle, o tal vez estaba aún pasmado al verse cautivo en la terraza de su propio palacio, y tardó cierto tiempo en responder:

–Baal es el dios de mi pueblo.

–¿Y tu dios sólo enseña a los hombres la crueldad?

Más sorprendido todavía, levantando las cejas, respondió:
–No, es el dios de la prosperidad y de la vida.
–¿Y has ordenado que tu ejército nos atacara, sin razón, en nombre de la prosperidad y de la vida?
–Un rey debe conquistar.
¡Faraón!, pensó Mosis.
–Pues has sido conquistado –dijo Josué interviniendo por primera vez.
–¿Quieres decir que un rey debe matar a todos los extranjeros que encuentra? –preguntó otro juez.
–Un rey sólo es rey de su pueblo.

Los jueces inclinaron la cabeza con aire taciturno. Luego, en breves momentos, se pusieron de acuerdo en voz baja y su jefe, Guni, se volvió hacia Sihon.

–Podrías haber sido un hombre, una criatura del Señor como las demás. Sólo eres, por tus propios actos, un rey vencido. Aplicamos pues tu propia ley y te condenamos a muerte.

«No hay justicia sin la ley y toda ley procede de los dioses», dijo antaño el rey Seti, en su primera entrevista privada con Mosis. ¿Por qué, entonces, no había seguido Ramsés el ejemplo de su padre? ¿Por qué había desdeñado la ley de la bondad?

–Lleváoslo –les ordenó Mosis a los soldados.

Sihon iba, sin duda, a decir algo, pero cambió de opinión. Desapareció por el hueco de la escalera. La terraza quedó silenciosa unos instantes. Mosis levantó los ojos y el cielo, tachonado de estrellas, le arrancó unas lágrimas.

–Señor –murmuró–, que todos los humanos oigan pues tu voz.

Guershom parecía petrificado. En su primera cena pública, acompañado por su padre, se enfrentaba con la justicia de los hombres y la de los dioses, todo a la vez. Stitho llenó los vasos y los jueces levantaron también los ojos. Tal vez nunca habían contemplado el cielo, en cualquier caso no de ese modo, la noche de una victoria. La primera gran victoria de su pueblo: casi arena de diamantes. Lo contemplaron largo rato, olvidándose de beber.

Luego los sirvientes sacaron los primeros platos, cuartos de cordero asado con polvo de cilantro, sopa de avena a la pimienta, pichones rellenos de trigo y uva, panes de espelta con sésamo...

Comenzaron a comer cuando la cabeza cortada de Sihon mordía el polvo de su palacio.

La comida terminaba con uva fresca, semejante a la que los exploradores habían encontrado en su expedición, cuando unos ecos de cantos y danzas llegaron a la terraza. Josué se levantó y se asomó por encima del muro.

–Los soldados celebran su victoria –dijo sentándose de nuevo.

–Hay varios grados para la alegría –observó Mosis con media sonrisa.

Y, levantándose:

–Josué, quiero que te tomes una larga noche de sueño. Mañana comenzarás a consolidar nuestro dominio sobre todas las llanuras de Moab.

4

EL ASNO DE BALAAM

Si creyeron haberse librado de los edomitas y los moabitas al haber rodeado sus territorios, se equivocaron. Pero transcurrió más de un mes antes de que Mosis y Josué tomaran conciencia de ello.

Aplastado el ejército amorreo, Josué y sus hombres corrieron de plaza fuerte en plaza fuerte, ocupando, incendiando y pillando casi sin dar golpe. Salvo por algunos cuerpo a cuerpo con tozudos jovencitos que se obstinaban en defender a sus hermanas o sus asnos, el dominio de los apiru sobre la región fue cosa de coser y cantar. Y muy enriquecedora: en la orilla oriental del Jordán verdeaban los campos, las viñas se inclinaban bajo los racimos y los vergeles bajo los frutos. También el agua era abundante, puesto que estaban a orillas de un río. Los pozos eran innumerables y lo más difícil fue convencer a los apiru, que por primera vez desde su salida del Bajo Egipto veían vegetación húmeda y feraz, para que mantuvieran la sangre fría. Pero tuvieron que renunciar a tan prósperos territorios. Mosis les ordenó, en efecto, que permanecieran agrupados.

–No hemos llegado a Canaán –les recordó solemnemente–. Un día u otro reanudaremos el camino para atravesar el río. No os disperséis; los amorreos no son amistosos, nuestros enemigos no han desaparecido y seríais, para ellos, presa fácil si estuvierais demasiado alejados de nuestros soldados.

Los jefes, que habían comprendido perfectamente lo acertado de la consigna, se encargaron de velar porque todo el mundo regresara por la noche a un paraje determinado por Josué y Mishael.

No todos los amorreos habían abandonado su país como los

habitantes de Heshbon, pero había muchos, en especial los jefes de clan y demás pequeños señores, que habían puesto pies en polvorosa al acercarse los soldados apiru y habían cruzado la frontera de Moab para refugiarse en casa de sus vecinos. Los primeros lo habían hecho tras la toma de Heshbon y el incendio de Elealé, propagando espantosos relatos. Los que les siguieron, adornaron y volvieron a adornar los relatos de horror, alarmando de ese modo a Balak, el rey de Moab que federaba a los pequeños príncipes de su país. Fue, sobre todo, el relato de cómo había sido aplastado el ejército amorreo lo que aterrorizó a los moabitas. ¡Rocas grandes como caballos! Sí, sí, insistían los amorreos que habían cruzado el campo de batalla. ¿Acaso los apiru tenían gigantes a su servicio para hacer así llover rocas sobre la gente?

Pasada la consternación de los primeros días, los moabitas se preocuparon por su propia suerte, pues las fronteras entre ellos y los amorreos nunca habían estado bien definidas y sólo la costumbre las había establecido. Si los apiru ocupaban así el país de los amorreos, no tardarían en caer sobre ellos. De Metphaat a Beth-Baal-Meon, de Ataroth a Iyye-Ha-Abarim, ya sólo se habló del ejército de los apiru y de los gigantes que tenían a su servicio.

Ciertamente, los moabitas tenían ejército, intacto todavía, pero no iban a tirar de la cola del león sin estar seguros de matarlo. Balak se felicitó, entonces, por el pacto de alianza que había firmado, meses antes, con Reba el Madianita y los príncipes de Edom. Les envió emisarios para avisarles y, unos días más tarde, todos aquellos potentados, acompañados por los antiguos vasallos de Sihon, se reunieron en Rabbat-Moab para establecer sus planes de campaña. Tragaron mucho cordero, muchas aves y vino de Siria, proclamando que sus fuerzas tenían casi veinte mil hombres y jurándose que aniquilarían a los apiru.

Aquéllos eran los discursos ordinarios de todos los espadones. En su fuero interno, a Balak le reconcomía la preocupación. Los apiru eran conducidos por un profeta y los profetas, como todos sabían, estaban aliados con las potencias celestiales. Lo demostraba la intervención de los gigantes que habían aplastado a los amorreos. Sólo un profeta podía acabar con otro y Balak sólo conocía a un profeta digno de este nombre, Balaam. Natural de Péor, al norte del mar de Sal, Balaam era famoso por hablar con las potencias celestiales en la cima del monte Piskah. Cierto año de sequía, Balaam, sacerdote del Baal de Péor, profeta, adivino, mago, había hecho diluviar ante la desesperada petición de la gente de la región. Además, predecía el porvenir y podría, por lo menos, prever el resultado de una guerra. Balak mandó a buscarle; les respondieron a sus mensajeros que sus vecinos amavitas, que poblaban las orillas del Éufrates[1], habían necesitado los servicios de Balaam y éste se había dirigido allí para conjurar una epidemia. Los mensajeros, a rienda suelta, se dirigieron a Pethor y encontraron al adivino, agitaron ante él una bolsa de oro y lo llevaron a Péor casi a la fuerza.

Era un hombre pequeño, pálido y desesperadamente soñador, dominado por una sencilla convicción: los seres humanos eran comparables a frascos tapados. Cuando se lograba destaparlos, el espíritu de la divinidad penetraba libremente en ellos y los frascos se volvían preciosos. Pero, en su obstinación, la naturaleza humana se convencía de que era única y de que el individuo era el más valioso bien del mundo; los frascos se tapaban tanto más herméticamente cuanto únicos se creían sus propietarios.

Balaam había aprendido en su juventud, bajo la dirección de un sacerdote babilonio, a destaparse por medios que estaban reservados a ciertos sacerdotes de Asia que los habían perfeccionado desde el principio de los tiempos. El primero era la meditación; el segundo, una bebida cuyo secreto le había sido confiado bajo juramento. Balaam la fabricaba las noches de luna llena, echando amanitas faloides, beleño y datura machacados en una jarra de vino. Tras cinco días de fermentación, el vino se convertía en un brebaje capaz de vaciar el cerebro más obtuso de sus miserables manías: instinto de enriquecimiento, concupiscencia, venganza y demás pasiones que siempre conseguían llenar los frascos sólo de un lodo pútrido. El ser quedaba entonces abierto al propio espíritu de Baal, creador y señor de todo el universo. El más profundo saber penetraba en el corazón como, al alba, el rocío penetra la flor. Y cuando la embriaguez se había disipado, era como un niño encantado de estar en el mundo. ¡Veía! ¡Los ojos se abrían por fin!

Cuando los mensajeros de Balak agitaron su oro ante él, Balaam, que vivía de aceitunas y queso, con un dedo de vino y una torta untada con miel, Balaam, a quien el oro y el poder le importaban un pimiento, les opuso una plácida sonrisa. Comprendió que habían venido a buscarle desde tan lejos porque se preparaba un gran asunto. Tan grande que superaba, con mucho, las irrisorias personas de Balak y sus acólitos. Los mensajeros le soplaron algo durante el trayecto y adivinó el resto.

Puesto que Péor sólo distaba de Heshbon un trotecillo de asno, Balaam montó en el suyo y fue a ver a Mosis a su nueva morada. Éste había oído hablar de su visitante y le recibió con amabilidad, más inspirada por la curiosidad que por la convicción.

–Gran Mosis, servidor del Señor, pongo a tus pies mi devoción.

Lo dijo sin servilismo y, tal vez, incluso con sinceridad. Y el cumplido iba acompañado por un odre de vino. Mosis se sintió intrigado. Invitó a Balaam a sentarse.

–El cielo parece cargado, hermano mío –dijo Balaam–. Al menos para mortales ordinarios.

–¿Cómo debo entenderlo, Balaam? ¿Quieres decir que quienes te envían se disponen a hacer la guerra?

–Mosis, hay gente que cree emplearme, pero nadie me envía, salvo el Señor, Baal en nuestra lengua.

Stitho sirvió vino al visitante y a su dueño.

–Baal –repitió Mosis procurando no ofender de buenas a primeras a un visitante que no parecía tener malas intenciones.

–La divinidad tiene varios nombres –prosiguió Balaam–, pero es una, como sabemos. Ignoro el nombre de la tuya, pero no puedo engañarme sobre su identidad.

Mosis advirtió la inquisidora mirada de Balaam y recordó las palabras del anciano sacerdote Nesaton. Eran casi las mismas: «Hay un solo dios. Se advertirá antes o después.» ¿Qué había venido a hacer Balaam? A evaluar a quien le proponían como enemigo. Mosis contuvo la risa y lanzó sobre Balaam su mirada de león. Pero Balaam era un niño astuto y soltó la carcajada, aparentemente sin razón. Stitho, fascinado, no conseguía apartar de él los ojos.

–Por encima de las nubes, Mosis, el cielo está siempre despejado.

–Es el cielo de la divinidad.

–Allí habitamos.

–No, Balaam, ¡el cielo debe habitarnos!

Los dedos de Balaam acariciaron la copa, una sonrisa iluminó su cara.

–Es cierto. Y veo que te habita el soplo divino. Me bastaba con verte, Mosis, para comprenderlo. Pero era preciso que te viera.

Enigmática frase. Mosis aguardó.

–Quisieran oponernos. Sólo quienes no están habitados por el espíritu del Señor concebirían tan estúpido proyecto. –Bebió un trago de vino–. Intentan lograr que el viento del Señor penetre en los cerebros de los hombres. Están sellados con cera.

Entonces le tocó a Mosis reír, una especie de breve hipido.

–¿Quién quiere atacarnos, Balaam?

–Balak y todos los demás, edomitas, madianitas, lo que queda de los amorreos. Al parecer, tenéis gigantes a vuestro servicio.

Mosis pareció asombrado.

–Gigantes de diez codos de alto que arrojan rocas sobre los soldados amorreos.

Mosis soltó la carcajada y Balaam se rió también. Incluso Stitho se echó a reír.

–Os atacarán. Perderán. Pequeños y miserables espasmos de la naturaleza de los príncipes. Nada que ver con el soplo divino. He abusado de tu hospitalidad.

Se levantó y Mosis le imitó. Ambos hombres quedaron cara a cara. Lo esencial se había dicho más allá de las palabras, como siempre. Luego Mosis le tendió los brazos a Balaam.

–La mirada de los dioses se ha posado en ti –dijo Balaam abrazando a Mosis.

Mosis sintió una especie de vértigo. Era lo que habían dicho Nesaton, Balaam y Jethro. *La mirada de los dioses se ha posado en ti.*

–Somos hermanos, por encima de los humanos. El tiempo.

Una última mirada y el adivino de Baal dio media vuelta, como si no pesara sobre la tierra. Un instante después había desaparecido. Mosis contempló desde la ventana cómo su visitante montaba en su asno y cruzaba la puerta de palacio.

–Un hombre admirable –dijo Stitho–. Tendría que estar con nosotros.

–Está con nosotros[2].

Mosis había acertado: los espías de Josué le comunicaron que, al regresar a Péor, Balaam había hecho esperar mucho tiempo a Balak antes de acudir a su llamada y que, a guisa de excusa, le había recontado, funesto presagio, que su asno no había querido proseguir su camino porque un mensajero celestial lo había desviado de su ruta y el animal le había hablado con auténticas palabras[3]. No se sabía si Balak se había tragado la fábula, lo cierto era que se había llevado a Balaam hasta la cima del monte Piskah, para mostrarle el campamento de los apiru y evaluar la magnitud del desastre: las fértiles tierras de los llanos de Moab pobladas por extranjeros, las ruinas de Elealé y, en todas partes, las aldeas ocupadas por esos vagabundos de apiru.

–¡Maldíceles, Balaam, en nombre de nuestro dios! ¡Y la victoria será nuestra!

Se supo también que Balaam, para proceder a su consulta de las potencias celestiales, había hecho que el monarca construyera siete altares para los sacrificios. ¡Tonterías! Balak había sacrificado, en efecto, siete bueyes y siete carneros, para oír cómo el adivino le cantaba la fuerza de Israel. Cuando se lo contaron, Mosis y Josué rieron juntos. Luego, Balak amenazó a Balaam y le ordenó que denunciara a sus enemigos. Pero Balaam siguió en sus trece: los apiru vencerían si se entablaba el combate. Balak volvió a su cubil presa del despecho.

Las profecías de Balaam enfriaron considerablemente los ardores guerreros de Balak. Pasaron las semanas y los espías de Josué recorrieron todo el país, incluso el corazón de Moab, sin encontrar ningún preparativo de guerra. Mosis ordenó pues erigir el santuario en el patio de palacio e instalar allí el arca. Luego entregó todo el palacio a los levitas y se hizo construir una casa en el recinto de Heshbon. Josué permanecía ausente la mayor parte del tiempo; preparaba el paso del río. Mosis le siguió cierto día. Ambos hombres se detuvieron a orillas del Jordán.

–Todo comienza más allá –dijo Mosis.

La otra ribera no era muy distinta de aquella en la que se encontraban. Verde también, dominada por los mismos bosques de pinos y salpicada, a lo lejos, por los mismos techos blancos. Y, sin embargo, todo comenzaba allí.

5

LOS HERMANOS PERDIDOS

Tres semanas después de su instalación en Heshbon, Josué llegó a casa de Mosis acompañado por tres desconocidos, mugrientos como mulas en un día de lluvia.
–Vienen de Bethlehem –dijo–. Son de la tribu de Zebulón[1].
Miraban a Mosis como una aparición, con los ojos desorbitados.
–¿Eres Mosis? –consiguió articular por fin el hombre de más edad, que parecía su jefe.
Mosis le tendió las manos y el otro se inclinó, febril, para besarlas. Levantó los ojos:
–Creía... ¡Creía que eras una leyenda!
Mosis se echó a reír.
–Me llamo Eber. Y mis compañeros, Elon y Zemuel.
–Mis emisarios –explicó Josué– encontraron su pueblo. Les hablaron de ti. Estos hombres y sus hermanos no creían que existieras. Han querido cruzar el Jordán para venir a verte.
Se sentaron a la redonda, en pieles de cordero. Stitho sacó vino y unas copas. Los tres zebulonitas no conseguían apartar sus ojos de Mosis.
–Mosis, ¿fuiste tú el que viste al Señor?
Inclinó la cabeza.
–¿Cómo es el Señor?
–Es la luz.
Una especie de estertor admirativo brotó del fondo de sus pechos y permanecieron en silencio largo rato, unas veces con la cabeza gacha, otras mirando a Mosis.

–Nos dijeron que te dio sus mandamientos grabados, por su propia mano, en la piedra.

Inclinó la cabeza. La verdad del corazón era lo que prevalecía.

–Mosis, sobre la tumba de Abraham debe de vibrar la hierba. ¡Deben de cantar los árboles! –gritó por fin Eber.

–¿Nos devolverás Canaán? ¿Es cierto que nos darás Canaán? –dijo Zemuel.

–No voy a daros ni a devolveros Canaán. Lo hará el Señor. El Señor ha armado el brazo de Josué y va a cumplir su promesa. En la casa del Señor sólo seremos emigrados y huéspedes[2].

Bebió y los demás se apresuraron a seguir su ejemplo. «¡Loado sea el Señor! ¡Loado sea el Señor! ¡Loado sea el Señor!», repetían. Tenían lágrimas en los ojos.

–Loado sea el Señor hasta la consumación de los tiempos –dijo Mosis–. ¿Cuántos sois en vuestro país?

–Nosotros, la gente de Zebulón, no lo sé. ¿Dos mil? ¿Tres mil? No más. Estamos dispersos por las colinas, bajo el yugo de los cananeos que están, a su vez, bajo el yugo de los hititas. Hay hermanos a los que no hemos visto desde hace diez años.

–Son algo menos de tres mil –dijo Josué–. Mis emisarios han podido evaluarlo.

–Josué nos ha dicho que ibais a cruzar el Jordán y que nos necesitaréis.

–¿Estáis armados? –preguntó Mosis.

–¿Armados?

La mera idea parecía desconcertarles.

–Tendremos que combatir –dijo Mosis.

Inclinaron la cabeza, pero aparentemente Josué no les había informado de todos sus proyectos.

–¿Contra los cananeos o contra los hititas?

–Contra nuestros enemigos, que son los enemigos del Señor.

Levantaron los brazos al cielo.

–Tienen unos ochocientos hombres válidos. Haré que les entreguen nuestros viejos venablos –dijo Josué–. Y les enviaré un instructor.

Era evidente que se trataba de un puñado de pastores y comerciantes que, desde los tiempos de Abraham, vivía bajo el yugo de los cananeos y los hititas. Mosis les invitó a cenar, les hizo preparar literas y, al día siguiente, antes de que cruzaran el Jordán en dirección contraria, les confió a Eleazar para que vieran el santuario y les dieran una copia reciente de los mandamientos en papiro. Cuando fueron a despedirse, les bendijo y le besaron las manos como si nunca fueran a terminar.

Unos días más tarde, Josué regresó acompañado por tres desconocidos más. Éstos eran de la tribu de Aser. Su condición era muy parecida a la de la gente de Zebulón, salvo que, al vivir más al norte, daban pruebas de sentir un miedo aún mayor por los hititas. Aquella gente, decían, eran unos salvajes que cortaban las manos a sus prisioneros y les sacaban los ojos. Eran siete mil y contaban con algo menos de dos mil hombres válidos. Josué les entregaría también venablos y les enseñaría a fabricarlos.

Se repitieron esos encuentros con gente de las tribus de Manasés, Dan, Isacar y Neftalí. Seis tribus en total. ¿Había otros? Sin duda, aunque dispersos por la región.

–¿Consideras que estos hermanos perdidos pueden ser reclutas de valor? –le preguntó Mosis a Josué.

–Reclutas, ciertamente, de valor ya lo veremos. Lo importante es que, todos juntos, representan unas treinta mil personas que, cuando se levanten e incendien las ciudades enemigas, nos serán de valiosa ayuda. Su dispersión, que primero me pareció una debilidad, es una ventaja. Están en todas partes.

Mosis inclinó la cabeza.

–Pero no conocen los mandamientos –observó–, ¿en nombre de quién van a seguirnos?

–Ya los conocerán, Mosis, ya los conocerán. El mundo entero conocerá los mandamientos. De momento sólo puedo reivindicar, ante ellos, nuestra fraternidad.

Hermanos, pensó Mosis. *Pero la única fraternidad verdadera está en el espíritu del Señor. Y es la única verdadera.*

6

«¿QUÉ SERÍAMOS SIN ÉL?»

–¡Los muslos prietos! ¡Arriba esas riendas!

El joven soldado apretó tanto las piernas contra los flancos de su caballo que pareció, de pronto, petrificado. Dio media vuelta, casi sin moverse, y regresó al galope, con la lanza en ristre, y ensartó un trapo puesto sobre un tronco, luego corrió como si hubiera conquistado la túnica de una virgen, agitándola como un estandarte. El siguiente jinete entró en liza tras él, con excesivo ardor, y estuvo a punto de ser desarzonado, se enderezó a fuerza de riñones, pero perdió el venablo. Un palafrenero lo recogió y se lo tendió.

–¡Vuelve a empezar! –gritó Mishael, que estaba a poca distancia.

Un entrenador de barba curiosamente trenzada corrió tras el jinete y le ordenó que irguiera el torso. Mosis asistía, junto a Mishael, al entrenamiento.

–Yo no era un mal jinete, pero éstos son unos ases –dijo.

–Gracias al entrenador que Josué se trajo de Siria. Los caballos están mucho mejor cuidados –explicó Mishael a media voz.

Habían transcurrido dos años desde su instalación en las llanuras de Moab y el dominio de los apiru sobre aquellas tierras había parecido, al cabo de unos meses, lo bastante asegurado para que Mosis las repartiera entre las tribus de Gad, Rubén y Manasés. Y sus hombres no habían permanecido mano sobre mano: los gaditas habían construido tres ciudades fortificadas y proyectaban edificar cinco más; los rubenitas, por su parte, habían edificado dos y estaban poniendo los cimientos de cuatro más. Por lo que a los de Manasés se refiere, extendían sus conquistas por los cuatro puntos cardinales, ampliaban las ciudades conquistadas, edificaban y fortalecían murallas y, para coronarlo todo, les daban de buena gana sus propios nombres. De ese modo, Nobah, uno de los tenientes de Josué, había cambiado tranquilamente el nombre de Kenath para darle el suyo[1], lo que había hecho reír a Mosis.

Josué, por su parte, consolidaba sus posiciones. Aquellas llanuras no eran Canaán, pero nada prohibía conservarlas. También equipaba al ejército: había ordenado que se forjaran armas, en especial puntas de bronce para los nuevos venablos, y sobre todo había mandado emisarios a Siria para comprar arcos y enrolar a un profesor de equitación y a un entrenador. Había hecho también traer de Siria caballos, unos animales nerviosos, resistentes y sobrios: quinientos para otros tantos jinetes, que Josué confió al entrenamiento de Mishael, que sentía tal vez más afecto por los animales que por los humanos[2]. Heshbon se enorgullecía de unos establos que el propio Ramsés II habría envidiado. Aumentado en dos mil hombres, el ejército tenía ahora un cuerpo de mil arqueros que cada mañana eran entrenados por dos sirios más.

Tras haber admirado a los jinetes, Mosis regresó a su casa con pasos lentos, apoyándose de vez en cuando en el brazo de Stitho. Cada vez buscaba más la compañía de su esposa. Y Sephira, desde que se habían instalado en Heshbon, multiplicaba sus atenciones para con Mosis, procurando cubrirle de aquellas naderías que tanto gustaban a su esposo: el queso blanco algo fermentado y picante con pan tierno y plano de sésamo, las hogueras de madera de cedro cuyo olor tanto le agradaba. La uva puesta al fresco en un pozo.

–Ven, lámpara mía –le decía él sonriente.

–¿Qué es una lámpara comparada con una hoguera? –respondía en tono risueño–. Yo no te bastaba y tuviste que inflamar a todo un pueblo.

Mosis sonreía y llamaba a Guershom y Eleazar, que se sentaban a sus pies. Les acariciaba la cabeza con mirada pensativa.

–Dejad que os inflame el fuego del Señor –les decía.

–Estás algo pálido –le dijo Sephira cierta mañana.

¿Era realmente cosa de la piel? Mosis se sentía pálido en su interior. Con el tiempo, el cuerpo se vuelve como poroso, el mundo exterior parece atravesarlo y, por el contrario, la vida no está ya herméticamente soldada. Se comprende, lentamente, que no se gobernará siempre el entorno y uno empieza a preguntarse cuál será la última vez que va a realizar determinado gesto, que va a observar la neblina de la noche disipándose al pie de las colinas y que va a escuchar, por la noche, el grito femenino de la lechuza. Los sentidos se embotan y las pasiones palidecen. Las célebres cóleras de Mosis se hacían más raras y menos violentas. No era viejo por los años, cuarenta y tres, pero había vivido tres vidas. Su aliento, de pronto, se hacía muy corto. También el corazón desfallecía.

Pocas veces se alejaba de su casa y, a menudo, lo hacía para ir a orillas del Jordán. Contemplaba allí la otra ribera, como antaño, cerca de Avaris, contemplaba el mar. Sólo era agua, pero ya no tenía fuerzas para hacer que su pueblo la cruzara.

–¿Cuándo estarás listo? –le preguntaba a veces a Josué.

–Hasta hoy hemos combatido con vagabundos, de improvisados medios –respondía el joven–. Mis espías me dicen que, al otro lado, los cananeos y los hititas tienen verdaderos ejércitos. Los hititas tienen también carros. Dime, ¿no es justo que nos ganemos la confianza del Señor y preparemos nuestro ejército para que triunfe sobre quienes pretenderán expulsarnos de la tierra que él nos prometió?

Mosis inclinó la cabeza.

–¿Y los nuestros que estaban allí? –preguntó cierto día.

–Como sabes, hace dos años que estoy enviando emisarios para comprobar su número, los pueblos donde habitan y su estado de espíritu. Hay instructores que se encargan de armarlos para que, el día que crucemos el Jordán, se unan a nosotros e incrementen nuestro número. Sabían utilizar las hondas, ahora saben utilizar venablos. Se los hemos enviado en haces de diez, clandestinamente, y son ahora sus bienes más valiosos.

–¿Y los mandamientos?

Josué dirigió a Mosis una mirada que seguía siendo clara.

–Les he mandado levitas para que se los enseñen y les enseñen, también, nuestra historia desde que salimos de Egipto. Tu historia, Mosis –añadió con imperceptible sonrisa.

Mosis posó su mano en el brazo de Josué.

–La historia de la voluntad del Señor es la historia de la voluntad humana –dijo.

Todos observaban los signos sutiles pero ciertos de su declive; fingían no advertirlo. Le ocultaban también que, una vez más, la cohabitación con los extranjeros daba dudosos frutos. Las mujeres de Moab daban a luz hijos de Israel, y las de Israel, hijos de moabitas. Aquello no era correcto.

Pues no toda la población, ni siempre, compartía la hostilidad de sus príncipes. Una hermosa muchacha enciende a un joven y anula en él el sentimiento de fidelidades abstractas. El instinto genésico es también sed de conquista y la seducción de una supuesta enemiga es más excitante, aún, que la de una muchacha conquistada de antemano. Así mismo, el espectáculo de un muchacho vigoroso enciende en una chica, que por otra parte nada sabe de esas fidelidades, el deseo de demostrar que es más deseable que otra. Las fiestas de los moabitas excitaban a unos y otros, y los jóvenes apiru que acudían a ellas «para ver» acababan entregándose, como los demás, a los ritos de la fertilidad, públicos primero y, al final, privados. Más de un zorro emprendió así la huida ante una pareja en la hierba y más de una lechuza se sorprendió al oír gritos que se parecían, extrañamente, a los suyos.

Pero aquello era, ahora, cosa de Eleazar, de los jueces y, llegado el caso, de Josué. Hubieran abrumado a Mosis contándole esos quebrantamientos, el hecho de que algunos muchachos se habían acostumbrado a maquillarse los ojos y que del cuello de las muchachas colgaban amuletos de Ishtar, la diosa de la fecundidad.

Cierta mañana, apoyándose en Stitho, Mosis inició el ascenso al monte Piskah. Desdeñó los siete altares abandonados que Balaam había hecho construir para Balak. Contempló, más allá del Jordán, las llanuras y las colinas que se extendían hasta el mar. ¡Una tierra, por fin! La que el Señor les había concedido y que pondría fin a siglos de vagabundeo. Y lloró. El Señor, que le había entregado el Nilo, le negaba el Jordán. Cuando estuvo de vuelta hizo que acudiera Eleazar y le pidió que convocara a todo el clero en el santuario. Luego hizo llamar a un alarmado Josué. Una inmensa muchedumbre estaba en el exterior, procurando oír lo que Mosis diría. No podía, pues su voz era demasiado débil. Los levitas se apiñaban a su alrededor para no perder ni una sola de sus palabras.

–Mi vida concluirá muy pronto –anunció–. Necesitáis un jefe. Aquel que, a lo largo de todas nuestras tribulaciones, sin desfallecer, ha sido habitado por el espíritu del Señor; hele aquí.

Tendió su mano hacia Josué, que avanzó un paso. Mosis le puso la mano en el hombro.

–El Señor ha armado su brazo, él os defenderá. También ha armado su espíritu, sostendrá vuestros corazones.

Pidió un sacrificio para celebrar el nombramiento de Josué. Procuró asistir de pie, y luego fue a acostarse.

Al día siguiente parecía encontrarse mejor. Josué, Eleazar y los demás, levitas, jueces, aquellos jefes de clan que habían sobrevivido, aguardaron ante su casa, por la mañana, a que saliera como solía para hacer sus abluciones. Salió por fin, algo más tarde que de costumbre y, al verles reunidos, sonrió:

–El Señor me ha concedido un respiro.

Esperaban que el respiro fuera largo, pero tres días más tarde, cuando tomaba el sol ante su casa, Stitho fue a anunciarle que la comida de mediodía estaba lista. Mosis no respondió. Stitho le tocó y contuvo un grito. Corrió a avisar a Sephira. La mujer acudió. Mosis tenía los ojos abiertos. Había muerto contemplando el cielo.

Josué hizo destruir los siete altares de Balak y cavar la tumba de Mosis en la cima del monte Piskah[3]. Luego decretó un luto de cuarenta días pero le lloraron mucho más tiempo, hasta que el paso del Jordán recordó a aquel pueblo sus objetivos terrenales y, por fin, ocupó las llanuras y las colinas de Canaán.

Uno de los ancianos, uno de aquellos que le habían seguido desde Egipto, se negó varios días a abandonar la tumba, incluso cuando Josué comenzaba ya el sitio de Jericó.

–¿Qué seríamos sin él? –les dijo a quienes fueron a buscarle.

PREFACIO A LA BIBLIOGRAFÍA Y A LAS NOTAS CRÍTICAS

Las páginas que acaban de leerse se basan en los relatos del Pentateuco (en griego, «cinco estuches»), constituido por el Génesis, el Éxodo, el Levítico, los Números y el Deuteronomio, que abarcan desde la creación del mundo a la muerte de Moisés. Estos cinco primeros libros del Antiguo Testamento se conocen también con el nombre de Libros de Moisés o Torah. Al lector podría extrañarle que varias de mis reconstrucciones se aparten de ellos, tanto en la letra como en el espíritu. He aquí las razones generales de ello, de las que expondré el detalle en las notas que siguen.

Los libros del Pentateuco han provocado, desde hace siglos, una literatura exegética y crítica que llenaría fácilmente un edificio de buen tamaño. La tradición judía pretendía (y sigue pretendiendo) que fueron redactados por la propia mano de Moisés y que nos habían llegado, tal cual, a través de los siglos; lo que les confería una verdad indiscutible, salvo si se desafiaban los anatemas de las autoridades religiosas, tanto cristianas como judías.

Al hilo de los siglos, sin embargo, fueron apareciendo ciertas reservas. En el siglo XV, por ejemplo, Isaac Ben Yashush, médico en la corte musulmana de España, advirtió que la lista de los reyes de Edom incluida en Génesis 36 no podía haber sido establecida por Moisés, pues varios de esos reyes habían reinado después de su muerte; Ben Yashush se ganó por ello el sobrenombre de Isaac el Gafe y le enviaron a sus bisturíes y sus triacas. En el siglo XV, Tostatus, obispo de Ávila, advirtió que algunos pasajes, especialmente los que contaban la muerte de Moisés, no podían evidentemente haber sido escritos por él. Más tarde, Spinoza estimó que la frase del Deuteronomio 34: «Nunca se levantó en Israel un profeta comparable a Moisés...» era sospechosa, porque Moisés era el primer profeta de aquel pueblo y no podían hacerse comparaciones a este respecto, comparaciones desprovistas, por lo demás, de la modestia que se atribuye al gran hombre. Se acabó admitiendo *in petto* que los escribas que habían copiado los cinco libros no habían podido evitar añadir ciertas notas de su cosecha, pero que la tradición debía continuar: los cinco libros se debían a la mano de Moisés. Por lo demás, en nuestros días se ha establecido que «muchos textos legislativos no se observaban aún en tiempos de Moisés, ni siquiera tras él, y, por lo tanto, que el Pentateuco contiene importantes pasajes escritos más tarde» (André-Marie Gérard, *Dictionnaire de la Bible*, Robert Laffont/Bouquins, 1989. Versión castellana, *Diccionario de la Biblia*, Anaya & Mario Muchnik, Madrid, 1996). El consenso de los exegetas establece que los cinco libros fueron dispuestos en su forma actual entre el siglo VIII y el II antes de nuestra era, es decir, de cinco a diez siglos después de la muerte del profeta fundador, ciertamente con una intención piadosa e incluso hagiográfica, pero a menudo al servicio de interpretaciones particulares de los orígenes del judaísmo.

No me he sentido pues obligado a seguir al pie de la letra –¿para qué, en ese caso?– el texto bíblico. Desde el punto de vista estrictamente cronológico, además, es enigmático o caótico.

Pero hay algo más. Desde el siglo XIX, algunos exegetas como Karl Heinrich Graf, Wilhelm Vatke y Julius Wellhausen desafiaron a las autoridades religiosas al analizar las contradicciones e inútiles repeticiones del Pentateuco y concluir, en la célebre «Hipótesis Documental», que podían distinguirse en él cuatro corrientes distintas:

– una que designa la divinidad con el nombre de Yahvé, y es la corriente llamada J (pues Yahvé/Jehovah se escribe en alemán *Jahweh*) o yahvista;

– una que la designa con el nombre de Elohim (plural de *Eloha*, «el altísimo»), y que se denomina elohísta;

– una que trata extensamente los problemas sacerdotales, y es la corriente denominada P (de *Priester*);

– y una última corriente, específica del Deuteronomio, que se interesa especialmente por los problemas éticos y espirituales y que, evidentemente, es llamada D.

Estas nociones interesan al lector de las siguientes notas porque cada una de estas corrientes cuenta, a menudo, los mismos acontecimientos desde un punto de vista distinto e incluso contradictorio. Por ejemplo, el célebre episodio del golpe en la roca es descrito por el libro del Éxodo como una victoria del Señor sobre el escepticismo de los hebreos, y por los Números, como una falta grave, fatal incluso, de Moisés, que le valdrá la más terrible maldición: no entrar nunca en la Tierra Prometida.

Los descubrimientos arqueológicos y los progresos de la epigrafía han enriquecido considerablemente, sobre todo en el siglo xx, el conocimiento del período bíblico. Muchos trabajos han permitido precisar detalles del Pentateuco, desmintiéndolos unas veces y contradiciéndolos incluso, pero otras veces confirmándolos. Aparecieron, y persisten en nuestros días, dos corrientes más:

– una, universitaria en su mayoría, según la que el Pentateuco, como el conjunto del Antiguo Testamento, es un mosaico de textos de épocas y autores distintos, lo que explica las inútiles repeticiones, las lagunas y las contradicciones. Sin embargo, incluye datos históricos exactos, aunque modificados por las tendencias de los redactores y que exigen, con independencia de cualquier consideración religiosa, una prudente reinterpretación;

– otra según la que el conjunto del Antiguo Testamento es, a la vez, una obra revelada y una obra de una verdad histórica inexpugnable (por revelada), pero que, paradójicamente, no puede ser sometida a análisis histórico a riesgo de comprometer los fundamentos de las tres religiones reveladas. Para esta corriente, las contradicciones del Pentateuco son sólo aparentes y sobrepasan el entendimiento humano.

Esta última corriente me parece fundamentalmente incoherente, pues cualquier obra que se pretenda histórica y describa acontecimientos reales puede ser legítimamente sometida a análisis histórico. Paradoja suplementaria: esta corriente es alimentada por cristianos que se presentan como eruditos y tradicionalistas, pero que no parecen muy enterados de una recomendación del papa en el siglo xx. En 1943, en su encíclica *Divino Afflante Spiritu*, Pío XII alentaba «la reciente investigación que procura determinar el carácter particular y las circunstancias en las que trabajó el redactor sacro, la época en la que vivió, las fuentes escritas u orales en las que se inspiró y las formas de expresión que empleó». *Vox clamantis in deserto...* Tengo la convicción de que el Pentateuco, en particular, cuenta una epopeya histórica crucial que gana al ser reconstruida desde este punto de vista. Tan absurdo es reprocharle que no sea un documento histórico como afirmar que lo es: la noción de Historia es reciente y ni siquiera podía ser concebible o concebida hace veinticinco siglos, o más. Era un relato épico cuya eficacia estaba en función de los efectos literarios. El público al que se dirigía era, en su mayor parte, iletrado; era necesario impresionar su imaginación, y fábulas como la del racimo de Canaán, a duras penas levantado por dos hombres, o la poética historia del asno de Balaam eran más eficaces que muchas minutas de historiador. Lo demuestra el hecho de que su popularidad ha llegado hasta nuestros días.

Cierto prejuicio se opone a la forma novelesca que he elegido. Lo creo injustificado: se admiten representaciones pictóricas del Antiguo Testamento, y sabe Dios que son abundantes y que, a menudo, están muy alejadas de la realidad arqueológica; ¿por qué no va a admitirse una reconstrucción novelesca basada, por su parte, en el análisis histórico de la época?

Las siguientes notas detallan las razones por las que he creído oportuno restablecer una cronología y una sucesión lógica en el relato y reinterpretar ciertos acontecimientos, aunque debiera apartarme del texto original. Nadie escapa a su tiempo y, ciertamente, he suavizado más de un rasgo que me ha parecido inaceptable: creo en la bondad fundamental y en la altura espiritual de Moisés y le considero incapaz de haber ordenado las espantosas matanzas que le atribuye el Pentateuco (Dt. 39, 12); por esta razón no constan en el relato. Menos aún imagino a la potencia celestial ordenando tales matanzas y llegando a amenazar a Israel con el canibalismo («Devoraréis a vuestros propios hijos, la carne de los hijos y las hijas que el Señor os ha dado...» Dt. 28, 53-54). Tales relatos pudieron ser, antaño, eficaces: pero hemos visto demasiadas matanzas y demasiados horrores en los últimos decenios para creer que su motor fuera otro que la capacidad de infamia específicamente humana. Por esta razón, también, están ausentes de mi relato.

BIBLIOGRAFÍA Y NOTAS CRÍTICAS

I. El éxodo

Capítulo 1

1. Aquí es obligado apartarse del relato legendario del Éxodo (12, 37-38), que dice que el número de los hebreos era de seiscientos mil hombres, sin mencionar a quienes dependían de ellos y a gente de toda clase (véase vol. I, *Moisés. Un príncipe sin corona*, tercera parte, cap. 7, nota 1), lo que habría representado por lo menos un millón de personas, es decir, los dos tercios de la población del Egipto de la época. Semejante transferencia de población sin duda hubiera dejado huella en las crónicas egipcias, suponiendo que las autoridades reales egipcias la hubiesen tolerado, pero no se encuentra rastro de ello ni en el siglo XIV ni en el XIII antes de nuestra era. Está claro que el autor del Éxodo intenta dar a su relato una dimensión monumental, independientemente de cualquier verosimilitud demográfica.

Además, el mismo pasaje del Éxodo añade que los hebreos se habían llevado con ellos «ganado en gran número». Este último punto parece difícil de conciliar con la recomendación que el Señor hace conjuntamente (en condiciones que no se precisan) a Aarón y Moisés de que cada cordero sea consumido en un hogar y no se lleven sus cuartos al exterior de la casa (Éx. 12, 46). Ahora bien, si los propios hebreos podían no estar informados de la dificultad de la migración que iban a emprender, tanto para el ganado como para sí mismos, no podía ser así en lo que se refiere a Moisés y Aarón, que era su ayudante en el lugar. Es más que probable que Aarón prohibiese llevar ganado, para no retrasar el éxodo, pero es verosímil que, de todos modos, algunos campesinos se llevaran consigo unas cabezas de ganado, que representaban lo esencial de sus bienes.

2. Existe un contraste, una contradicción incluso, entre las recomendaciones concretas del Señor a Aarón y Moisés sobre los preparativos para la partida y la evidente precipitación con la que los fugitivos abandona-

ron el país; llevaron sólo con ellos pasta sin levadura, porque carecían ya de ella (Éx. 12, 39).

3. Tjeku o Succoth de Egipto (pues existe una ciudad del mismo nombre en Transjordania; el nombre significa en hebreo «Las Chozas») es una localidad no identificada todavía y que debía de encontrarse al oeste del actual lago Timsah; allí se supone que se agruparon los hebreos antes de la etapa de Etam. Un centenar de kilómetros separaban Avaris de Succoth; unos quince, Succoth de Etam; y unos cincuenta kilómetros más, Etam del paso entre el gran lago llamado la Gran Negra y el golfo de Suez. Las distancias son aproximadas, dado que se desconoce el emplazamiento de Succoth y que la configuración de la Gran Negra, que reunía los lagos Timsah y Amargos (tal vez con un canal que la unía al lago Menzaleh), cambió durante los últimos milenios (véase mapa de p. 6 y también *Moisés. Un príncipe sin corona*, vol. 1, segunda parte, cap. 4, nota 1).

4. Eso da a entender el pasaje del Éxodo (14, 1-2), en el que Dios ordena a Moisés utilizar una artimaña que consistiría, para los hebreos, en acampar entre Pi-hahiroth («El lugar donde las pistas comienzan»), Migdol y el mar al este de Baal-Cephon. Es el comienzo de la ruta costera hacia el Sinaí, pero, contrariamente a lo que Dios indica en ese discurso, no era en absoluto difícil: en efecto, se halla en las tierras más fértiles de Egipto y era regularmente utilizada por los beduinos que llevaban a pastar sus rebaños al Delta.

Además, el Éxodo (14, 9-10) afirma que Moisés, efectivamente, había guiado a los hebreos hasta el lugar indicado por Dios, que los había hecho acampar allí y que, también allí, los había alcanzado el ejército egipcio. Habían lanzado entonces clamores y hecho reproches a Moisés: «¡Pero cómo, no hay acaso tumbas en Egipto para que nos hayas traído a morir en el desierto!» Tras ello, Dios ordenó a Moisés que extendiese su bastón para separar las aguas y permitir a los hebreos cruzar el mar de las Cañas con toda seguridad.

Ese relato refleja, sobre todo, el desconocimiento de la geografía egipcia del autor del Éxodo. En efecto, Pi-hahiroth sólo podía encontrarse, como su nombre indica, en la orilla oriental de la Gran Negra, al oeste de Migdol y, efectivamente, al este de Baal-Cephon, donde se iniciaban las pistas utilizadas por los beduinos en su trashumancia anual, bajo vigilancia egipcia. Esta última localidad, Tahpahnes según su nombre egipcio, que está actualmente a orillas del lago Menzaleh, sólo podía encontrarse en la ribera oriental de la Gran Negra y es evidente que los hebreos no podían acampar en el agua; se encontraban pues al oeste de Migdol, en el lindero del desierto de Shur.

El relato bíblico no me parece pues históricamente sostenible por las tres razones siguientes. La primera es que si el ejército egipcio hubiera sorprendido a los hebreos fugitivos acampados en Pi-hahiroth, en plena tierra firme, no les habrían dado cuartel. Los hebreos, a pie, habrían sido fácilmente alcanzados por los carros egipcios y luego, por los infantes. El autor del Éxodo no habría podido contar nada.

La segunda razón es que Moisés no habría tenido en absoluto necesidad de levantar su bastón en ese lugar: no había agua que separar para cruzarla, ni para que sumergiera a los egipcios. Los hebreos estaban en el lindero del desierto de Shur, como se ha dicho más arriba.

La tercera es que Moisés, de quien el mismo Éxodo nos cuenta que había huido hacia el país de Madian, conocía sin duda el camino más seguro: hubiera sido una imperdonable temeridad exponer a treinta o cuarenta mil personas a la persecución del ejército egipcio entre Baal-Cephon y Migdol, y hacerles luego recorrer un arco hacia el sur, y todo ello cuando hubiera resultado mucho más rápido ir de Succoth al mar de las Cañas (véase mapa).

No nos parece que Moisés, que evidentemente fue un gran jefe, pudiera tomar una decisión distinta. Las indicaciones del libro del Éxodo que, recordémoslo, fue objeto de retoques, primero yahvistas unos cuatro siglos después, luego elohístas, más tarde deuteronomistas unos cinco siglos después y, por fin, sacerdotales tras el exilio, es decir siete siglos más tarde, reinterpretaron los elementos de una antigua tradición según las leyes del relato épico y no de la verosimilitud histórica, noción moderna.

5. Debo las informaciones referentes a estos dos vados que atravesaban el golfo de Suez a la erudición del doctor Maurice Bucaille (*Moïse et Pharaon*, Seghers, 1995). El autor encontró su mención en la *Description de l'Égypte* en la pluma de Du Bois Aymé. Evidentemente anteriores a la excavación del istmo, ambos vados abreviaban «en más de dos leguas» la ruta entre Egipto y el Sinaí. El doctor Bucaille cita también una nota del r.p. Coroyer, de la Escuela Bíblica de Jerusalén, que enriquece una traducción del Éxodo y cita un vado a la altura de Suez, «que utiliza la peregrinación a La Meca», y un «vado más peligroso, en el extremo sur de los lagos Amargos, donde desembocan los rastros de antiguas pistas» (véase mapa). Esta observación confirma la precedente.

Ahora bien, se trata de observaciones efectuadas en época moderna y no disponemos de elemento alguno sobre la geografía de la región hace unos treinta y tres siglos, considerablemente modificada desde entonces. Los oceanógrafos conocen perfectamente la rapidez con que las corrientes pueden levantar o deshacer, en pocos días, bancos de arena que formen otros tantos vados.

6. Encender fuego era una operación difícil y se transportaban brasas en recipientes de barro. Estas brasas, llegado el caso, eran alimentadas a intervalos regulares.

7. El Éxodo 14, 27 sobrentiende que el paso del mar de las Cañas se hizo por la noche. Sin embargo, es difícil de creer que treinta o cuarenta mil personas pudieran cruzar, todas ellas, esa extensión semipantanosa en la oscuridad, sobre todo si se tiene en cuenta el hecho de que había mujeres, niños y ancianos, agotados ya por el viaje que habían realizado desde el Bajo Egipto. Más verosímil resulta que parte de los hebreos atravesara, efectivamente, de noche, pero que el resto acabara de pasar al día siguiente.

Capítulo 2

1. El Éxodo permite suponer que todas las familias o clanes enumerados en 6, 14-27 eran de levitas, es decir miembros de la tribu de Leví. No todos los especialistas están de acuerdo con este texto, pues varios observan que la redacción del Pentateuco es, con mucho, posterior a los acontecimientos descritos y que las tribus no existían en aquella época. La objeción es apoyada por la lista de los Números (26, 56-61), mucho más detallada y que cita específicamente trece clanes y sus numerosas «familias», que parecen corresponder exactamente a las tribus de Israel (a excepción de la de Leví, que no tenía el estatuto específico de tribu y no debía, como consecuencia, poseer territorios).

Esta detallada enumeración plantea, de todos modos, dos problemas suplementarios: primero, da a entender que las doce tribus habían estado representadas en Egipto durante la cautividad, algo que resulta dudoso, puesto que las tribus no existían todavía; sin duda, una vez más, la cifra doce debe considerarse simbólica. Luego, y sobre todo, está en contradicción formal con el aserto del Génesis (46, 27) según el cual «los miembros de la familia de Jacob que fueron a Egipto eran, en total, setenta».

Debería suponerse pues, si se toma en cuenta esta última afirmación, que la integridad de la nación hebraica se formó en Egipto durante el cautiverio, lo que es poco plausible, o postular, de lo contrario, que todos los hebreos de Palestina se dirigieron, hasta el último, a Egipto, algo que no resulta mucho más creíble; las dos hipótesis, por otra parte, se verían desmentidas por el hecho de que los egipcios siguieron capturando prisioneros judíos en Palestina mucho después de la instalación de Jacob. Al parecer, los tardíos redactores del Pentateuco, yahvistas, elohístas y sacerdotales, extrajeron sus representaciones del pueblo hebreo en Egipto de lo que ese mismo pueblo era tras la primera monarquía de Saúl, como lo atestigua, entre numerosos ejemplos más, el pasaje del Génesis (49, 10) que habla de la realeza de Judá, cuando el primer rey de Judá sólo apareció casi cuatro siglos después de la muerte de Moisés. Sin profundizar más en la discusión de un punto extremadamente complejo (cfr., por ejemplo, C. Dennis McKinsey, *The Encyclopaedia of Biblical Errancy*, Prometheus Books, Amherst, Nueva York, 1995, y «Tribus, douze», en *Dictionnaire encyclopédique du Judaïsme*, Robert Laffont/Bouquins, 1989), concluiremos aquí que la noción de las doce tribus parece poco plausible antes de la instalación de los hebreos en Palestina. Parece más verosímil que la población hebrea en Egipto estuviera dividida en clanes más o menos circunscritos.

2. Véase mapa. Las antiguas hipótesis sobre la primera parte de la ruta del éxodo se basaban en la identificación del mar de las Cañas con el mar Rojo, que es errónea. No podían pues tomar en cuenta la existencia de vados al sur de la Gran Negra, únicos elementos que permiten explicar el paso del mar de las Cañas «a pie enjuto».

3. Una vez más, no existe ningún texto ni inscripción egipcia o extranjera que mencione una persecución de hebreos fugitivos por el ejército egipcio. La única referencia que de ello tenemos es la del Éxodo. Aunque parezca demostrado, dada la abundancia de detalles en el libro del Éxodo, que algunos hebreos, incluso casi la totalidad de los que vivían en Egipto, decidieran en efecto huir del país, la total ausencia de testimonios egipcios parece indicar que la represión de la fuga fue considerada, por los egipcios, una simple operación de policía. No merecía constar, pues, en las crónicas de su tiempo.

En cualquier caso, esta persecución militar parece una importante contradicción en el relato bíblico; en efecto, contradice por entero la tesis de ese relato según el cual el faraón aceptó la partida de los hebreos ante la evidencia del poder celestial manifestado por las diez legendarias plagas. La contradicción se ve subrayada por el hecho de que el Éxodo no da razón alguna para el súbito cambio de Ramsés. En un acceso de extravagancia novelesca, el autor del Éxodo escribe incluso: «Cuando el rey de Egipto supo que los israelitas habían huido, él y sus cortesanos cambiaron por completo de opinión y dijeron: "¿Qué hemos hecho? ¡Hemos dejado que nuestros esclavos israelitas adquieran su libertad!"» (Éx. 14, 5). Eso supone despreciar el recuerdo que los egipcios, y especialmente Ramsés y los supersticiosos sacerdotes, podían conservar de las recientes calamidades que les habían obligado a aceptar la salida de los hebreos. La historia de Ramsés está hoy lo bastante documentada como para excluir la hipótesis de tamaña pusilanimidad.

Parece más verosímil que Ramsés y sus ministros no creyeran que los hebreos fueran a tomar realmente el camino del exilio y que pensaran que sólo unos miles de descontentos abandonarían el reino. Sólo cuando se dieron cuenta de la magnitud del éxodo y de la brutal partida de gran parte de la mano de obra necesaria para las obras del rey intentaron, primero, cerrar la ruta costera para los fugitivos. Al no encontrarlos, bajaron entonces hacia el sur (véase primera parte, cap. 1, nota 4).

Dejamos a un lado, por razones teológicas, el insostenible discurso que, al parecer, Dios dirigió a Moisés: «Haré que el faraón sea obstinado y perseguirá a los hebreos, de modo que yo pueda adquirir gloria a expensas del faraón y de todo su ejército.» (Éx. 14, 4).

4. El Éxodo, que jamás ahorra exageraciones, afirma que el propio faraón «unció su carro y tomó con él seiscientos carros elegidos y todos los demás carros de Egipto...» (Éx. 14, 7), y que no sólo se puso, personalmente, a la cabeza del ejército para perseguir a los hebreos sino que, además, pereció bajo las aguas separadas por el bastón de Moisés. Ignoramos cuáles podían ser los efectivos de los carros egipcios (los de los hititas, muy superiores, eran de dos mil quinientos carros), pero es difícil concebir que Ramsés pudiera cometer los siguientes errores: primero, tomar por lo menos seiscientos carros para perseguir a unos fugitivos desarmados, luego recorrer de este modo unos trescientos kilómetros de terreno accidentado, difícilmente practicable para los carros, de Avaris a Migdol, y lanzarse, por

fin, a esta expedición de noche, puesto que, según el Éxodo, el paso concluyó al amanecer del día siguiente, justo antes de que los egipcios llegaran a la vista de los hebreos en la orilla opuesta.

Además, ningún faraón pereció nunca en el mar.

5. En su comunicación sobre «Los lagos Amargos del istmo de Suez» que hizo en la Academia de Ciencias el 22 de junio de 1874, según cuenta el doctor Bucaille (en *Moïse et Pharaon*, op. cit.), De Lesseps explica que en 1854, acampado en la misma región, había sido testigo de una tempestad, evaluando entonces que la marea era del orden de un metro treinta a un metro ochenta. Por otra parte, en el texto citado más arriba de la *Description de l'Égypte* (primera parte, cap. 1, nota 5), Du Bois Aymé cuenta que, cuando tomó uno de los vados del golfo de Suez, en 1799, Napoleón Bonaparte estuvo a punto de ahogarse en la marea que subía.

Parece que el efecto de gollete entonces aumentaba considerablemente la altura de las mareas tanto como la de las olas, durante las tempestades en el mar Rojo, puesto que el fondo del mar de las Cañas parece haber estado mucho más elevado que el del mar Rojo. Tras la apertura del istmo de Suez, magnitudes del orden de setenta centímetros a un metro se han registrado regularmente, pese a la profundidad del canal y al hecho de que la magnitud de la marea puede extenderse hasta el Mediterráneo. Pero, durante las tormentas, probablemente las olas sobrepasaban las alturas indicadas por Lesseps y podían bastar para explicar, ampliamente, la derrota del ejército egipcio que había salido en persecución de los hebreos.

Semejantes mareas sólo podían producirse a la entrada del antiguo golfo de Suez, en la embocadura del mar de las Cañas, dada la proximidad del mar Rojo, y este punto confirma también la localización del paso de los hebreos.

6. El Éxodo (14, 28) asegura que ninguno de los egipcios que salió en persecución de los hebreos sobrevivió. Sin duda hay que cargar en la cuenta de las exigencias del relato épico una afirmación tan categórica: incluso tras un cataclismo tan gigantesco como el maremoto producido por la erupción del volcán Krakatau, en Insulindia, en 1883, y que alcanzó los cuarenta metros de altura, hubo supervivientes. Probablemente quedaron supervivientes en las dos orillas y los hebreos los hicieron, pues, prisioneros.

Capítulo 3

1. Véase vol. I, *Moisés. Un príncipe sin corona*.

2. Es un punto del que nunca se ha hablado en los comentarios al Éxodo: si Ramsés hubiera estado realmente decidido a exterminar a los hebreos que huían, hubiera enviado a perseguirles, mientras flanqueaban las costas del Sinaí, a algunas galeras de la flota egipcia que surcaba el mar Rojo desde el siglo XV antes de nuestra era (cfr. Lionel Casson, *Ships and Seamanship in the Ancient World*, Princeton University Press, Princeton, 1971).

3. El personaje de Josué parece mal definido en el Antiguo Testamento, a causa de las contradicciones que oponen los documentos yahvistas y los elohístas. Pese al eminente papel que desempeña en el libro del Éxodo, y que es casi superior al de Aarón, ni Josué ni su padre son mencionados en la lista de los jefes de clan del Éxodo (6, 14-27). Aparece en el libro del Éxodo, de modo súbito, en 17, 9, sin la menor mención a su padre, cuando Moisés le ordena ir «con sus hombres» a combatir contra los amalecitas, y el libro de los Números (9, 29) lo define como al servicio de Moisés desde que era un muchacho; este último punto es discutible, dado que Josué debe de tener, por lo menos, entre veinte y treinta años en el momento del éxodo, puesto que dirige por orden de Moisés la batalla contra los amalecitas. Ahora bien, a nuestro entender, Moisés no tiene muchos años más en el momento del éxodo; habría que suponer pues que Josué estuvo a su servicio desde su primera adolescencia, algo poco plausible. Por añadidura, Moisés estuvo ausente de Egipto de tres a cinco años; habría que suponer por ello que se llevó a Josué con él en su huida, lo que no parece muy probable.

Ese tipo de contradicciones, frecuente en el Antiguo Testamento, puede atribuirse al deseo de los autores de prestar una edad canónica a todos los héroes y especialmente a Moisés, de quien se dice al final del Deuteronomio (34, 7) que murió a los ciento veinte años sin que su vista ni su vigor hubieran disminuido. Forzoso es, una vez más, recordar que la palabra *cuarenta* adopta en hebreo dos significados, «mucho tiempo» y «generación». Los autores quisieron decir, de otro modo, que Moisés murió a edad muy avanzada, prueba del favor divino. Es una indicación hagiográfica; los conocimientos modernos en fisiología de la senectud hacen difícil imaginar a un octogenario dirigiendo una operación como el éxodo y, menos aún, organizando las instituciones religiosas y jurídicas de Israel a los cien años.

Si tomásemos al pie de la letra el Pentateuco, habría que suponer entonces (Éx. 12, 37) que el éxodo duró efectivamente cuarenta años, puesto que cuando éste se inicia Moisés tiene ochenta años (Éx. 7, 7). Sin embargo, una ojeada al mapa indica que se trata, realmente, de un tiempo desmesurado para recorrer unos cien kilómetros hasta el país de Moab, incluso con numerosas paradas. El libro del Éxodo precisa (16, 1) que, cuarenta y cinco días después de su partida de Egipto, los hebreos se hallaban ya al sur del oasis de Elim, junto al desierto de Sin o Sinaí, es decir, en el paralelo 29; habían recorrido un centenar de kilómetros, incluyendo en este lapso las dos paradas de Mará y Elim. A este ritmo, la distancia entre Egipto y Moab se habría cubierto en menos de ocho meses.

La duración de cuarenta años atribuida al éxodo debe tomarse, pues, en sentido simbólico, así como otras muchas indicaciones del Antiguo Testamento, y ser interpretada como una explotación de la noción de gran duración para dar su carácter fabuloso al relato. Una estimación moderna del recorrido lo sitúa entre uno y dos años.

Estas consideraciones ilustran la dificultad, familiar para los historiadores, de establecer una coherencia histórica y sicológica en los relatos del

Antiguo Testamento, dados los múltiples desciframientos que ofrecen y su simbolismo apologético, enriquecido por sucesivos retoques. Entre las cosas inverosímiles y contradictorias que pueden encontrarse es preciso citar la de las relaciones de Moisés con sus presuntos parientes. Se ve, por una parte, que Moisés parece haber sido fruto del matrimonio (que ulteriormente sería juzgado como incestuoso por la propia ley mosaica) de Amram, hijo mayor de Kohath, con la hermana de este último, Yokebed, su propia tía paterna (Éx. 6, 20; señalemos que, según el Talmud, Yokebed fue «revirginizada» a la edad de ciento treinta años, a la que concibió a Moisés). Se advierten por otra parte, en la lista de los jefes de familia que abandonan Egipto, los nombres de Kohath y Amram. Así pues, tres generaciones se habrían encontrado en el desierto a la salida de Egipto: Moisés, su padre y su abuelo.

Pero, además de que Amram vivió al parecer, al igual que Levi, ciento treinta y siete años (cifra puramente simbólica, 1-3-7, *aleph, guimel, zayiln*, cuyos sentidos secretos son «creación», «socorro», «simiente»), nunca se le ve intervenir en los incesantes conflictos que oponen a Moisés y Aarón, Miriam y demás miembros de su familia. En efecto, ni Amram ni su padre Kohath se manifiestan cuando Korah, hijo de Izhar, hijo de Kohath, discute la autoridad de Moisés, que es, por lo tanto, su propio primo hermano, conflicto que terminará trágicamente según los Números, puesto que no sólo acarreará la muerte de Korah, sino también la de catorce mil setecientas personas (Núm. 16, 50).

Obligado es pues concluir que Amram había muerto en el momento del éxodo y que sólo es citado como recordatorio.

Además, se encuentra entre los participantes en el éxodo Saúl, hijo de Simeón, al que se le supone hijo de una esposa cananea de este último; ahora bien, la precisión es algo anacrónica dado que, según el mismo Antiguo Testamento, los hebreos no llegarían a Canaán mucho tiempo después del éxodo.

Está claro que los autores del Éxodo intentaron establecer un catálogo de las familias que partieron de Egipto, pero sólo pudieron hacerlo a través de una sucesión de tradiciones deformadas, embellecidas y que, finalmente, resultaron indescifrables, entre el siglo XIII antes de nuestra era y la época de la redacción final del texto del Éxodo que ha llegado hasta nosotros, el siglo VI o V antes de nuestra era (véase también primera parte, cap. 2, nota 1).

Capítulo 4

1. El libro del Éxodo (3, 21-22) incluye un mandamiento atribuido a Dios: «Que el hombre tome prestado de su compañero, la mujer de su compañera, objetos de plata y objetos de oro.» Pasaje de difícil interpretación, pues no vemos a Dios aconsejando a los hebreos unos «préstamos» que no podrán devolver hasta transcurrido mucho tiempo, o nunca, y que se pa-

recen peligrosamente a la prevaricación pura y simple. ¿Se hicieron estos «préstamos» y los hicieron los egipcios? No se dice, pero así lo interpretó la tradición. Filón, en su *Vida de Moisés* y el apologista cristiano Tertuliano, en *Contra Marción*, alegan que se trataría de una indemnización aceptada por los egipcios, dados los años de explotación de los hebreos; la explicación sería plausible si el texto no hablara, efectivamente, de préstamos. Y tampoco es fácil ver a los egipcios prestando joyas a gente cuyo Dios les ha abrumado con espantosos males y ha hecho perecer, incluso, a sus recién nacidos.

Según ciertos exegetas, se trataría de un botín de guerra tomado por las buenas, sin el consentimiento de los propietarios de las joyas; por lo tanto, los versículos del Éxodo deberían interpretarse como si los hebreos se hubieran apoderado de las joyas de los egipcios. Tampoco eso es muy verosímil, salvo si imaginamos una epidemia de robos, que no hubiera dejado de producir reacciones violentas por parte de los egipcios.

Forzoso es pues remitirse al propio texto del libro del Éxodo, que no habla de arrebatar por la fuerza, ni de los egipcios. Creo que da a entender que los hebreos, pobres y menesterosos, solicitaron una especie de regalo de despedida. ¿A los egipcios o a ciertos hebreos que no siguieron a los demás en el éxodo? La pregunta carecía de respuesta hasta el descubrimiento, en 1972, de la estela Elefantina, que indica que el oro, la plata y el cobre que los hebreos se llevaron en el éxodo eran el estipendio pagado por funcionarios rebelados contra el poder real (véase *Moisés. Un príncipe sin corona*, vol. I, tercera parte, cap. 8, nota 2).

Capítulo 5

1. Es evidente que el texto se aparta del canto de gloria ilustrado en el Éxodo 15, 1-18, que parece ser un inciso tardío y que, en cualquier caso, incluye anacronismos insostenibles. El versículo 14 evoca la angustia que se apodera de los «habitantes de Filistia», cuando la más antigua mención de los filisteos en Palestina data de casi un siglo después del éxodo (hacia 1209 antes de nuestra era; véase *Moisés. Un príncipe sin corona*, vol. I, primera parte, cap. 1, nota 4, p. 284) y se remonta al octavo año del reinado de Ramsés III, hacia 1194 antes de nuestra era, es decir, algo más de medio siglo antes de la toma de Jericó. En tiempos de Moisés, Palestina se designaba con el nombre de Canaán. Por otra parte, el versículo 15 evoca, en cambio, la angustia de los jefes de Edom, cuando el éxodo no hace más que comenzar y los fugitivos no han tenido que vérselas aún con los edomitas.

2. Numerosísimos pasajes del Pentateuco reflejan claramente las tensiones que aparecieron entre Moisés y los hebreos durante el éxodo. Uno de los más célebres es aquel en el que Moisés grita, dirigiéndose al Señor: «¿Qué voy a hacer con esa gente? ¡Dentro de un momento van a lapidarme!» (Éx. 17, 4-5). Pero también se advierte que la propia personalidad de Moisés fue objeto de acerbas discusiones y, lo que es más sorprendente,

por parte de sus íntimos, como Aarón y Miriam, como atestigua el pasaje de los Números (12, 1-16), donde son castigados por el Señor a causa de las calumnias que han propagado sobre él.

Este último punto, evidentemente, plantea la cuestión del autor del Pentateuco. Resumamos el estado de la cuestión: las numerosas imprecisiones, repeticiones y, sobre todo, contradicciones de los cinco libros del Pentateuco indujeron, desde el siglo XIX, a eminentes especialistas a concluir que son una colección de tradiciones retocada varias veces durante los siete siglos que siguieron a la muerte de Moisés. Debe advertirse que ni los manuscritos, ni las copias contemporáneas del Antiguo Testamento en hebreo mencionan nunca que los cinco libros hubieran sido redactados por el propio Moisés. ¿No describen, acaso, la muerte del profeta que, sin duda, no pudo redactarla por su propia mano? (Véase segunda parte, cap. 13, nota 1.)

Capítulo 6

1. Varios incidentes mencionados por los libros del Pentateuco indican que Moisés se enfrentó con una constante oposición a lo largo del éxodo (Éx. 17, 4 y 32, 19-3, Núm. 12, 1-16; 14, 1-4; 16, 12-15 y 41-42; Dt. 1, 26-28). Su autoridad, su responsabilidad en el éxodo y las tribulaciones de los hebreos mientras duraba son los temas de discusión más frecuentes; su matrimonio con la madianita Sephira, hija de Jethro, también lo es. De ello se desprende que la salida de Egipto no tuvo unanimidad entre los hebreos, sino sólo el apoyo de la mayoría y de sus jefes. Con la ayuda de estos últimos, Moisés procuró acallar cualquier disidencia e imponer su autoridad y, luego, su legislación.

2. Una razón más para considerar que los «cuarenta años» mencionados por el Pentateuco para la travesía del «desierto» hasta Canaán son una cifra simbólica, es el desmantelamiento del tejido social de los hebreos, que sin duda se habría producido en tan largo período de tiempo. Si se hubieran visto obligados a errar durante cuarenta años entre el Sinaí y Canaán, los hebreos se habrían convertido sin duda en hordas ingobernables.

3. El Éxodo no menciona el pescado entre las fuentes de aprovisionamiento que podían ofrecerse a los hebreos. Sin embargo, la primera parte de su periplo les hizo seguir por la costa oriental del mar Rojo, que es muy abundante en pescado. Aunque fuera sólo una fuente alimenticia de apoyo, Moisés, que había hecho ya ese recorrido, no podía ignorarla.

4. El libro del Éxodo (12, 37-38) dice que los hebreos se habían llevado «gran cantidad de ganado, grande y pequeño». Pero el mismo pasaje evalúa en seiscientos mil hombres, con sus dependientes, el número de los hebreos, y parece que la mención de esos rebaños debe cargarse en la cuenta de la exageración poética. En primer lugar, supone que los hebreos eran prósperos, lo que no concuerda con la condición de esclavos o casi esclavos descrita por el Pentateuco. Además, aunque los hebreos sólo fueran treinta o cuarenta mil, es difícil que cargaran con ganado mayor en su hui-

da, y el punto, por otra parte, es contradictorio con sus gritos de hambre ya en los primeros días del viaje: podrían haber sacrificado el ganado y habérselo comido, al menos durante la primera parte del viaje. Fueron sin duda algunos corderos y cabras lo que se llevaron, precisamente demasiado escasos para que los animales pudieran cubrir la penuria de la que se quejaban. Hay algo casi seguro: no se llevaron animales de corral, pues ese tipo de cría no era entonces corriente en Egipto, sobre todo en el Bajo Egipto, dada la abundancia de caza avícola en los parajes de los lagos. (Véase primera parte, cap. 1, nota 1.)

Capítulo 7

1. Nada indica que fuera la totalidad de los hebreos de Egipto la que inició el éxodo. Es inevitable que cierto número de ellos se hubiera casado con egipcias, que sus hijos fueran considerados egipcios y que formaran parte del pueblo egipcio. Observaban sus costumbres y su religión y, sin duda, no veían razón alguna para abandonar su tierra y sus hogares (sin mencionar la resistencia de sus esposas), y lanzarse a una aventura cuyo final no conocían. El libro del Éxodo cuenta sin ambigüedades la nostalgia que muchos hebreos sentían por Egipto.

Escrito varios siglos después de los acontecimientos, mucho tiempo después de que se constituyera la nación de Israel, el Pentateuco parece atribuir, retrospectivamente, a los hebreos de Egipto una noción clara de su identidad. Pero, además de que su religión había caído casi en el olvido, como atestigua el deseo expresado en el Éxodo de hacer sacrificios a su Dios, cuatro siglos de presencia activa en una civilización de cultura rica y fuertemente constituida les habían, forzosamente, impregnado, como atestigua también el episodio del becerro de oro.

2. Según el libro del Éxodo, el Señor condujo a los hebreos durante todo su periplo por medio de un «pilar de fuego y humo», negro de día y luminoso por la noche. Podría ser un tornado. Pero es inverosímil que el mismo tornado se mantuviera durante todo el éxodo, aunque sólo durara dos años; y es muy improbable que los hebreos necesitaran un guía que les precediera, por la noche, en el desierto, lo que permitiría suponer que caminaban día y noche, todo el tiempo. Más verosímil es que los hebreos iluminaran sus campamentos, por la noche, de acuerdo con los modos tradicionales de la época, con hogueras y antorchas.

Capítulo 8

1. El episodio se inspira en el conflicto descrito, de modo parcialmente elusivo, por los Números (16, 1-35), donde vemos que un tal «Korah, hijo de Issar, hijo de Kohath», desafió la autoridad de Moisés. La omisión procede del hecho de que el pasaje de los Números no dice que Kohath es tam-

bién el padre de Amram, que es el padre de Moisés; por lo que Korah es el primo hermano de Moisés. Es decir, se produjo, en el mismo clan de Moisés y en el seno de su propia familia, una rebelión contra él. El episodio concluye con la muerte brutal, espectacular y mitológica de Korah y sus acólitos Dathan y Abiram, de la tribu de Rubén: la tierra se abre bajo sus pies, en la mejor tradición mitológica, y se los traga a ellos, sus casas y sus bienes. Se ignora lo que ocurrió con los «doscientos cincuenta hombres notables de la comunidad» que habían apoyado la sedición de Korah, ni por qué habían de librarse de ser tragados por la tierra.

Sin embargo, el conflicto fue lo bastante importante como para que los Números le consagren treinta y cinco versículos. ¿Fue el único conflicto entre Moisés y una facción de los hebreos? Es improbable, como también lo es la versión del brutal final de sus oponentes. Evidentemente, los Números cargan aquella muerte espectacular en la cuenta de la cólera divina; pueden apuntarse también causas menos providenciales, como una ejecución o un exilio de los oponentes.

Conviene retener que una oposición tan marcada planteó a Moisés considerables dificultades en la formación de la identidad hebraica, pese a la autoridad divina de la que estaba, o decía estar, investido.

2. Teniendo experiencia del desierto y sus pandillas de bandoleros, Moisés constituyó rápidamente un embrión de ejército, como atestigua el pasaje (bastante confuso por otra parte) donde, atacados los hebreos por los amalecitas en Rephirim, da a Josué la orden de contraatacar al día siguiente (Éx. 17, 8-9). Se ignora por qué el ataque se deja para el día siguiente, pues o el ataque de los amalecitas había sido victorioso o no lo había sido, y en este último caso no había ya razones para atacar, habiendo huido ya los bandoleros. Los hebreos en Egipto no tenían armas y no hay razones para que, de pronto, las tuvieran en el desierto. Para atacar a los amalecitas, que por su parte iban armados, era preciso que los hebreos dispusieran, por lo menos, de armamento improvisado. El único imaginable consiste en venablos de puntas endurecidas al fuego, hondas y, tal vez, también mazas.

Capítulo 9

1. Véase *Moisés. Un príncipe sin corona*, vol. I, segunda parte, cap. 12, nota 1, por lo que se refiere a la naturaleza científica del maná. Evidentemente, esa excrecencia resinosa provocada por el ataque de un insecto, la cochinilla, se hallaba principalmente, por su propia naturaleza, en los tamariscos y no en el suelo, como afirma el libro del Éxodo (16, 15), donde habría sido imposible recogerlo. El detalle dado por el libro del Éxodo (16, 21) según el que el maná se fundía al sol confirma su naturaleza, al igual que la prescripción de Moisés de que el maná no debía conservarse por la noche, a riesgo de que proliferaran los gusanos.

2. En hebreo, *manhu*, de ahí la palabra «maná».

3. El libro del Éxodo, que consagra al maná un texto sorprendentemente largo (16, 14-36), especifica que cada hombre debía tomar sólo un *omer* por día y «por cabeza en su tienda», y precisa que el omer es un décimo de *ephah*; eso significaba unos tres litros y medio de harina por persona (cfr. «Manne», André-Marie Gérard, *Dictionnaire de la Bible*, Robert Laffont/Bouquins, 1989), que es una cantidad considerable, incluso para gente que tiene hambre, puesto que representaría unos cinco kilos de pan por lo menos, contando el agua. Por otra parte, es improbable que, incluso en aquella época, el maná abundara hasta ese punto y pudiera soportar una explotación cotidiana del orden de la mencionada por el libro del Éxodo: unas tres toneladas y media por día para mil personas, más de cien toneladas para los treinta mil hebreos en el exilio (cinco mil doscientas toneladas diarias si tuviéramos en cuenta la cantidad de un millón y medio de hebreos que las mismas fuentes mencionan). Me ha parecido pues que la cantidad había sido exagerada por los autores con fines apologéticos, para indicar la magnitud del don celestial, y la he reducido a proporciones más verosímiles. Incluso contando cuatro personas por familia, eso representa una cantidad considerable, es decir, más de veintiséis toneladas.

4. Algunos pasajes del Pentateuco y, especialmente, el libro del Éxodo, parecen conceder un estatuto equivalente a Moisés y Aarón. Otros, especialmente el Levítico, establecen entre ambos una clara diferencia, confiriendo sin ambigüedades la primacía a Moisés. La cuestión ha sido analizada por eminentes especialistas y es imposible resumirla en el marco de estas notas; citaré sólo un ejemplo. En el Levítico, libro de inspiración sacerdotal, el Señor únicamente se dirige una vez a Aarón (10, 8-9), cuatro veces a Moisés y Aarón juntos y todas las demás son a Moisés, con la orden de «Díselo a Aarón», «Ordénaselo a Aarón». Es evidente, incluso para autores sacerdotales y aunque Aarón sea el primer gran pontífice, que Moisés posee, al menos desde el punto de vista veterotestamentario, la absoluta preeminencia.

Esta preeminencia parece confirmada desde el punto de vista histórico. Mientras que, durante su vida en Egipto, Moisés es definido como «un gran personaje», Aarón, en cambio, no parece destacar en modo alguno. Por lo demás, Moisés es un letrado y ha ejercido por ello responsabilidades en la administración egipcia, de ahí su experiencia de la autoridad. Ejerce pues cierto ascendiente sobre su hermanastro.

Esa semifraternidad queda confirmada, lo recuerdo, por el singular pasaje del Levítico: «Moisés mandó a buscar a Mishael y Elzaphan, los hijos del tío de Aarón, Uzziel, y les dijo: "Venid para llevaros a vuestros primos fuera del campamento, lejos del lugar santo."» (10, 4). Si Moisés y Aarón hubieran sido hermanos por completo, Uzziel hubiera sido también el tío de Moisés y los giros específicos del autor del Levítico estarían desplazados.

5. La importancia, paradójica al final, concedida por el Pentateuco al problema de aprovisionamiento de los hebreos durante el éxodo contradice, una vez más, la mención de los rebaños de ganado que éstos supuestamente se habían llevado en gran número. Si así hubiera sido, los hebreos no hubieran expresado su nostalgia por la comida egipcia con tan grandes

281

clamores que Yahvé acabó ofendiéndose. Pero refleja sin duda, de modo indirecto, un aspecto del conflicto que enfrentó a Moisés con los hebreos, inseguros del objetivo de su huida de Egipto y que no se preocupaban por las prescripciones de Yahvé, cuyo mensajero era Moisés. Confirma pues que, a excepción de algunos jefes ilustrados, el éxodo y la fundación del pueblo de Israel fueron cosa de Moisés y que él fue su dueño.

Capítulo 10

1. Es sorprendente que ninguno de los relatos del Éxodo mencione encuentros de los hebreos con las caravanas ni con las poblaciones de la costa oriental del Sinaí ni del mar Rojo. Sin embargo, las caravanas recorrían constantemente la costa y la arqueología ha demostrado que el Sinaí estaba muy lejos de ser un desierto mil años antes del éxodo, es decir, en la Edad del Bronce media, a juzgar por el gran número de campamentos beduinos cuyos rastros se han encontrado (cfr. Emmanuel Anati, *La Montagne de Dieu, Har Karkom*, Jaca Book, Milán, 1986). El mero aprovisionamiento de agua, como en Elim, imponía tratar con los habitantes de los oasis.

2. El libro del Éxodo (16, 1) y el Levítico (33, 10) mencionan una parada en un lugar llamado Elim, donde, indica el Levítico, había «doce fuentes y setenta palmeras» y situado en el lindero del desierto de Sin, es decir, a un centenar de kilómetros del mar de las Cañas. Las cifras doce y setenta deben interpretarse simbólicamente y no tienen valor topográfico. Elim queda establecida como la segunda gran parada del éxodo. Como las demás etapas citadas por el Pentateuco, no ha sido posible situarla; la descripción de la vegetación abundante (*Elim* significa «árboles» en hebreo) evoca un gran oasis que podría corresponder al actual paraje de Wadi Garandel (cfr. André-Marie Gérard, *Dictionnaire de la Bible*, op. cit.).

Un oasis de esta importancia tenía que albergar una población sedentaria y es verosímil que ésta hubiera construido un campamento fortificado o una fortaleza en las alturas, a la que he dado el nombre imaginario de Alaat. Pero cierto es que estas poblaciones de pastores-agricultores disponían de reservas que contribuyeron, aunque sólo sea parcialmente, al aprovisionamiento de los hebreos; éstos, en efecto, no pudieron subsistir durante los largos meses del éxodo con maná, ni con las codornices tóxicas (véase primera parte, cap. 12, nota 2) que caían del cielo, ni con el pescado que he añadido a las reservas naturales de la región.

3. Véase *Moisés. Un príncipe sin corona*, vol. I.

Capítulo 11

1. Uno de los puntos más debatidos del comportamiento de Moisés es su actitud con respecto a los extranjeros. Es cierto que numerosos puntos del Pentateuco atribuyen al Señor, a través de Moisés, una prohibición de matrimo-

nio con los extranjeros, que es castigado con la muerte de ambos cónyuges en el caso de Salu el Simeonita, que se casó con Cosbí la Madianita (Núm. 15, 6-15). El castigo es paradójico, porque el Éxodo cuenta que el propio Moisés se casó con una madianita. ¿Cómo pudo escapar Moisés del castigo? ¿Cómo pudo admitir, en el seno de los hebreos, a su suegro Jethro el Madianita, por añadidura sumo sacerdote de una religión ajena? ¿Cómo ese sumo sacerdote hubiera aceptado la invitación de Moisés sin llevarse a su hija Sephira, que había concebido a dos hijos de Moisés? (Éxodo.) Los propios Números dan, por el contrario, motivos para pensar que el matrimonio de Moisés fue admitido (aunque fuese criticado por Aarón y Miriam), puesto que describen a Moisés rogando a su cuñado Hobab, el hijo de Jethro, que se una a ellos en la conquista de Canaán (Núm. 10, 29-32).

2. Además de la gratitud que Moisés sentía hacia esos beduinos y madianitas, que le habían acogido durante sus años de exilio en el desierto, esas contradicciones permiten pensar que Moisés se sintió dividido entre una tolerancia natural para con los extranjeros, siempre que no fueran hostiles a los hebreos, y la voluntad de fortalecer la identidad hebraica con la prohibición de matrimonios con extranjeros.

3. Se atribuye a Moisés la prohibición del matrimonio intertribal (Núm. 35, 5-9) a fin de conservar el patrimonio. Pero parece que todas esas prohibiciones fueron, sobre todo, cosa de los redactores posteriores al Pentateuco.

Capítulo 12

1. La palabra *sabbat* procede de un encuentro entre el verbo *chabat*, «cesar», y la cifra siete, *cheba*. La práctica es muy antigua, los babilonios, por ejemplo, celebraban el decimoquinto día del mes un reposo expiatorio, el *sapattu*.

2. Según el libro del Éxodo (16, 10-12), Yahvé apareció ante todos en unas nubes, mientras Aarón se dirigía a la comunidad reunida, y se dirigió a Moisés para decirle que informara a los israelitas de que, entre el crepúsculo y la noche, tendrían carne para comer. Los Números son más concretos todavía: «El Señor provocó un viento, empujó desde el este a las codornices y volaron alrededor del campamento en toda la longitud recorrida en una jornada, a tres pies por encima del suelo, tan lejos como una jornada de marcha en cualquier dirección. La gente se consagró a recoger codornices aquel día, toda la noche y toda la jornada del día siguiente, e incluso el hombre que menos había cogido tenía, por lo menos, diez omers. Las pusieron a secar en todo el campamento. Pero apenas estaba la carne entre sus dedos y acababan apenas de morderla cuando la cólera del Señor estalló y les hirió con una enfermedad mortal. El lugar fue denominado Kibroth-Hattaavah, porque allí enterraron a la gente que se había mostrado ávida de carne.» (Núm. 11, 31-34). Kibroth-Hattaavah significa «Las tumbas de la avidez».

Advirtamos aquí una flagrante contradicción entre el libro del Éxodo y el libro de los Números, pues el primero anuncia las codornices como una recompensa, sin mencionar envenenamiento alguno, y el segundo las describe como un castigo.

Teológicamente, por otra parte, resulta difícil concebir que el Señor enviara codornices a los hebreos para envenenarlos, tanto más cuanto, teniendo vacía la panza, todo indicaba que no dejarían de consumirlas. Igualmente peligrosa es la interpretación del castigo divino. O todos los hebreos se envenenaron, lo que parece excesivo para una debilidad tan venial, o sólo se envenenaron algunos; de acuerdo con una lógica difícil de concebir. Parece pues que el asunto turbó a los autores de ambos libros, que dieron de él versiones contradictorias.

El análisis histórico ofrece ciertas luces. Es preciso decir que, en primavera, de sur a norte, y en otoño, de norte a sur, el paso de las codornices, al igual que el de una inmensa variedad de pájaros, es frecuente en la región, haya o no éxodo humano. «Las migraciones de pájaros entre Eurasia y África pasan por el Negeb» (Negev), escribe Eitan Tchernov, de la Universidad hebraica de Jerusalén («Le milieur, la biographie et la faune d'Har Karkom, Negeb, Israel», en *La Montagne de Dieu, Har Karkom*, por Emmanuel Anati, op. cit.). La depresión del rift sirio-africano es una especie de corredor que toman las aves de presa, los cicónidos y gran variedad de pájaros.

Queda por evaluar, sin embargo, la cantidad de codornices que pudieron caer sobre el campamento de los hebreos. Según la *Jewish Encyclopaedia*, una jornada de viaje bíblica correspondería a 44 815 m (lo que es una enorme exageración para semejante masa de gente avanzando a pie). Puesto que los Números especifican que había codornices «tan lejos como una jornada de marcha en cualquier dirección», resulta la extravagante superficie de 2 000 km$\neq$2 de codornices. Es decir, puesto que cada codorniz ocupa unos 400 cm$\neq$2 (20 cm \$ye 20 cm), un total de cincuenta millones de codornices, cantidad fantástica, absolutamente inverosímil. Ciertamente, las bandadas migratorias de las codornices son muy numerosas, los ornitólogos han contado hasta decenas de millares por bandada, pero cincuenta millones es pura fábula. Como observa la *Encyclopaedia of Biblical Errancy* (por C. Dennis McKinsey, op. cit.), habría habido allí lo bastante para llenar tres trenes de mercancías. Pero cierto es que en la Biblia no debe buscarse la exactitud matemática.

Dejemos a un lado el aserto de los Números según el que, quien menos codornices había capturado tenía, de todos modos, diez omers, es decir, 35 l de codornices; a razón de unos 300 g por codorniz, resultan 120 codornices para los más desafortunados; el lector contemporáneo sacará de ello las deducciones que se imponen. Como anunciaba el prefacio de esta obra, el objeto de estas páginas, por el contrario, es recuperar la verdad histórica bajo el texto apologético del Antiguo Testamento.

Lo que resulta más turbador es la descripción de la cólera divina que castiga con la muerte a todos apenas han mordido las codornices. Puesto que el libro del Éxodo y de los Números han descrito extensamente las angustias del hambre que atenazaba a los hebreos, es preciso pensar que todos se apresuraron a degustar la celestial vianda y que todos murieron por ello. Por lo que el éxodo habría terminado, abruptamente, con una hecatombe.

Forzoso es, pues, librarse de esos énfasis dramáticos y esas exageraciones épicas destinadas a acentuar el relato, e intentar encontrar los elementos verosímiles de éste, que se resumen en lo siguiente:

La captura de codornices que emigran de África hacia el norte, tomando rift sirio-africano, es una certeza; sigue produciéndose en nuestros días.

La cantidad de codornices capturada por los hebreos fue, sin duda, mucho más modesta que lo indicado en las cifras de los Números: algunas decenas de miles, sin duda. Pero puesto que los vuelos migratorios de codornices se suceden durante los primeros días de primavera, las presas fueron suficientes para permitir a los hebreos enriquecer su pitanza.

Las codornices tienen la particularidad de poder consumir plantas tóxicas, especialmente belladona, y acumular en su cuerpo, sin que eso las incomode, hasta diez veces la cantidad que resulta tóxica para un ser humano; esas dosis letales aparecen concentradas en las vísceras; el consumo de codornices silvestres, sin sacar las vísceras, puede tener pues riesgos. De ello puede deducirse que algunas codornices, aunque no todas, consumieron en efecto plantas tóxicas y quienes las comieron (más o menos cocidas) sintieron ciertos malestares y que incluso se produjeron muertes por parada cardíaca entre los que habían comido más de una; o que los hebreos consumieron las codornices sin vaciarlas. Un detalle intrigante se cita en los Números (11, 33): las codornices fueron puestas a secar en todo el campamento, lo que indica que los hebreos las habían destinado a ser conservadas para ulterior consumo; con este fin, fueron abiertas pero, sin duda, no vaciadas.

Hay algo cierto. Muchos de quienes comieron sufrieron graves penalidades o la muerte. De ahí la novelesca invención de los Números.

Capítulo 13

1. Los Números (33, 16) consideran la etapa de Kibroth-Hattaavah como la octava tras el paso del mar de las Cañas. Es una indicación que no puede comprobarse históricamente, pues ninguna de las treinta y siete etapas indicadas (Núm. 32, 1-49), a excepción de Ecyon-Geber, ha podido ser situada con precisión por la falange de exegetas e historiadores que lo han intentado. Es posible que la mayoría de estas localidades hayan existido, efectivamente, aunque con otros nombres (así, Dophka, por ejemplo, suele identificarse con la actual Serabet el Khadim), o hayan desaparecido desde entonces.

Esa etapa plantea, una vez más, el problema del itinerario del éxodo, esencial para la comprensión del relato (véase mapa). Perdóneseme que renuncie aquí a enumerar detalladamente todas las hipótesis sobre este itinerario. Y son numerosas. Resumámoslas simplemente en tres grupos principales:

Hipótesis de la ruta costera: me parece que los papiros Anastasi las refutan de modo concluyente, además de los trabajos de Alan Gardiner (ya citados en *Moisés. Un príncipe sin corona*, vol. I, segunda parte, cap. 9, nota 2); estaba estrictamente vigilada por una sucesión de fortalezas egipcias y no se permitía cruzar, ni hacia Egipto ni hacia Asia, sin un permiso especial de las autoridades egipcias. El papiro Anastasi V cuenta que dos esclavos que habían huido por esta ruta fueron buscados así por la policía de fronteras (John A. Wilson, en *Ancient Near Eastern Texts Relating to the Old Testament*, editado por James B. Pritchard, Princeton University Press, Princeton, New Jersey, 1969). Si dos esclavos no pudieron huir por esta ruta sin ser descubiertos, ¡qué ocurriría con treinta mil fugitivos!

Hipótesis de la ruta transversal: ésta, llamada Darb el Hajj («ruta de los peregrinos», porque unos veinte siglos más tarde llevó a los peregrinos musulmanes hacia La Meca), habría llevado a los hebreos directamente del mar de las Cañas a Ecyon-Geber, a través de los desiertos de Shur, Paran y Sin. Su dificultad reflejaría perfectamente los sufrimientos soportados por los hebreos, tal como los describe el Pentateuco. Parecería más verosímil (y explicaría, entre otras cosas, por qué las descripciones del Éxodo no mencionan la posibilidad de alimentarse de pescado), pero tropieza con una importante objeción histórica: el camino llevaba a los hebreos directamente a Canaán, por una bifurcación a lo largo del Araba. Por lo tanto, no hubieran tenido que pedir derecho de paso a los edomitas y tampoco hubieran tenido ocasión de vérselas con los amalecitas, cuyos territorios se hallaban mucho más al sur.

Además, era una ruta desconocida para Moisés que, durante su huida individual de Egipto, había seguido, es evidente, la ruta del sur, la más larga pero la menos penosa, para llegar hasta Ecyon-Geber. Es de sentido común que si Moisés hubiera seguido la ruta transversal se habría puesto en contacto con los hebreos que se habían quedado en Palestina, cuando el Pentateuco demuestra ampliamente que no tenía experiencia de ese país y no incluye ni rastro de sus encuentros con los hebreos de Palestina.

Podría objetarse que la ruta no era tan difícil, puesto que la tomaban los peregrinos de La Meca: eso supondría olvidar que el camello, desconocido para los hebreos, puesto que también lo era en Egipto en tiempos de Ramsés II, era con el caballo una montura habitual en Oriente, mientras que los hebreos no tenían camellos ni caballos, apenas algunos asnos.

Las hipótesis de la ruta del mar Rojo, que era la ruta de las caravanas, tienen la ventaja de responder a estas objeciones, siempre que se busque la montaña donde Dios se apareció a Moisés al margen de los emplazamientos tradicionales, es decir, al sur de los picos montañosos del Sinaí (véase primera parte, cap. 6, nota 3).

Capítulo 14

1. Los relatos del Éxodo sólo mencionan dos parajes donde surgieron problemas de aprovisionamiento de agua, Mará y Rephirim. Pero un grupo tan numeroso como los hebreos del éxodo tenía que aprovisionarse con mucha frecuencia de agua, primero a causa del calor que reina de día en las costas del mar Rojo, luego para la preparación de los alimentos, y finalmente porque, yendo a pie y cargados con muchos fardos, entre ellos las tiendas, cada uno podía transportar sólo unos pocos litros; los niños y los ancianos estaban excluidos, evidentemente, de la tarea.

2. Se ignora dónde estaba Rephirim. Todo lo que puede decirse es que estaba al sur, en la costa oriental del mar Rojo, aproximadamente a la altura de los actuales ued Feiran y del monasterio de Santa Catalina, en territorio amalecita. En efecto, las posibilidades de encontrar amalecitas más arriba eran nulas, pues estos últimos no podían atravesar en gran número el macizo montañoso del Sinaí (véase primera parte, cap. 15, notas 1 y 4).

3. El conflicto de Rephirim, tal como lo cuenta el libro del Éxodo, refleja la violencia de las tensiones que agitaban a los hebreos, puesto que llegaron a preguntarse si el Señor estaba o no con ellos (Éx. 17, 7).

4. En nada disminuye los méritos históricos de Moisés suponer que su anterior conocimiento del terreno le permitió descubrir los lugares donde tenía posibilidades de encontrar una corriente de agua. El libro del Éxodo (17, 6) indica que el legendario episodio de la roca golpeada sucedió cerca del monte Horeb (o Sinaí, o también Djebel Mussa, véase segunda parte, nota 3, cap. 6). Cerca de ese monte (suponiendo que coincida efectivamente con el Djebel Mussa) corre actualmente un ued, el ued Feiran, lo que no significa, evidentemente, que el ued Feiran sea el torrente nacido del golpe en la roca. En el relato del Éxodo, por otra parte, el episodio de Rephirim sigue muy de cerca al de las codornices, lo que indica que se produjo en primavera o en otoño, estaciones de la migración de las codornices, pero también de lluvias torrenciales y súbitas que a menudo provocan inundaciones (cfr. «Sinai», *Encyclopaedia Britannica*. Versión castellana, *Enciclopedia Británica*, S. A. de Promoción y Ediciones, Madrid, 1993), pero que también hacen brotar torrentes efímeros.

De ello se deducen dos hipótesis: o Moisés condujo a los hebreos al ued Feiran, o partió en busca de un torrente en los contrafuertes de la montaña y lo encontró. En ambos casos, la providencial aparición de un manantial de agua potable fue interpretada por los autores con una óptica hagiográfica en la que se ve a Moisés, provisto siempre de su varita mágica, hacer brotar agua con un simple golpe de esa vara.

5. *Massa wa meriba*, «tentación y querella». Tentación porque los hebreos quisieron poner a prueba a su Dios; querella por su conflicto con Moisés. El incidente dejó un tenaz recuerdo en la memoria de los hebreos. En el Deuteronomio (6, 16 y 9, 22) se atribuirá a Dios esta amonestación: «No tentaréis a Yahvé, vuestro Dios, como lo tentasteis en Massa.»

Capítulo 15

1. El primer ataque armado del que fueron objeto los hebreos desde el comienzo del éxodo (Éx. 17, 8-9) se atribuye a los amalecitas, pero no se indica motivo alguno: vemos, en efecto, a éstos lanzando su ataque justo después de que Moisés golpeó la roca. Parece, sin embargo, que la utilización de la aguada (el torrente que encontró Moisés) por los hebreos y la agresión de los beduinos amalecitas estén relacionados: éstos eran pastores seminómadas, daban pues gran importancia a sus fuentes y manantiales. Viendo a unos extranjeros abrevando en un torrente de su territorio, lanzaron una ofensiva con toma de prisioneros como esclavos (los amalecitas se entregaban eventualmente al pillaje, como otras muchas poblaciones de la época). Puesto que el ataque se produjo cerca del monte Horeb, se deduce que los amalecitas ocupaban la costa septentrional del golfo de Akaba, puesto que la costa meridional estaba ocupada por los madianitas.

La distribución de los territorios ocupados por los seminómadas de la región y de la época evidentemente es imprecisa, y discutida incluso, tanto más cuanto la región ha cambiado sensiblemente en los tres últimos milenios. La *Encyclopaedia Britannica* («Amalekites») sitúa el territorio de los amalecitas al sur de Judá, es decir, en los confines del territorio de los edomitas, lo que no es contradictorio, puesto que los amalecitas eran una rama de los edomitas (Gén. 36, 12). Aunque los amalecitas hubieran estado unidos a la tribu hebraica de Efraim (Jue. 5, 14 y 12, 15), su hostilidad para con sus lejanos primos parece muy antigua, se remonta incluso a la llegada de los primeros hebreos a Palestina, e iba a durar mucho tiempo, puesto que se prolongó tres siglos después de Moisés, hasta David.

Se ignora el origen de este antagonismo, que sería anterior a la constitución de la identidad hebraica y que podría, una vez más, deberse al reparto del agua y los pastos.

2. El libro del Éxodo (17, 13) relata que Josué pasó por el filo de la espada a todos los amalecitas, pero al salir de Egipto los hebreos no podían estar armados con espadas; tampoco lo estaban en Egipto, pues ciertamente los egipcios no hubieran tolerado la existencia de milicias hebraicas en su territorio. Si, tras el combate, disponían de espadas, sólo podían ser las que habían arrebatado al enemigo. Queda por saber de qué armas pudieron disponer para entablar combate por orden de Moisés, porque no es admisible que se lanzaran con las manos desnudas contra los amalecitas que, por su parte, tenían muchas razones para ir armados desde mucho tiempo atrás, dadas sus ocasionales actividades de bandidos y sus inevitables querellas con las poblaciones vecinas, madianitas, hititas, moabitas y, eventualmente, egipcias. Las hipótesis no son muy numerosas, como hemos visto más arriba (véase primera parte, cap. 8, nota 2): iban armados con venablos, porque podían fabricarse con madera de punta endurecida al fuego, y hondas.

Capítulo 16

1. Los hebreos practicaron la esclavitud como todos los pueblos de la época. Los esclavos eran prisioneros de guerra o gente que se vendía por propia voluntad; así, algunos hebreos podían venderse a otros hebreos (Lev. 25, 39-40 y 53). Los esclavos israelitas gozaban siempre de un trato de favor, porque podían rescatarse en cualquier momento y, de todos modos, quedaban libres al finalizar el sexto año, pues el séptimo se consideraba año sabático. Existen numerosas referencias a la esclavitud en el Antiguo Testamento y son testimonio de que las prescripciones, cuya fecha de promulgación es incierta por otra parte, se aplicaban más o menos estrictamente. Atribuyo aquí a Moisés una especial magnanimidad con respecto a los amalecitas, puesto que les concede la cláusula liberatoria al cabo de seis años.

2. En sus diferentes síntesis del éxodo y de la epopeya que siguió, el libro del Éxodo, los Números y el Levítico sitúan las prescripciones legales de Moisés, así como la construcción del Arca de la Alianza, durante el periplo que condujo a los hebreos de Egipto a Canaán. Es evidente que los sucesivos autores de estos libros intentaron ofrecer una reconstrucción teológicamente satisfactoria, con el fin de demostrar que los fundamentos del judaísmo fueron establecidos, en su totalidad, muy pronto tras la salida de Egipto. Desde el estricto punto de vista histórico, sin embargo, esta versión parece poco plausible, si no enteramente improbable. Por ejemplo, las órdenes divinas de Núm. 28, 1 / 29, 40 están en flagrante contradicción con las descripciones de la penuria crónica de los hebreos hasta su llegada a Canaán: ¿dónde habrían encontrado los emigrantes los dos carneros perfectos, los tres litros y medio de harina mezclados con aceite de oliva virgen y los seis litros de vino destinados a los sacrificios cotidianos, los dos toros, el carnero, los siete corderos y el macho cabrío destinados a los sacrificios mensuales? Del mismo modo, los detalles de la erección de la tienda del tabernáculo y de la construcción del Arca de la Alianza (Éx. 25, 10 / 27, 21) excluyen que ambas fueran realizadas durante las peregrinaciones de los hebreos: ¿cómo habrían podido tejer éstos los grandes velos de lino fino y teñirlos de violeta, púrpura y escarlata, fundir los detalles de bronce y chapar de oro los portantes y las paredes del Arca, fabricar las cadenas y las rosetas de oro, así como la vajilla y los candelabros de oro puro? ¿Cómo habrían podido fabricar los colgantes en forma de flores tejidas con hilo violeta que debían adornar los mantos de los hebreos? (Núm. 15, 37-40)... Las actividades de tejedores, carpinteros, talabarteros, fundidores y orfebres que implican son estrictamente incompatibles con la condición de nómadas de los hebreos hasta su llegada a la Tierra Prometida. La única descripción de la tienda, esbozo del Templo de Salomón, y su estructura evidentemente no transportable bastan para demostrar que las órdenes divinas se dirigen a un pueblo ya instalado.

Éstas son las razones por las que no se encontrará en este punto del relato mención alguna de tan importantes órdenes: se dejan para la instalación de los hebreos en Kadesh-Barnea.

Capítulo 17

1. Torrente estacional que nace en las montañas del desierto del mismo nombre y se divide en varios brazos, algunos de los cuales corren hacia el mar Muerto; el brazo principal, alimentado a menudo por numerosos afluentes, va al golfo de Akaba, en Ecyon-Geber (Ladislaus Szczepanski, s.j., *Geographia Historica Palestinae Antiquae*, Sumptibus Pont. Instituti Biblici, Roma, 1928).

2. Véase *Moisés. Un príncipe sin corona*, vol. I.

3. Según el libro del Éxodo (18, 5-6), Jethro salió al encuentro de Moisés, acompañado por Sephira y los dos hijos de la pareja, tras conocer las hazañas de su yerno. El texto del libro es, sin embargo, impreciso, si no contradictorio. En primer lugar, cuenta que Jethro fue a ver a Moisés al lugar donde éste acampaba «en la montaña de Dios»; evidentemente, no indica dónde se hallaba esta montaña. ¿Estaba al sur del macizo montañoso del Sinaí meridional, cerca del monte Sinaí? O, de acuerdo con la tesis de este libro, en el monte Karkom, al norte de Ecyon-Geber? (Véase segunda parte, cap. 6, nota 3.)

En ambos casos, la iniciativa de Jethro parece poco plausible. El campamento al pie del Sinaí, en efecto, habría sido evidentemente provisional y Jethro era demasiado prudente para obligar a su hija a realizar un trayecto de unos ciento cincuenta kilómetros cuando Moisés no podía hacer más que dirigirse hacia Ecyon-Geber. En el segundo caso, que parece más verosímil, Moisés no podía tampoco dejar de pasar por Ecyon-Geber para dirigirse al monte Karkom y es difícilmente concebible que no sintiera, entonces, el deseo de visitar a su esposa. El texto del libro del Éxodo parece convertir este encuentro en un homenaje implícito de Jethro, que se obliga a hacer un largo trayecto para salir al encuentro de Moisés.

Por añadidura, el encuentro parece un inciso anacrónico, puesto que se describe (Éx. 18, 1-27) antes incluso de que Moisés y los hebreos hayan llegado al Sinaí (Éx. 19, 1-3).

Sin embargo, el hecho reviste una considerable importancia, como veremos más adelante, puesto que su descripción domina la interpretación de las relaciones entre los hebreos y los madianitas (véase segunda parte, capítulo 1, nota 1). Lo más importante es que se haga constar este encuentro, en contradicción con otros pasajes del Pentateuco.

4. Los consejos de organización que da Jethro y Moisés acepta (Éx. 18, 13-27) demuestran de modo indirecto que éste no es, durante el éxodo, el patriarca canoso y experimentado que representa la tradición, sino un hombre joven todavía y que no ha aprendido a delegar sus responsabilidades.

II. La montaña del Señor

Capítulo 1

1. Las relaciones de los hebreos con los madianitas parecen haberse deteriorado en circunstancias tan complejas como ambiguas. Ninguno de los cinco libros del Pentateuco permiten elucidar con precisión las causas. Se sabe que a la llegada de Moisés a la región de Ecyon-Geber es recibido por Jethro, jefe madianita y suegro del profeta, que le lleva a su hija Sephira y a los dos hijos que Moisés tuvo con ella. A continuación, Moisés hace de Jethro su consejero jurídico para tratar las querellas de los hebreos (Éx. 18, 1-27). Sin embargo, puede verse a continuación, cuando los hebreos han llegado a los parajes de la ciudad de Shittim (o Abel-Ha Shittim), al norte del mar Muerto y en el país de Moab, cómo la cólera del Señor se desencadena contra los madianitas porque un hebreo, Zimri el Simeonita, lleva a su casa a una madianita, Cosbí, hija de un jefe de clan (Núm. 25, 6-8); eso despierta la cólera de Phineas o Pinhas, nieto de Aarón y, por lo tanto, presunto sobrino de Moisés, que atravesará a la pareja de un solo lanzazo. El episodio resulta difícilmente comprensible, pues el propio Moisés está casado con una madianita. «Haz sufrir a los madianitas como ellos te han hecho sufrir con sus malignas artimañas en Péor y derríbales», exige Yahvé. El motivo de la cólera divina sería que algunos hebreos, muchachos y jovencitas, intervienen en algunas celebraciones del dios de Péor, el «Baal de Péor», que aparentemente tenían un carácter licencioso.

Pero paralelamente existe una razón material para la súbita hostilidad entre hebreos y madianitas (recordemos que estos últimos descienden de Madian, uno de los seis hijos de Abraham): se trata de la alianza de los madianitas con los moabitas, asustados por la súbita irrupción de masas de hebreos en su país y por la amenaza que los rebaños de los hebreos suponen para las aguadas.

Evidentemente es difícil separar las causas del motivo religioso y del motivo material en el inicio de la guerra entre hebreos por una parte y moabitas y madianitas por la otra, pero no puede excluirse que Moisés y, más aún, los sucesivos autores del Pentateuco, alegaran motivos religiosos para justificar la guerra y las atroces matanzas que describen los Números.

Estas consideraciones tienen el interés añadido de precisar el itinerario de los hebreos hacia Canaán. Indican, con detalles significativos, que la estancia de los hebreos en el país de Moab (Núm. 22, 1) fue lo bastante larga para permitirles constituir rebaños e instalarse de modo por lo menos semisedentario; vemos, en efecto, que Phineas es el custodio de los vasos sagrados (Núm. 31, 6), lo que significa que la tienda del tabernáculo había sido erigida ya con todos los accesorios de culto descritos en el libro del Éxodo (25, 10 / 27, 21).

2. El reclutamiento de Hobab, hijo de Jethro y, por lo tanto, cuñado de Moisés (Núm. 10, 29-32), suscita los mismos interrogantes que los que se han evocado en la nota precedente. Vemos a Moisés hablando con ardor ante Hobab para que éste se una a las huestes hebreas. Pese a una primera negativa de Hobab, Moisés insiste y, sin duda, acaba obteniendo la adhesión de su cuñado. Pero se ignora cómo éste (al igual, por otra parte, que su hermana Sephira) soportó la guerra sin cuartel y las matanzas que los hebreos infligieron a sus hermanos de sangre, los madianitas. Divididos entre su natural fidelidad a los madianitas y la que habían consagrado a Moisés, soportaron sin duda un caso de conciencia del que el Pentateuco no dice ni una palabra.

Capítulo 2

1. El episodio de los reproches que Aarón y Miriam dirigen a Moisés, a causa de su esposa extranjera, se cuenta en Núm. 12, 1-15 con la siguiente precisión: Sephira era de la tribu madianita de los kuchitas. En la versión de los Números, Aarón y Miriam son castigados, por maldición divina, con una lepra que les blanquea de inmediato, y Miriam, aunque no Aarón, es apartada siete días del campamento. Puesto que la naturaleza de esta «lepra» provisional parece oscura y discutible, y excesiva la sanción, me ha parecido que las reconvenciones de Moisés bastaban ampliamente para devolver a Aarón y a Miriam a la obediencia que debían a su hermanastro y jefe.

2. El beleño formaba parte de las drogas de uso sagrado, cuya utilización era común a todos los pueblos de la Antigüedad. Produciendo trances que se interpretaban entonces como signos de una posesión divina, eran consumidas ocasionalmente por los fieles, como sugiere el singular pasaje de Núm. 11, 26-29, donde puede verse a dos hombres, Eldat y Medat, presas de un trance aparentemente extraño.

3. Una tradición más tardía, de la que el Pentateuco no dice ni una palabra y que tiene su origen en el profeta Miqueas (6, 4), afirma que Miriam fue una profetisa. Se le atribuye incluso el «Cántico de Moisés». El Pentateuco, sin embargo, esboza el avinagrado retrato de una mujer dispuesta a discutir la autoridad de Moisés y que se permite, incluso, criticar el matrimonio de éste.

4. Las reservas con respecto al matrimonio de Moisés con Sephira la madianita, si no la franca hostilidad hacia esta unión, parecen haber proseguido durante siglos. Es singular, en efecto, que los Números, por ejemplo, declaren que existían descendientes de Moisés y de Aarón cuando el Señor se dirigió a este último, pero que, al detallar la descendencia del segundo, no citen a ninguno de los hijos del primero, Guershom y Eleazar (Núm. 3, 1-4). La omisión, patente, sólo puede ser fruto de una censura (véase segunda parte, cap. 2, nota 1).

Capítulo 3

1. Véase mapa.
2. Véase mapa. Se trata, a mi entender, de la región al sur del desierto de Paran y al noroeste de Ecyon-Geber, a unos quinientos metros sobre el nivel del mar, que comprende los parajes de Abrona y Jimna, al oeste del Araba; podría corresponder a la región llamada de Obot (Núm. 21, 10-11). Ninguno de los libros del Pentateuco le atribuye especial importancia, pero la hipótesis de una prolongada detención de los hebreos es sugerida, implícitamente, por el pasaje del libro del Éxodo que dice que, tras haber enviado a Jethro a su casa, Moisés «regresó a su propio país» (Éx. 18, 27). Moisés no puede enviar a Jethro más allá de ese territorio, que se hallaba en los confines de Moab y Edom. Más al este, en efecto, se habría encontrado en territorio amorrita. El texto es, además, desconcertante: Moisés no puede por aquel entonces (tras la batalla contra los amalecitas) tener país propio, puesto que no ha llegado a Canaán (donde, por otra parte, según el Pentateuco, nunca llegó a entrar). ¿Cuál puede ser pues este «país»? A mi entender, sólo puede tratarse de un paraje provisional, una especie de base donde los hebreos hicieron un prolongado alto, antes de proseguir su camino hacia Canaán; ese alto habría sido, siempre a mi entender, decidido por Moisés para poner fin a un vagabundeo de varios meses que amenazaba con desintegrar a su pueblo, y para imponerle la ley y las estructuras que de ella se desprendían. Muchos pasajes del Pentateuco, en especial las descripciones de la construcción del Arca de la Alianza y de la tienda que la albergaba, así como las elaboradas prescripciones del culto, son, en efecto, incompatibles con las condiciones materiales de la marcha por el desierto (véase primera parte, cap. 16, nota 2): sólo adquieren sentido y recuperan su verosimilitud en el contexto de una prolongada sedentarización.

La hipótesis y la elección de este paraje me parecen justificados histórica y geológicamente.

Históricamente, porque la súbita hostilidad de los madianitas hacia los hebreos y su repentina alianza con los moabitas fueron motivadas por la amenaza que los recién llegados suponían para las aguadas de la región; madianitas y moabitas son, en efecto, pastores seminómadas, y el agua resulta esencial para sus rebaños (véase primera parte, cap. 15, nota 1). Ahora bien, la región de interés común para ambos pueblos sólo puede hallarse en los confines de sus respectivos territorios, el valle del Araba.

Geológicamente, esta región, que hoy parece árida, estuvo muy poblada a partir del segundo milenio antes de nuestra era: se han encontrado no menos de treinta y nueve parajes de instalación humana, incluida Timna. En efecto, está abundantemente regada por numerosas corrientes de agua estacionales, entre ellas el Hiyyon al norte y, al sur, los numerosos afluentes del Araba. Ofrece, pues, un lugar pastoral muy propicio (véase mapa del Negev y del Sinaí en John Rogerson, *Nouvel Atlas de la Bible*, Éditions du Fanal, 1987. Versión castellana de Tissa, *La Biblia: tierra, historia y cultura de los textos sagrados*, Ediciones Folio, S. A., Barcelona, 1995).

Finalmente, esta región parece la que mejor corresponde al emplazamiento del monte Sinaí (véase segunda parte, cap. 6, nota 3).

Capítulo 4

1. En su rigor original, el sabbat prohibía incluso el desplazamiento de más de cien pasos.

2. En su deuda con respecto al modelo egipcio reside, sin duda, una de las principales claves del personaje de Moisés. Para los historiadores antiguos, Estrabón, Clemente de Alejandría, Eusebio de Cesarea e incluso para el filósofo judío del siglo XII Maimónides no había duda alguna sobre los orígenes egipcios de Moisés. Sus sucesores modernos no han variado sensiblemente: del hebraísta inglés del siglo XVII John Spencer, para quien Moisés no era un egipcio sino un hebreo egiptizado, a Freud, quien pensaba que era un egipcio hebreizado que había decidido conseguir un reino y que se llevó a los hebreos fuera de Egipto para realizar un Egipto ideal, todos los historiadores que han analizado la vida y el personaje del profeta fundador lo han hecho refiriéndose a la influencia que la civilización egipcia había ejercido sobre él. Incluso para el historiador prusiano de comienzos de este siglo Eduard Meyer había existido un Moisés egipcio en el pleno sentido del término. Meyer, desdeñando casi por completo las indicaciones históricas del Pentateuco, postulaba de modo bastante extravagante que, de hecho, habían existido *dos* Moisés y no uno solo. El egipcio y un homónimo madianita (lo que demuestra, de paso, las carencias de Meyer en materia de filología, pues el nombre Moisés es muy improbable en un madianita).

3. El conflicto entre los hebreos, por una parte, y la coalición de madianitas y moabitas, por la otra, no se produjo de buenas a primeras sino tras un período incierto de cohabitación. Estalló mucho más al norte, en la orilla oriental del Jordán y al norte del mar Muerto, a la altura de Jericó, en las «llanuras de Moab» (Núm. 22, 1).

Capítulo 6

1. Reloj de agua. Existían algunos relojes primitivos, y es imaginable que algunos de los emigrantes llevaran en su equipaje algún ejemplar.

2. La tormenta se describe en el libro del Éxodo (19, 16-20), pero se sitúa tres días después del encuentro de Moisés con Yahvé en la montaña y al amanecer.

3. No hay menos de nueve parajes (véase mapa) donde distintas teorías han creído, desde hace algunos decenios, poder situar la montaña donde Yahvé se apareció a Moisés: el djebel Halal, el djebel Sinn Bishr, el djebel

Ya'allaq, el djebel Sirbal, el djebel Catherina, el djebel Mussa, en la península del Sinaí; dos djebel más en la orilla oriental del golfo de Akaba, en la actual Arabia Saudita, uno de los cuales, el djebel el Lawz, fue en 1998 objeto de un relato, algo vacilante y sin gran novedad arqueológica (Howard Blum, *The Gold of Exodus*, Simon and Schuster, Nueva York, 1998).

Ninguna de estas localizaciones me parece aceptable, unas veces por razones históricas y otras por razones geográficas y topográficas. Así, los djebel Halal y Sinn Bishr no corresponden, en modo alguno, a un itinerario verosímil del éxodo. El djebel Ya'allaq se halla a unos cincuenta kilómetros del mar de las Cañas y me ha parecido que eso adelantaba demasiado el episodio de la manifestación de Yahvé. Los djebel Sirbal, Catherina y Mussa son históricamente plausibles, pero no corresponden en modo alguno a los detalles del Pentateuco, que no pueden rechazarse por completo; así, por haber visitado la región en 1955, puedo asegurar que el djebel Catherina es por completo inaccesible a pie, salvo si se dispone de un equipo de alpinista moderno. Creo que los dos djebel de la orilla oriental del golfo de Akaba deben ser excluidos, pues ni el Pentateuco ni la verosimilitud histórica permiten pensar que los hebreos cruzaran este golfo (¿con qué medios?); por otra parte, eso les hubiera alejado de la Tierra Prometida a la que tanto deseaban acercarse.

La localización que me ha parecido más verosímil es la de Emmanuel Anati, cuya tesis se detalla ampliamente y se defiende de un modo convincente en sus dos obras del mismo título y de contenido casi idéntico, *La Montagne de Dieu: Har Karkom* (op. cit., una, la de Payot-Weber ed., es un en cuarto que incluye numerosas comunicaciones eruditas sobre los lugares estudiados, la otra, Payot, es una obra de formato más manejable). Hay, entre muchas otras, dos razones por las que me parece más concluyente la tesis del profesor Anati. La primera es que el paraje de Har Karkom se halla en la ruta más plausible de los hebreos cuando, tras remontar por la costa occidental del golfo de Akaba, se dirigen hacia el norte, a través del Negev y el país de los madianitas, Madian, hacia Canaán. La segunda es que el paraje es accesible a pie y coincide desde otros puntos de vista, como el de la vegetación, de modo mucho más satisfactorio con los detalles del libro del Pentateuco.

Har Karkom tiene 847 metros de altitud y si sus laderas son abruptas, como dice el profesor Anati, «de todos modos se puede ascender por la ladera oeste, donde dos senderos bien trazados llegan hasta su altiplanicie partiendo de dos puntos muy accesibles. La montaña es en realidad una mesa calcárea con afloraciones de sílex, que mide casi cuatro kilómetros de largo, de norte a sur, por unos dos kilómetros de ancho». Dos cimas coronan esa meseta a casi 70 metros.

El nombre de Har Karkom, «montaña de Azafrán», es reciente; reemplaza el de Har Geshur que recibió por breve tiempo y que, por su parte, sustituía el de djebel Ideid, «montaña de la Preparación» o «montaña de la Multitud». Puede resultar tentador identificarla con la montaña de Hor, trigésimo cuarta de las cuarenta y dos etapas del éxodo citadas por los Números (33, 1-48), aquella en la que Aarón es despojado de sus vestiduras de sumo sacerdote y encuentra la muerte (Núm. 20, 22-29), pero la cronología de los libros del Pentateuco no permite inscribirla en esta hipótesis.

4. Pocos acontecimientos legendarios han suscitado tantas hipótesis extravagantes como la descripción del libro del Éxodo (19, 17 a 20, 21). Una obra (de gran éxito) aparecida en 1997 y que sostenía, prescindiendo de cualquier conocimiento de la historia del Antiguo Testamento, que existe un código secreto en éste, llega a afirmar que Yahvé había sido un extraterrestre cuyo platillo volante se posó en el monte Sinaí y había llamado a Moisés por medio de unos altavoces.

Dos grandes grupos de hipótesis han dominado el estudio histórico del episodio. El primero postula que se habría producido en la región una erupción volcánica, lo que explicaría que la montaña humease «como un horno» (Éx. 19, 18-19). La montaña en la que Yahvé se apareció a Moisés era pues un volcán. El Negev se halla, es cierto, en el rift sirio-asiático, pero ningún estudio ha podido demostrar la existencia de un volcán en la región, ni en ninguno de los supuestos emplazamientos del monte Sinaí. Por añadidura, una erupción no explicaría la tempestad, aparentemente violenta, que se desencadenó entonces (Éx. 19, 16 y 20, 18). Además, los chorros de polvo y piedra o los ríos de lava incandescente que habría producido habrían puesto en fuga al pueblo más que incitarle a aproximarse al volcán.

El segundo grupo postula que un gran meteorito había caído sobre la montaña, produciendo en el punto de impacto una violenta incandescencia de las rocas (en el impacto final del meteorito de Podkamennaya Tunguska, en Siberia, en 1908, la ropa de los testigos ardió a sesenta kilómetros a la redonda). Debe recordarse, de paso, que las caídas de meteoritos eran mucho más frecuentes antes de 1800 y que son el origen de la antigua creencia de que el hierro es un metal de origen celestial. Este meteorito pudo caer durante la tempestad o, verosímil también, producirla por medio de una aguda ionización de las nubes sobre la región. Prefiero el segundo grupo de hipótesis, tanto más cuanto el libro del Éxodo menciona por dos veces «un sonido de trompa agudo» (Éx. 19, 16 y 20, 18). Una erupción volcánica, ciertamente, no habría provocado semejante sonido; en cambio, la entrada de un gran meteorito en la baja atmósfera habría podido producir un silbido asimilable a un agudo sonido de trompa.

Capítulo 7

1. Un detalle particular en el libro del Éxodo (34, 29-35) ha intrigado a los exegetas desde hace varias generaciones y, de paso, ha influido considerablemente en el modo como los artistas han representado a Moisés: que al regresar de su entrevista con Yahvé en la montaña, Moisés tenía en el rostro algo singular, terrorífico sin duda, puesto que la gente tenía miedo de acercarse a él: la piel de su rostro brillaba («[...] Moisés [...] no sabía que tenía radiante la cara», *Nueva Biblia Española*, Ediciones Cristiandad, Madrid,

1975), porque había hablado con el Señor y se veía obligado a llevar un velo ante su rostro fuera donde fuera, salvo cuando hablaba con el Señor.

El detalle se menciona con turbadora insistencia, seis veces en seis versículos, lo que permite pensar que impresionó mucho a los hebreos.

Un error en la traducción del texto hizo que, durante largo tiempo, se creyera que Moisés llevaba cuernos, unos cuernos de luz, claro está; de ahí una de las más célebres representaciones del profeta, la de Miguel Ángel. Según el exegeta americano William Propp (*The Skin of Moses'Face, Transfigured or Disfigured?*, Catholic Biblical Quarterly, 1987), Moisés había quedado más desfigurado que transfigurado. Podemos suponer que la afección que sufrió tras una prolongada estancia ante el brasero encendido por el meteorito (véase nota 4 en el cap. precedente) era un violento eritema. De ahí la necesidad de protegerse del sol con un velo.

2. La tradición según la que las Tablas de la Ley, llamadas «tablas de piedra» por los elohístas y los yahvistas, evocan para más de un historiador el bloque de diorita en el que se escribió el Código Babilónico de Hammurabi (de tenor muy semejante al de los Diez Mandamientos, por otra parte), dos mil años antes de nuestra era, y muchos otros textos egipcios con fuerza de ley, que se grabaron también en piedra (cfr. André-Marie Gérard, *Dictionnaire de la Bible*, op. cit.). Eso les confería el prestigio de la eternidad. Moisés siguió pues la tradición al escribir en piedra los mandamientos de inspiración divina.

Desde el punto de vista de la historia moderna y, particularmente, de la historia de las religiones, y sin negar en absoluto la inspiración sagrada de Moisés, es difícil de admitir, sin embargo, que fuese el propio Yahvé quien grabara los mandamientos, y más aún que volviera a grabarlos cuando, presa de la cólera, Moisés rompió los primeros. Los imperativos del relato épico, que tienden a demostrar la importancia que Yahvé concedía a esos mandamientos, así como una particular concepción del intervencionismo divino, no me parecen compatibles con el respeto debido a la divinidad. Más verosímil me parece que Moisés estuviera convencido de que el propio Yahvé había guiado su mano.

3. Al parecer, según el libro del Éxodo, la prescripción del descanso del sabbat fue anterior a la proclamación de los Diez Mandamientos, puesto que Moisés la impuso a los hebreos durante la primera parte de la travesía del desierto, cuando estaban obligados a comer maná. Se trataría pues de un recuerdo que convierte una costumbre en un mandamiento.

Capítulo 8

1. Recordemos que Baal significa simplemente «Señor» entre los semitas occidentales (Manfred Lurker, *Lexikon der Go¢tter une Da¢monen*, Alfred Kramer Verlag, Munich, 1984).

2. Las razones por las que acercarse a la montaña sagrada estaba prohibido so pena de muerte antes del sonido del cuerno (Éx. 19, 12-13 y

23-24) siguen siendo hoy misteriosas, si no contradictorias; en efecto, en el libro del Éxodo (19, 21) vemos que Yahvé renueva esta prohibición, pero esta vez de modo incondicional, con o sin sonido de cuerno. Vemos también que sólo Aarón es autorizado a acudir allí (Éx. 19, 25), pero más adelante comprobamos que Moisés va a la montaña con Aarón, Nadab y Abihu, así como con setenta ancianos de Israel que ven también al Dios de Israel (Éx. 24, 9-10) y, tres versículos más adelante, sube a la montaña en compañía de Josué (24, 13).

3. La descripción está tomada del libro del Éxodo (25, 18-22). La he utilizado, más por fidelidad a algunos elementos esenciales de la descripción del arca que por convicción personal, pues está en contradicción formal con el tercer mandamiento (Éx. 20, 4): «No harás imágenes para ti mismo a semejanza de cuanto hay en el cielo, en la tierra o en las aguas.»

Algunos autores (Richard Elliott Friedman, *Who Wrote the Bible?*, Summit Books, Nueva York, 1987. Versión castellana de Josep Maria Apfelbaume, *¿Quién escribió la Biblia?*, Ediciones Martínez Roca, S. A., Barcelona, 1989) sugieren que es preciso distinguir entre la fabricación de una estatua por medio de un molde en el que se vierte metal fundido y su confección por chapado de un soporte de madera; Yahvé dice, en efecto: «No *fundirás* dioses», lo que significa que la infracción de Aarón, al fabricar el Becerro de Oro, fue haberlo hecho por medio de un molde. Pero podemos preguntarnos sobre el simbolismo de la diferencia entre ambos métodos de producción, y también sobre la preferencia que Yahvé había mostrado por el segundo.

Aunque el libro del Éxodo indica que la minuciosa descripción del arca es dictada por Yahvé, el propio mueble parece adecuarse al cofre real de Tut Ankh Amón. El motivo de los dos querubines que cubren con sus alas el techo del arca evoca también, creo, entre otros, el de las diosas doradas que protegen con sus brazos abiertos la capilla de madera dorada que contiene la momia de Tut Ankh Amón en el museo de El Cairo. Se ignora el origen del concepto de querubines, al igual que las raíces de la palabra hebrea *kerub*.

Capítulo 9

1. El libro del Éxodo (32, 1-35) atribuye la responsabilidad del episodio del Becerro de Oro a los hebreos y Aarón a partes iguales. El pueblo, viendo que Moisés estaba ausente, le dijo a Aarón: «Hagamos [efigies de] dioses que llevábamos ante nosotros», y éste había pedido que le entregaran sus joyas (pendientes, según el libro del Éxodo). Aarón confeccionó pues un molde con la figura de un toro y vertió en él el oro fundido. En el colmo de la deshonestidad, reprendido por Moisés, Aarón elude sus responsabilidades y afirma (Éx. 32, 23-25) que, cuando le rogaron que hiciera una estatua de Dios, «arrojó el oro al fuego» y que salió así, por azar, la estatua de un buey.

El episodio es difícilmente creíble y el relato parece un montaje destinado a desacreditar a Aarón. La costumbre de llevar efigies de dioses en procesión, como durante el festival *sed*, es específicamente egipcia y cuesta creer que Aarón, que fue con Moisés el organizador de la salida de Egipto, pudiera, al mismo tiempo, responder al deseo de reavivar una costumbre egipcia y fabricar con sus manos un molde de lo que parece haber sido el dios egipcio de la fertilidad, Apis. Ahora bien, una voluntad tan tipificada de regreso a los dioses egipcios me parece inimaginable en un personaje como Aarón, mucho más cuando, a sabiendas de éste, se cree que Moisés está hablando en la montaña con Yahvé. El episodio del libro del Éxodo me parece, por lo tanto, un invento destinado a desacreditar a Aarón, tal vez para enmascarar el hecho de que hasta su ignominiosa muerte se opuso a Moisés y le disputó la primacía en la dirección de los hebreos.

Más verosímil me parece que, al no disponer de la autoridad de Moisés, Aarón fuera incapaz de oponerse a una voluntad de celebración idólatra compartida con los madianitas. Desde su llegada al Negev, en efecto, los hebreos estaban en constante contacto con las poblaciones locales: moabitas, edomitas, amorritas, además de con los madianitas. Por lo que se refiere al buey conocido con el nombre de Becerro de Oro, es posible que fuera una efigie del propio dios Apis, dejada allí por las conquistas egipcias para servir en el culto, recién implantado, de este dios, o una representación sincrética de Apis y de Baal Adad.

2. Según el libro del Éxodo, Moisés quebró las Tablas de la Ley, que luego Yahvé volvió a escribir para él; podemos preguntarnos si eso no será un efecto literario destinado a dar más relieve aún a la falta del pueblo. En efecto, por una parte, eso podría hacer que el Todopoderoso pareciera sometido a las cóleras de Moisés y, por la otra, representar a éste como un personaje incapaz de controlar sus pasiones. Por esta razón he relatado este episodio como una amenaza no llevada a cabo.

3. El libro del Éxodo habla de la intención de un sacrificio de peregrinación (a Jerusalén, cfr. «Pèlerinage», en *Dictionnaire Encyclopédique du judaïsme*, Cerf/Robert Laffont, 1989); se trata de un anacronismo evidente, debido a la fecha tardía en que se reescribió el Pentateuco, pues la *hagigah* sólo se instituyó después de que David, en los siglos X y XI antes de nuestra era, estableciera Jerusalén como capital.

4. El libro del Éxodo indica, en efecto, que la danza en torno al Becerro de Oro se celebra poco después del anuncio del Decálogo a los hebreos. A posteriori, el episodio, evidentemente, debe suscitar la reprobación de los redactores del Pentateuco.

5. Según el libro del Éxodo, los levitas, o sacerdotes, se habían armado con espadas por orden de Moisés y habían ejecutado a hermanos, amigos y vecinos, acabando así con tres mil personas (Éx. 32, 27-29). El relato nos deja algo escépticos, pues no es seguro, en primer lugar, que la institución sacerdotal pudiera haberse constituido con tanta rapidez tras el anuncio del Decálogo y, por lo tanto, que el cuerpo de los levitas estuviera ya formado; además, cuesta mucho concebir que Moisés redujera en

tres mil almas, en una novena parte, la población hebraica del éxodo, cuyo número era una baza fundamental para la conquista de los nuevos territorios; finalmente, es lícito preguntarse sobre qué criterios los levitas, aunque estuvieran ya constituidos, habían ejecutado su tarea, puesto que participaron en la fiesta todos los hebreos: ¿cómo elegir, entonces, las víctimas expiatorias? Es preciso, por otra parte, poner de relieve el fanatismo y la inaudita crueldad de semejante venganza, definida con palabras atribuidas a Moisés: «Hoy os habéis consagrado por entero al Señor, pues cada uno de vosotros la ha emprendido con su propio hijo y su propio hermano y habéis atraído pues, sobre vosotros mismos, las bendiciones.» (Éx. 32, 29.) Algunos comentaristas han creído poder defender la crueldad atribuida a Moisés alegando que se trataba de otra época y que las costumbres eran distintas; pero abundan en la Historia los testimonios que demuestran que los egipcios de aquella época, por ejemplo, nunca se entregaron a semejantes exacciones.

Desde el punto de vista estrictamente histórico, el episodio me parece más atribuible a la exageración épica, si no al exceso apologético, que a la verosimilitud: ¿cómo podría haber aplicado Moisés tan severo castigo cuando seguía siendo discutido, como demuestra el mismo episodio del Becerro de Oro? La ejecución de tres mil personas podría haber provocado una revuelta que culminara con el asesinato de Moisés.

Capítulo 10

1. El lector se remitirá al libro del Éxodo para la lista completa de las especificaciones, de desconcertante precisión. Las medidas que se dan son fieles a las del libro del Éxodo. Recuérdese que el codo hebraico tiene unos cuarenta y cinco centímetros.

2. El libro del Éxodo (25, 19) precisa que los querubines serán de oro forjado y, por lo tanto, no fundidos.

3. Ningún texto del Pentateuco indica que los hebreos tuvieran un tesorero general, ni que fuera Elzaphan, personaje histórico y primo de Moisés (paradójicamente designado en el Levítico 10, 4 como «hijo del tío de Aarón, Uzziel»). Parece, sin embargo, que los hebreos tenían un embrión de organización económica para recaudar sus contribuciones en metales preciosos.

4. El libro del Éxodo relata que Yahvé ordenó a Moisés que se tejieran diez longitudes de lino fino de veintiocho codos cada una y cuatro codos de ancho, para cubrir el santuario, y que se tiñeran de violeta, púrpura y escarlata: eso supone ciento veintiséis metros de lino de una anchura de 1,80 m. A los que deben añadirse los 355 codos de colgadura del patio del Santuario, es decir unos ciento sesenta metros, lo que hace un total de 286 metros. Habría que pensar, entonces, que los hebreos se llevaron consigo sus telares, lo que es muy dudoso, dadas las condiciones del éxodo y el tamaño de esos objetos. Los instrumentos de los orfebres y los ebanistas, po-

co voluminosos, podían transportarse perfectamente, pero los telares era muy distinto. Aunque los hebreos se hubieran llevado uno o dos telares, queda por saber de dónde iban a sacar los hilados de lino, pues ciertamente el éxodo no permitía cultivar la planta, ni enriarla e hilarla.

De ahí se desprende que el arca y el santuario transportable no pudieron concluirse de un tirón y que las colgaduras se añadieron cuando los hebreos llegaron a un centro donde pudieron procurarse telares, hilados de lino y púrpura o cochinilla, insecto que permitía obtener el escarlata. Es difícil concebir, por añadidura, que los tintoreros pudieran disponer de las cubas y las sustancias necesarias para el mordentado, indispensable para la fijación de los pigmentos. La realización de las colgaduras para el santuario y su patio cuyo encargo el Pentateuco atribuye a Yahvé tuvo que ser aplazada hasta una larga detención, por ejemplo la de Kadesh, a menos que todo ello no sea producto de posteriores añadidos.

Capítulo 11

1. Según el libro del Éxodo, el episodio llamado del Becerro de Oro se sitúa *tras* el nombramiento de Aarón y sus hijos como jefes del clero; me ha parecido que eso lo haría, además, más contradictorio aún, pues es difícil concebir que el primer jefe del clero israelita se permita fundir una estatua de un dios extranjero. Semejante infidelidad hubiera justificado la revocación de Aarón.

Sin embargo, la reconstrucción que estas páginas ofrecen es parcialmente conforme al libro del Éxodo, pues sitúa, efectivamente, la realización del arca y del santuario tras el nombramiento de Aarón.

2. Éx. 38, 24-25. El valor del talento expresado en medidas contemporáneas ha variado mucho con el transcurso de los siglos. En tiempos de Salomón, en el siglo IX, era de 571,200 g. El talento valía 60 minas, y la mina, 50 shekel o siclos, el peso total del oro utilizado para el arca y el santuario sería, pues, de 16 703,800 g, es decir casi 17 k. Por lo que a la plata se refiere, sería de 60,500 k.

Capítulo 12

1. Conocido también con los nombres bíblicos de Massa, Meriba y Ein Mishpat, el paraje correspondiente no ha sido localizado con certeza: podría tratarse del actual Ein Qudeis o del actual Ein el Qudeirat, a unos diez kilómetros al norte. Algunos especialistas (cfr. C. H. J. de Jeus, citado por John Rogerson, en *Nouvel Atlas de la Bible*, op. cit.) optan por la segunda localización, pues el primer paraje es llano y escaso en agua, mientras que el segundo, que por lo demás es un oasis (se le llamaba «Oasis del desierto de Sin») abunda en pasto y en agua. A mi entender, es posible que la considerable masa de los hebreos que de pie debían de ocupar por lo me-

nos cien mil metros cuadrados, sin contar con los rebaños, las tiendas, el santuario, etc., ocupara ambos parajes.

Según el Deuteronomio (1, 46), los hebreos permanecieron allí «treinta y ocho años», tiempo en el que desapareció la generación de quienes habían abandonado Egipto; para Yahvé se trataba (Dt. 2, 14 y Núm. 14, 21-23) de castigarles por su rebelión. Kadesh fue sin duda una de las etapas principales de los hebreos en su andadura hacia Canaán; la región, que se encuentra en el Negev, en el extremo sur de Palestina, era una encrucijada entre los países de Edom y Moab y de allí, en efecto, partieron los exploradores para reconocer la Tierra Prometida. Pero parece poco probable que los hebreos retrasaran su entrada en Canaán tanto tiempo como indica el Deuteronomio, tanto más cuando se hallaban rodeados de países hostiles.

Se supone que en Kadesh se produjo el célebre episodio de la roca golpeada (Éx. 17, 2-7 y Núm. 20, 2-13). No lo he incluido en el relato, pese a su celebridad, por dos razones principales. La primera es que Ein Qudeis y Ein el Qudeirat tienen pozos, en la segunda localidad abunda el agua, y las quejas de los hebreos por su falta de agua en el desierto son un estribillo de los relatos del éxodo en el Pentateuco, que pretende más ilustrar las rebeliones de los hebreos que evocar un hecho histórico real. La segunda es que este episodio sirve, sobre todo, para oponer dos interpretaciones antagonistas: según el libro del Éxodo, atestigua la obediencia de Moisés a Yahvé, que le ordena golpear la roca y es un afortunado milagro. Según los Números, por el contrario, demuestra la desobediencia de Moisés, que no se limita a hablar con la roca, como Yahvé le había ordenado, sino que la golpea con su bastón, y es un episodio funesto, el de la peor desobediencia del profeta. Por lo que iba a alimentar la venganza de Yahvé. En efecto, a causa de esta desobediencia ni Moisés ni Aarón entraron en la Tierra Prometida (castigo del que no se habla en el libro del Éxodo).

Esta evidente contradicción entre las dos versiones del episodio de la roca golpeada ilustra el antagonismo, bien conocido por los biblistas, entre la fuente llamada yahvista, que presidió la redacción del libro del Éxodo y es favorable a Moisés, y la fuente llamada sacerdotal, que presidió la de los Números y que lo presenta, a menudo, de un modo desfavorable. Hace ya siglos que los biblistas discuten sobre ello (cfr. Richard Elliott Friedman, *Who Wrote the Bible?*, op. cit.).

2. La rebelión de los miembros de la tribu de Levi, llamados originalmente levitas (Núm. 16, 1 / 17, 13), es uno de los episodios más significativos del éxodo, aunque algunos comentaristas quieran ver en él sólo un incidente secundario. Puesta en marcha por el levita Korah, incluyó, es cierto, a hombres que no pertenecían a la tribu de Levi, como Dathan y Abiram, de la tribu de Rubén, pero la conminación de Moisés: «Escuchad, vosotros, hijos de Levi» (Núm. 16, 8), indica bien a las claras que el núcleo de la rebelión lo constituían los levitas, gente de su propia tribu, «todos gente de rango elevado en la comunidad, de buena reputación y jefes de asamblea».

Moisés impone entonces a los rebeldes la ordalía, es decir, el juicio del Señor: se presentarán con sus incensarios y, dice Moisés, si el Señor acepta su tributo y la tierra no se abre bajo sus pies para mandarlos al Sheol (el infierno), significará que no han pecado en sus corazones. Pero la tierra se abre efectivamente bajo los pies de Dathan y de Abiram, y el fuego del cielo cae sobre los doscientos cincuenta levitas, que son consumidos.

Según el texto de Números 11, 31-32, la tierra se abrió bajo todos los rebeldes y se los tragó. Se trata de una imagen más que de un hecho plausible, pues es difícil imaginar que la tierra se tragara sólo a los rebeldes. La continuación lo confirma, pues los hebreos consideran a Moisés, y no al Señor, responsable del castigo.

Esta historia, como el conjunto del Antiguo Testamento, debe ser descifrada a otro nivel. ¿De qué se trata? Dathan, Abiram y On, así como doscientos cincuenta levitas, le niegan a Moisés la autoridad religiosa. Según ellos, no es el mensajero del Señor sino que se expresa por propia iniciativa. Este último punto se ve confirmado por las palabras atribuidas a Moisés: la ordalía demostrará si el Señor le ha inspirado. El episodio es, por lo tanto, una prueba de fuerza entre Moisés y los rebeldes, levitas y no levitas, que ponen en duda su cualidad de profeta mensajero del Señor.

La probabilidad de semejante revuelta es ampliamente demostrada por el resto del Pentateuco; Moisés tuvo que luchar sin cesar, y hasta el descubrimiento de la Tierra Prometida, para imponer su autoridad de representante del Señor. Sin embargo, me ha sido imposible tomar el episodio, tal cual, en un relato que procura hacer la síntesis entre los distintos libros del Pentateuco. En efecto, éstos divergen considerablemente sobre este episodio: aunque el autor de los Números reserve un final terrible a todos los rebeldes, levitas y no levitas, puesto que son devorados por las llamas que brotan del suelo, junto a sus mujeres, sus hijos, sus casas y sus propiedades, el Deuteronomio, en cambio (11, 6, y más tarde el Salmista 106, 16-18), sólo reserva este final a los no levitas Dathan y Abiram (y olvida misteriosamente a On).

¿Qué debemos deducir de ello? Una vez más, que hubo entre los autores del Pentateuco dos tendencias muy divergentes en el relato de esta revuelta; la una, favorable a Moisés y llamada yahvista, que pretende demostrar que el Señor hizo prevalecer la autoridad de Moisés al exterminar a todos los que se oponían a él, levitas o no; la otra, sacerdotal, que suprimió cualquier referencia a una revuelta de los levitas; en efecto, en la época en que esos textos fueron escritos, el papel histórico y divino de Moisés era indiscutible y la elevada posición de los levitas impedía recordar esta revuelta. Digamos, de paso, que la mención de las «casas» y las «propiedades» en el texto de los Números no corresponde en absoluto a las condiciones materiales de los hebreos, que seguían en camino hacia la Tierra Prometida y vivían en tiendas, sino que refleja más bien la tardía fecha de la redacción del texto, posterior al libro del Éxodo y al Levítico.

La muerte terrible y espectacular que los Números reservan a todos los rebeldes sugiere una ejecución capital por orden de Moisés, y esta hipótesis parece reforzada por la nueva revuelta que esta ejecución en masa provoca entre los hebreos (Núm. 16, 41) y que es seguida por una nueva venganza del Señor, puesto que propaga la peste entre los hebreos...

No he seguido esta pista, pues la ejecución de doscientos cincuenta levitas me parece, a la vez, una imprudencia política y un acto de barbarie. Por añadidura, podría reflejar una actitud partidista por parte de los redactores, bien de fuente yahvista, con el deseo de avalar con la cólera divina la absoluta preeminencia de Moisés, o bien de fuente sacerdotal, con la intención de demostrar la crueldad de Moisés (véase la nota anterior). Podemos imaginar, como máximo, que Moisés expulsó a los no levitas, Dathan, Abiram, On y los suyos, de la comunidad, castigo considerable, ya que les exponía al hambre o a la esclavitud.

Capítulo 13

1. Según la tradición, el Pentateuco fue escrito de puño y letra del propio Moisés. Pero eso, en principio, hace muy difícil concebir que pudiera describir su propia muerte, prever que el reino de Judá recibiría el cetro (Gén. 36, 31), lo que sólo ocurrió casi cuatro siglos después de Moisés, y más aún dar, en Gén. 36, 31, la lista de los reyes de Edom que reinaron mucho tiempo después de su muerte. Dicho eso, los cinco libros no ofrecen la menor información sobre el modo en que fueron comunicadas las leyes a los hebreos ni sobre quién las escribió o las condiciones generales de redacción. Está excluido que, al igual que el Decálogo, fueran grabadas en piedra, cosa que hubiera hecho muy difícil su transporte. Con mucha mayor probabilidad, el soporte utilizado fue el papiro, que parece haber sido fabricado, efectivamente, fuera de Egipto, especialmente en Siria. La lengua utilizada habría sido el hebreo, *sephath Kenaan*, la «lengua de Canaán» (Is. 19, 18) o la «lengua de Judá» (Neh. 13, 24), que era hablada desde el siglo XVI antes de nuestra era (cfr. Geoffrey Rolles Driver, «Hebrew Language», *Encyclopaedia Britannica*; Larry Walker, «Biblical languages», en *The Origin of the Bible*, ed. Philip Wesley Comfort, Tyndale House Publishers, Wheaton, III, 1992).

Desde un punto de vista científico, y al margen de cualquier cuestión de fe, gran número de los exegetas biblistas están de acuerdo en rechazar la hipótesis de que el propio Moisés las escribiera (aun suponiendo que hubiese adquirido el dominio del hebreo escrito), pues ciertamente no hubiera diseminado el texto de las leyes en los cuatro libros del Éxodo, Levítico, Números y Deuteronomio, incluyendo repeticiones y variantes. Me ha parecido que, dada la importancia del texto, Moisés debió de recurrir a un solemne dictado colectivo.

Según las indicaciones del libro del Éxodo, las primeras redacciones de las leyes sólo pudieron hacerse, como muy pronto, durante las largas etapas que fueron sucediéndose tras la partida de Ecyon-Geber, cuando los hebreos iniciaban su ascenso hacia Canaán y Moisés les estaba ya dotando de instituciones. (Cfr. R. E. Friedman, *Who Wrote the Bible?*, op. cit.)

2. He tomado este texto del libro del Éxodo. Sin embargo, el término de «casa», *beth*, crea un problema pues, en la continuación del Antiguo Testamento, puede verse que cuando David, rey, propone construir una Casa para el Señor, éste lo prohíbe por boca del profeta Nathan, alegando que nunca ha vivido en una casa desde que los israelitas salieron de Egipto, sino que ha vivido en una tienda y en un tabernáculo (2 Sam. 7, 6). Forzoso es entonces llegar a la conclusión de que la actual versión de este texto fue reescrita *después* del reinado de Salomón, constructor del primer templo, y por lo tanto después del siglo IX antes de nuestra era, cuatro siglos más tarde.

3. Esta prohibición revistió gran importancia para las distintas escuelas de redactores del Pentateuco, puesto que se encuentra cuatro veces en el Pentateuco, dos en el libro del Éxodo (33, 19b y 34, 26b), otra en el Levítico (22, 28), y una más en el Deuteronomio (14, 21). Puede desconcertar al lector moderno pero, de hecho, es una referencia a los ritos mágicos de fecundidad de los semitas, que sacrificaban el mismo día el animal y su retoño y que, ahora, les estaban prohibidos a los hebreos.

4. Algunas versiones escriben: «del mar Rojo al mar de los Filisteos», *Pelishtim*, es decir, el Mediterráneo. Se trata, evidentemente, de versiones tardías pues los filisteos, procedentes de Anatolia y Creta, no ocuparon Palestina hasta un siglo más tarde aproximadamente.

5. El libro de Josué (1, 4), retomando la promesa de Yahvé, precisa «el Éufrates».

Capítulo 14

1. Según los historiadores; existieron dos localidades que llevaban el nombre de Arad, próximas, por otra parte, una de otra (a unos veinte kilómetros): la una se encuentra a unos veinte kilómetros de Beer-Sheba y sería la antigua Tell Malhatta, en la encrucijada de la ruta que llevaba al Sinaí y la que llevaba de Judea al valle del Araba; la otra, más al este, al pie de una montaña, a poca distancia de la ribera meridional del mar Muerto (cfr. John Rogerson, *Nouvel Atlas de la Bible*, op. cit.). Aparentemente, de la primera partió el ataque de la coalición madianita-moabita contra los hebreos.

2. Un examen de las antiguas rutas y del itinerario del éxodo pone de relieve un hecho en el que, a mi entender, no se ha profundizado: la preferencia de los hebreos por las rutas que se alejaban lo más posible del noroeste. Así alargaron considerablemente el éxodo, al rodear el país de Moab, al sur y al este del mar Muerto, para hallarse de este modo en Transjordania. Sin embargo, existía una ruta que les habría llevado directamente de Kadesh a Beer-Sheba y de allí a Shephela y Canaán, flanqueando los montes de Judea, de Bethel y de Samaria (véase mapa). Todo sucede como si hubiesen evitado voluntariamente las rutas más cortas. Se nos ocurre una explicación: el camino más directo era también el que solían to-

mar los egipcios en sus expediciones militares más allá del Sinaí (véase segunda parte, cap. 16, nota 1).

3. El primer ejemplo histórico de una religión antigua que declarara que otra religión era ilícita es la reacción de los sacerdotes de Amón al apresurarse a destruir todas las huellas del culto único de Atón, instalado por el faraón Amenofis IV o Akenatón, de la XVIII dinastía, en cuanto este rey hubo muerto. En su libro *Moses the Egyptian*, el egiptólogo Jan Assman (Harvard University Press, Harvard, 1997) expone que el monoteísmo de Akenatón inspiró el de Moisés y también su rechazo de las demás religiones, en primer lugar el de la religión egipcia. La tesis, defendida ya por Sigmund Freud, es seductora por más de una razón, pero a mi entender pasa por alto dos puntos esenciales: en primer lugar, que el monoteísmo hebraico era anterior, en cuatro siglos, al de los egipcios, puesto que fue Abraham quien tuvo la revelación de un dios único. Si fuera necesario buscar influencias, mejor sería suponer que fueron los apiru o hebreos quienes influyeron en Akenatón, y no a la inversa (además, la madre de este faraón fue una siria, por lo que ciertamente estaría más informada que los egipcios de las religiones originarias de Mesopotamia (cfr. *Histoire générale du Diable* e *Histoire générale de Dieu*, del mismo autor, Robert Laffont, 1993 y 1997, respectivamente). El segundo punto es que el monoteísmo estructuraba ya la religión egipcia pese a su aparente politeísmo y que Akenatón no hizo más que sustituirla por una latría exclusiva que traicionaba el propio espíritu de la religión egipcia.

Podríamos, más bien, invertir la cuestión: el culto solar de Akenatón sólo fue rechazado por el clero egipcio (y tal vez por el ejército) porque era, para ellos, originario de Asia y sometía al Estado egipcio a influencias extranjeras.

Sigue siendo cierto que la tesis de Assman introduce una nueva referencia en el estudio de Moisés: la del rechazo estrictamente teológico de una religión.

Capítulo 15

1. Los distintos intentos de identificar esta epidemia no han permitido formular ninguna hipótesis concluyente. Las bacterias y los virus han evolucionado en exceso durante milenios para que sea posible, en ausencia de síntomas, definir la infección que afectó a los hebreos. Lo único cierto es que se trataba, en efecto, de una enfermedad contagiosa.

2. Este episodio, tan célebre como enigmático, lo cuenta sólo uno de los cinco libros del Pentateuco, los Números (21, 6-9); la omisión de los demás se explica, sin duda, tanto por el carácter intrínsecamente mágico de la intervención de Moisés como por adecuarse muy poco a las prescripciones religiosas judías. La fabricación de un objeto que representara el Mal era considerado, en las prácticas religiosas orientales, como un me-

dio para deshacerse de él (cfr. A. M. Gérard, «Serpent d'airain», *Dictionnaire de la Bible*, op. cit.). La omisión de los demás libros del Pentateuco es tanto más evidente cuanto, según los Números, Moisés hizo fabricar la serpiente por orden del Señor.

Capítulo 16

1. Desde el punto de vista histórico, uno de los aspectos más desconcertantes de los cinco libros del Pentateuco es que no se encuentra en ellos la menor alusión a la presencia de los egipcios más allá del Sinaí y en lo que iba a convertirse en Palestina. Ahora bien, la región era desde la XVIII dinastía objeto de una constante lucha entre Egipto y el Imperio hitita. En el año 5 de su reinado, en 1274 antes de nuestra era, Ramsés II atravesó Palestina con su ejército para librar combate a la coalición dirigida por el rey hitita Muwatalli, que tenía su misma edad (veintinueve años, según se cree). La campaña, que duró de mayo a julio, concluyó con una semivictoria egipcia en la ciudadela de Kadesh del Orontes (aunque no consiguió tomarla): según los historiadores, fue la primera gran batalla de la Antigüedad. Por aquel entonces era imposible que los pequeños reinos de Palestina no estuvieran, por lo menos, informados de ello, si no implicados en el titánico conflicto. Los egipcios, por añadidura, tenían otras razones para interesarse por Palestina: los apiru, término que designaba también a los beduinos, hacían incursiones contra los puestos fronterizos de la ruta militar de Gaza.

Durante los cuatro años siguientes, Ramsés, cuya fiebre conquistadora ha sido exaltada, aprovechará la victoria de Kadesh del Orontes para establecer el dominio egipcio sobre la futura Palestina:

– en 1272, somete las poblaciones de Moab, Edom *(Seir)* y de toda la Palestina oriental, que pretendían rechazar la tutela egipcia. Atraviesa Canaán y ocupa los territorios al este del mar Muerto hasta Damasco *(Temesq)*;

– en 1271, año 9 de su reinado, tras haber ocupado todos los puertos de Akko, Tiro, Sidón, Beirut, Biblos e Irquata, consuma la reconquista de Siria;

– en 1270-1269, una contraofensiva de los reinos hititas locales, especialmente de los príncipes de Alepo y de Karkemish, apoyada por los hititas de Muwatalli, obliga a Ramsés II a regresar a aquellos parajes. Pero advierte entonces que no puede asegurar unas posiciones militares estables en la región, demasiado alejada de su base, y prefiere mantener sus alianzas por medio de la diplomacia más que por las armas. Se retira, los combates cesan y la región cae de nuevo bajo el dominio de los hititas (cfr. la notable reconstrucción de Christiane Desroches-Noblecourt, *Ramse`s II, la véritable histoire*, op. cit.).

Entre 1274 y 1269 antes de nuestra era, los hebreos se ven así obligados a permanecer en la maleza de las montañas del Sinaí, difícilmente penetrable por las tropas egipcias. Sólo pudieron pues llegar al sur de Negev y a Kadesh-Barnea tras el cese de los combates, a fines de 1270 y principios de 1269. Y ésta es la causa más plausible de sus prolongadas vacilaciones antes de entrar en Canaán.

La total ausencia de referencias a estos acontecimientos en el Pentateuco indica la fecha tardía del texto actual: éste fue redactado en una época en la que Egipto había perdido cualquier influencia militar, después de 1269 por lo tanto. Pero no por ello deja de ser necesaria una relectura del éxodo a la luz de la presencia egipcia en el conjunto de la región.

Esta presencia, en efecto, aclara dos puntos no elucidados hasta hoy: en primer lugar, la elección de las rutas orientales, indirectas, hacia Canaán (véase segunda parte, cap. 14, nota 2); en segundo, el tiempo sorprendentemente largo que tardan los hebreos en entrar en Canaán, cuando no parece oponerse a ellos ningún obstáculo importante. El Pentateuco nos hace pensar que el retraso se debe a la voluntad del Señor de que perezcan todos los que salieron de Egipto, porque le habían negado su confianza (Núm. 14, 11-12 y 21-23). Sin embargo, esta voluntad se expresa en Kadesh, cuando van a partir algunos exploradores para reconocer el país de Canaán: largos meses, casi dos años sin duda, han transcurrido ya desde que los hebreos salieron de Egipto; ¿acaso el Señor cambió súbitamente de opinión? Entonces Moisés interpela a Yahvé: «¿Y si los egipcios lo oyeran? Tú hiciste salir a ese pueblo de Egipto por la fuerza.» (Núm. 14, 13). Por otra parte, es la única referencia a los egipcios tras el paso del mar de las Cañas que se encuentra en el Pentateuco, pero es reveladora: Moisés seguía siendo consciente de la presencia de los egipcios en la región y le alarmaba la idea de que Yahvé abandonase a los hebreos a su suerte.

Por lo que se refiere a la cronología del éxodo, podemos deducir lo siguiente: aunque sea imposible, en el estado actual de los conocimientos, fechar con precisión la salida de Egipto de los hebreos, existe sin embargo una indicación cierta: la muerte del faraón «desconocido para José», Seti I según la cronología adoptada en estas páginas, es decir 1279. Por aquel entonces los hebreos son todavía esclavos en Egipto, según el libro del Éxodo. El éxodo se inició pues unos años más tarde, cuando Moisés estaba aún entre los madianitas (véase *Moisés. Un príncipe sin corona*, vol. I), entre 1278 y el comienzo del año 1274. Puede dudarse, en efecto, de que partieran más tarde, cuando los ejércitos egipcios se arrojaban contra Palestina, en ruta hacia el Orontes. Llegados a los límites sur de Negev, permanecieron allí hasta que las tropas egipcias se replegaron y Palestina, Transjordania y Siria estuvieron de nuevo bajo los hititas, es decir 1269 antes de nuestra era, en el décimo año del reinado de Ramsés II.

2. Uno de los puntos enigmáticos de los relatos del Éxodo, en una primera lectura y haciendo abstracción de la amenaza de los ejércitos egipcios, es el hecho de que los hebreos, que no vacilaron, sin embargo, en enfrentarse a los amalecitas, se muestran especialmente prudentes ante su entrada en Canaán: Moisés, en efecto, mandará por dos veces grupos de exploradores, con el encargo de hacerle un informe sobre lo que han vis-

to y, como sabemos, uno de los informes es positivo y el otro negativo (lo que supone otro punto misterioso). Pero si situamos en el contexto la presencia de los ejércitos egipcios, todo se aclara (véase nota anterior).

3. De Kadesh-Barnea a Hebrón, el trayecto de ida y vuelta no llega a los doscientos kilómetros.

4. El énfasis épico del redactor de los Números asegura, y es un detalle célebre, que eran necesarios dos hombres para llevar un solo racimo de uva (13, 23). Que se me perdone no haberlo utilizado, pues la historia de la viña no incluye rastro alguno de uva de semejante tamaño.

5. Puesto que la población de los hebreos durante el éxodo representaba unas treinta mil personas, lo que ciertamente supone una estimación muy inferior al millón, mínimo, de almas que evoca el Pentateuco, es lícito preguntarse cómo deben entenderse las relaciones entre Moisés y su pueblo en el marco del Sinaí y el Negev.

6. Localidades imposibles de situar, pues las hay homónimas en el valle del Jordán y en Galilea. Sin embargo, la continuación del relato parece indicar que se trata de las del Jordán.

7. El libro del Éxodo dice «Hebrón» (13, 22), lo que supone un anacronismo, pues el libro de Josué (14, 13-15) precisa que Kiriat-Arba'a, «Ciudad de los Cuatro», sólo se llamó Hebrón cuando Josué la donó a Caleb, es decir varios años más tarde. El Génesis, por otra parte, comete el mismo error (23, 2).

8. No hay rastros históricos de una raza de gigantes en Palestina, en cualquier caso no de gente de una talla tal que, utilizando los términos de Caleb (Núm. 13, 30-32; Dt. 2, 10-12), los hombres parecieran «saltamontes» comparados con ella. El Deuteronomio precisa, sin embargo, que otra raza de gigantes, los *rephaim*, a quienes los moabitas llamaban *emim*, habitaba antaño en los mismos parajes; el Génesis, por su parte, les llama *zamzumin* (14, 5). Tres siglos más tarde, el personaje del filisteo Goliath (1 Sam. 17, 4) devolverá nueva vida al mito de los gigantes de Palestina. Pero es dudoso que los *rephaim, anakim, emim* y demás *zamzumin* hayan sido filisteos, puesto que éstos sólo aparecerían en la región un siglo más tarde, aproximadamente hacia el siglo XII antes de nuestra era. De todos modos, nada permite pensar que los filisteos, algunos de cuyos esqueletos, por otra parte, se han hallado en sus sepulturas, fueran gigantes, y todo lleva a concluir que nos hallamos aquí en plena literatura fantástica: también Londres tuvo, más tarde, sus gigantes, Gog y Magog, que medían 4,20 m, Amberes tuvo a Antígono, que medía 12 m de alto, Douai tuvo a Gayant, que medía 6,5 m... El mito de una degeneración física de la humanidad, que antaño habría estado constituida por gigantes, es tan antiguo como tenaz.

Aunque podamos suponer, como máximo, que una singularidad debida a repetidos cruces genéticos pudiera producir en una población restringida un pequeño grupo de gente de un tamaño algo superior a la media, de los extravagantes relatos atribuidos a los primeros exploradores de Canaán, país donde, decididamente, todo habría sido superior a la norma, debe extraerse la conclusión de que el redactor fabula a falta de hechos o, probablemente, para ocultar los hechos: el primer grupo de exploradores se niega a entrar en Canaán y, para justificarse, invoca la presencia de esos gigantes como único motivo.

Hay otra razón para esta negativa, que provoca la cólera divina, y esta razón parece ser la amenaza de las tropas egipcias.

Se observará, de paso, que el nombre del primero de los tres gigantes evoca, singularmente, el del gran demonio de los arios, Ahriman.

9. Varios textos del Pentateuco se refieren a unos hebreos que se hallaban, antes del éxodo, más allá del Sinaí. El Génesis (1, 34) evoca así la conquista de Sichem durante el período de los patriarcas, antes del éxodo por lo tanto. El conjunto del capítulo 38 del Génesis indica que Judá no bajó a Egipto y permaneció en Canaán. Pero la lista de las tribus, sobre todo, incluye una variante que refuerza la hipótesis de unos judíos que no conocieron el éxodo: la tribu de Simeón no figura en el Deuteronomio 33 y el total de doce sólo puede obtenerse dividiendo la descendencia de José entre Efraim y Manasés.

Además, dos textos no bíblicos, egipcios, se refieren con certeza a la presencia de hebreos más allá del Sinaí (véase *Moisés. Un príncipe sin corona*, vol. I). Esta presencia debe considerarse un hecho histórico.

Se ignora el número y la distribución de estas poblaciones. Pero resulta evidente que la existencia de judíos que no habían participado en la promesa divina, puesto que estaban ya en la Tierra Prometida, planteó problemas a los redactores del Pentateuco, de ahí su relativa discreción a este respecto (véase tercera parte, cap. 5, nota 1).

10. Descendientes de Cam, según el Cronista, los amorreos o amorritas no tienen identidad antropológica realmente distinta a la de los demás semitas. Llegados a Mesopotamia en el tercer milenio antes de nuestra era, fundaron allí la primera gran dinastía real de Babilonia, a la que perteneció en el siglo XVIII antes de nuestra era el gran rey Hammurabi, y parecen establecidos en las dos orillas del Jordán y el mar Muerto durante el éxodo. Sus reyes dominan las cinco grandes ciudades de Jerusalén, Kiriat-Arba'a o Hebrón, Yarmut, Lakich y Eglón. Los jebusitas o jebuseos, presentes en Canaán desde comienzos del segundo milenio antes de nuestra era, podían proceder del tronco amorreo, pero los textos bíblicos les distinguen de él, tal vez a causa de las influencias hurritas que los jebuseos recibieron; ocupan Jerusalén, pero ni siquiera serán desalojados de allí por David cuando convierta la ciudad en su capital (cfr. A. M. Gérard, *Dictionnaire de la Bible*, op. cit.).

Pese a la distinción aparentemente formal que los textos bíblicos hacen entre los amorreos y los cananeos, la mayor parte de los historiadores los identifican con ellos.

Los hititas, miembros del gran imperio de Hattusa, que iba del Líbano hasta el Éufrates, no son autóctonos de Palestina; los exploradores enviados por Moisés los encontraron en su expedición porque los hititas mantenían relaciones comerciales y diplomáticas con los pequeños reinos y las ciudades-Estado de la región, como «grandes protectores».

El texto de los Números no menciona la presencia de egipcios. Pero tras la semivictoria contra los hititas en Kadesh del Orontes, los egipcios mantuvieron, hasta Ramsés III por lo menos, guarniciones en el Negev para controlar los movimientos de los «apiru», beduinos y hebreos, que a veces forzaban la ruta militar de Gaza.

11. En el relato del informe de los exploradores en Números (13, 1 / 14, 45), la negativa de éstos, a excepción de Caleb y Josué, a intentar una entrada por la fuerza en Canaán tiene dos consecuencias: la primera es que Yahvé retira su confianza al conjunto de los hebreos y la segunda, una condena divina, no sólo de todos los exploradores, a excepción de Josué y Caleb, sino también de todos los hebreos presentes, a no entrar nunca en Canaán (Núm. 26, 1-62). Se trata, es evidente, de una exageración literaria, pues es difícil imaginar que el masivo éxodo de Egipto sólo desembocara en la entrada de esos dos hombres y de los suyos en la Tierra Prometida. El castigo que cae sobre el pueblo se atribuye a su negativa a intentar la aventura de una expedición a la Tierra Prometida: toda la generación presente se ve abocada a morir en el desierto del Negev por la maldición divina. La continuación de los acontecimientos, tal como son relatados en el Pentateuco, desmiente (al menos parcialmente) esta maldición, puesto que los hebreos se alejan mucho del desierto, hasta las llanuras de Moab, a poca distancia de Jericó y, por lo tanto, de Canaán. Podemos preguntarnos, por otra parte, quién habría transportado el santuario y el arca de la Alianza si la maldición se hubiera cumplido, y con qué soldados Josué habría sitiado Jericó.

El mismo relato añade una tercera consecuencia, retomada por el Deuteronomio (1, 19-46): la misma maldición impide al propio Moisés entrar en la Tierra Prometida (1, 38), lo que resulta difícilmente explicable, pues no es responsable de la negativa de los hebreos a iniciar una entrada por la fuerza en Canaán.

Desde el punto de vista estrictamente histórico, y con independencia de cualquier interpretación exegética de estos textos, forzoso es poner de relieve una laguna: no se da razón plausible alguna para la negativa de los hebreos a intentar una entrada por la fuerza en Canaán, a la que tanto aspiran, salvo la presencia de los tres gigantes Ahiman, Sheshai y Talmai, obstáculo más bien irrisorio para una población de unas veintisiete mil personas.

Capítulo 17

1. Después de Kadesh-Barnea se advierte, en efecto, que los hebreos dan marcha atrás, de acuerdo con el itinerario indicado por Núm. 21. Véase mapa.

2. Los detalles se toman, de modo simplificado, de Éxodo 28, 13-28.

3. Ídem. Debe advertirse que el detalle de las vestiduras sacerdotales, llevado hasta un punto extraordinario, requiere una artesanía urbana más compleja que la que podían practicar los hebreos en el desierto.

4. Palestina, en efecto, era mucho más boscosa por aquel entonces que en nuestros días.

5. La escena es, evidentemente, ficticia por completo. Pero se basa en el análisis de las relaciones entre Moisés y los hebreos a lo largo de los cinco libros del Pentateuco. El profeta se ve confrontado, hasta su muerte, a la rebelión, a la «mala voluntad» diríamos en lenguaje contemporáneo, de los hebreos.

Los relatos del Pentateuco indican que Kadesh-Barnea fue escenario de la crisis más importante en las relaciones de Moisés con los hebreos: al descubrir, tras el informe de los exploradores, que no podían entrar en Canaán por la ruta seguida hasta entonces, se rebelaron contra él. Números 14, 26-45 y Deuteronomio 9, 13-25 cargan la rebelión en la cuenta de «la tozudez de ese pueblo, su maldad y su pecado». Palabras sorprendentemente crueles para con el pueblo elegido, que no pueden ocultar el hecho de que ese revés de la fortuna era independiente de cualquier voluntad.

6. Es el itinerario que indican el Deuteronomio (2, 1-3) y los Números (14, 24-25).

7. El *ephah* representa treinta y seis litros, se trata pues de nueve litros.

8. El *hin* es un sesentavo de *omer* y representa unos seis litros.

9. Se ignora en qué fecha se redactaron las leyes sacrificiales, tomadas aquí de Números 28, 1 / 29, 40. En cualquier caso, sólo pudieron redactarse con la perspectiva de la prosperidad que llegaría con la instalación en Canaán, y no de las condiciones de vida de los hebreos durante el éxodo, puesto que los textos bíblicos cuentan que vivieron de maná durante «cuarenta años», tiempo que, claro está, debe tomarse una vez más en sentido simbólico, es decir «mucho tiempo».

III. EL LEJANO AMANECER

Capítulo 1

1. La causa de la súbita muerte de Nadab y Abihu es, en efecto, oscura, y las razones que invocan los textos bíblicos no son muy coherentes. Según Números 3, 4, murieron por haber ofrecido al Señor, «en el desierto del Sinaí», un sacrificio que éste no había solicitado; la misma razón alega Números 26, 61, sin precisar lugar ni tiempo; Éxodo 24, 1, que no parece hacer mucho caso de su falta, los cita, a ellos y sólo a ellos, entre los hijos de Aarón como pertenecientes a aquellos a quienes el Señor convocó en la montaña, después de la salida del «desierto», y Éxodo 28, 1 precisa que el Señor les nombró, con sus dos hermanos, entre aquellos a quienes el Señor designó para su servicio; Levítico 10, 1-4 retoma la tesis del sacrificio no solicitado por el Señor, pero 1 Crónicas 24, 1-2 no alude en absoluto a semejante falta. Sin duda, la muerte simultánea de ambos hermanos les pareció, a ciertos cronistas, una señal de la cólera divina y se ideó una razón para esa coincidencia.

2. Se ha podido señalar cierta ambigüedad en este punto del relato: el segundo hijo de Moisés se llama Eleazar, al igual que el hijo de Aarón, a quien corresponde el pontificado tras la muerte de su padre. Podemos preguntarnos si se trata simplemente de una coincidencia o si hubo un solo Eleazar a quien la posteridad, por conveniencia, consideró hijo de Aarón. El hijo de Moisés, en efecto, corría el riesgo de que le reprocharan su ascendencia madianita. Por otra parte, y curiosamente, 1 Crónicas 23, 12-18 no cita el nombre de los hijos de Aarón, pese a las altas funciones del primero, pero cita a los dos hijos de Moisés, Guershom y Eleazar, precisando que fueron simples levitas.

3. La versión de la muerte de Aarón, según Números 20, 22-29, cuenta que el Señor ordenó que se desnudara a Aarón, vivo todavía, de sus hábitos sacerdotales para revestir con ellos a su hijo Eleazar; esta suprema humillación se explicaría por la rebelión de Aarón en Meriba (véase segunda parte, cap. 12, nota 1). Sin embargo, ningún texto bíblico alude a ninguna rebelión de Aarón en Meriba, rebelión que, por otra parte, es objeto de interpretaciones contradictorias entre el libro del Éxodo y los Números.

4. Según el Génesis, los edomitas descendían de Edom (Esaú), hijo mayor de Isaac y, por lo tanto, serían «primos» de los israelitas. Como Israel, Edom había fundado doce clanes, uno por cada uno de sus hijos; en todo caso eran semitas. De acuerdo con documentos egipcios, Ramsés II se apoderó de Edom, llamado Seir, durante su campaña de 1273-1272 para «pacificar» los territorios ribereños del mar Muerto. Pero cuando, tras la semivictoria de Kadesh del Orontes, Ramsés renunció a su dominio por medios militares y optó por la diplomacia, tal vez Edom adquirió cierta independencia, con respecto a los egipcios y a los hititas al mismo tiempo, bajo ciertas condiciones. Entre ellas, la prohibición de aliarse con los apiru, tanto beduinos como israelitas, que resultaban una constante amenaza para Egipto; de ahí la negativa, incomprensible de otro modo, del rey de Edom a permitir que los hebreos tomaran la ruta que flanqueaba su reino por el este, llamada por otra parte «ruta del rey» en recuerdo del paso de Ramsés.

5. Números 21, 1-3 cuenta que, antes de rodear Edom, los hebreos fueron atacados por el rey cananeo de Arad. Éste hizo varios prisioneros y, al finalizar la batalla, los hebreos vencedores destruyeron varias ciudades de este rey y «llamaron al lugar Hormah», es decir «destrucción». No he utilizado el pasaje por dos razones. En primer lugar, Arad está a unos ochenta kilómetros al norte de Kadesh y, al abandonar este paraje, los hebreos tenían que dirigirse mucho más al sur para rodear Edom. No se adivina razón alguna para que el rey de Arad les persiguiera tan lejos de sus bases. Tampoco se comprende por qué razón los hebreos habrían librado combate a los cananeos, cuando se negaban a combatir con la coalición edomitamoabita. Por lo demás, la formulación según la cual los hebreos habían destruido varias ciudades y las habían llamado Hormah me parece imprecisa, si no ambigua.

Es posible que se confunda este episodio con la aniquilación del destacamento de hebreos que había intentado entrar en Canaán por la ruta del norte.

Capítulo 4

1. Deuteronomio 22, 5 sitúa la región donde se hallaba Balaam en Aram-Naharaim, es decir en la Alta Mesopotamia, a unos seiscientos kilómetros de Moab. Los Números la sitúan en el «país de los hijos de Ammon», entre los ammonitas, mucho más cercanos. La confusión se debe al hecho de que los ammonitas son, como los habitantes de Aram-Naharaim, arameos (A. M. Gérard, *Dictionnaire de la Bible*, op. cit.).

2. Sin mostrarse muy reticente a las contradicciones, el redactor de los Números hace de Balaam, al mismo tiempo, un auténtico profeta capaz de escuchar la voz de Yahvé y un hombre venal que cede ante los suntuosos regalos de Balak. Retrato poco convincente que, por lo tanto, no he utilizado: profeta oriental, entregado sobre todo a escuchar las voces divinas, Balaam no puede ser el prevaricador descrito, de lo contrario no hubiera pronunciado en sus hechizos el elogio de los hebreos y de su Dios, pues le habría valido sin duda la pérdida de su clientela. He imaginado el encuentro con Moisés, a cuyo término el arameo declara su sumisión al profeta y jefe de los hebreos. Es una invención con fundamento: el El arameo y el Baal creador de los cananeos estaban demasiado cerca de Yahvé como para que Balaam no reconociese en Moisés al mensajero inspirado por la divinidad. Y Balaam no podía cambiar tan súbitamente de intereses sin haber conocido a Moisés.

Números 31, 16, sin embargo, «exagera» al convertir a Balaam en el fomentador de la corrupción de los hebreos por las mujeres madianitas, como si los profetas dominaran los instintos genésicos de las poblaciones y, más aún, de las poblaciones extranjeras. Pero es lícito sospechar que los redactores del Pentateuco no debían trazar de Balaam un retrato excesivamente halagüeño, pues podría haberle hecho sombra a Moisés.

3. Parece seguro que el profeta cananeo Balaam se negó a condenar a los hebreos, por respeto hacia Moisés. Pero, a pesar de su éxito milenario, que basta para justificar su uso, la fábula del asno que se pone a hablar no tenía, ciertamente, su lugar en estas páginas. Como máximo podemos imaginar que el propio Balaam la inventó para justificar sus reticencias con respecto a Balak.

Capítulo 5

1. El problema de los hebreos que se quedaron en Palestina constituye una de las lagunas más evidentes del Pentateuco. Ha sido ya objeto de varias notas en el primer volumen de esta obra y en el presente volumen (véase primera parte, cap. 7, nota 1). Numerosos especialistas de la Biblia consideran que la toma de Canaán y su prolongada ocupación sólo pudieron ser posibles gracias a la cooperación de las poblaciones hebraicas que estaban

en Palestina mucho antes del éxodo (cfr. John Rogerson, *Nouvel Atlas de la Bible*, op. cit.; Paul Johnson, *A History of the Jews*, Harper & Row, Nueva York, 1988).

Sin embargo, eso no explica por qué el Pentateuco no los menciona en absoluto. Pueden formularse dos hipótesis: esos hebreos no desempeñaron papel alguno en el éxodo y sólo intervinieron en la conquista de Canaán tras la muerte de Moisés; podían, por lo tanto, no ser mencionados. Por otra parte, al no haber gozado de la revelación de Moisés, es posible que no siempre se doblegaran dócilmente ante el dominio de Josué, su heredero, lo que puede explicar que tampoco el libro de Josué se refiera a ellos. En ambos casos planteaban ciertos problemas de interpretación a los autores del Pentateuco y del libro de Josué. En efecto, habiendo sido redactados ambos libros mucho después de los acontecimientos, la mención de hebreos ajenos a la epopeya del éxodo y, por añadidura, rebeldes e impregnados de los cultos religiosos locales, hititas y babilónicos, podía desacreditar a sus descendientes.

Pueden encontrarse en el Pentateuco y la tradición razones plausibles para el singular reparto de los territorios atribuidos a las tribus. Sin embargo, sigue siendo como mínimo errática: la tribu de Dan, por ejemplo, recibió una porción de territorio junto al monte Hermón y otra, a unos ciento cincuenta kilómetros de allí, a orillas del mar; los territorios de la tribu de Manasés se hallan a uno y otro lado del Jordán, separados, como por una cuña, por los territorios de la tribu de Gad; el territorio de la tribu de Simeón está plantado en medio del de la tribu de Judá... Ciertamente, las fronteras de estos territorios eran difusas y el texto de referencia sobre esa distribución (Jos. 13, 19) sólo menciona las ciudades atribuidas. Pero eso no basta para explicar tan errática distribución y el hecho de que la ciudad de Kiriat-Yearim se atribuya unas veces a Judá y otras a Benjamín, aunque se hagan intervenir el empuje filisteo y los lugares más o menos importantes de ciertas tribus.

Tal vez pueda encontrarse un elemento explicativo en el hecho de que, tras la unión de los hebreos de Egipto y de los de Palestina, fue necesario establecer unas cotas mal determinadas sobre la base de los territorios ocupados anteriormente por los hebreos de Palestina.

2. (Lev. 25, 23.)

Capítulo 6

1. Cfr. Números 32, 33-42 en lo referente al detalle de estas conquistas en Transjordania, que prosiguieron sin duda tras la muerte de Moisés.

2. Surgen a veces preguntas sobre el tipo de caballos que se utilizaron en las batallas del tercer y segundo milenio antes de nuestra era. Para el Oriente Medio sólo hay una respuesta: el árabe. Resistente y sufrido al mismo tiempo, provisto de unos durísimos cascos que no exigían herraduras, su talla en la cruz (de 1,42 a 1,50 m, cuando la de un caballo de silla fran-

cés o de un Oldenbourg supera el 1,60 m, casi la altura de un hombre de entonces) permitía montar y descabalgar sin excesivas dificultades, en una época en la que los estribos no existían.

3. Según el Pentateuco, Moisés murió en Transjordania, antes de entrar en la Tierra Prometida, y su tumba estaba ya situada en los tiempos bíblicos (Dt. 36, 6), en un lugar desconocido, «en un valle de Moab, frente a Beth-Péor», es decir a poca distancia del monte Piskah. Ningún elemento histórico o arqueológico permite dudar de la primera afirmación, pero puede extrañar que Moisés comenzara el reparto de Transjordania entre tres tribus, Gad, Rubén y Manasés (Núm. 32, 33-42), como si supiera ya cómo disponer de las tierras de Canaán, cuando los mapas no existían aún. No obstante, a falta de indicios más concluyentes, he seguido las indicaciones del Pentateuco sobre el lugar de la muerte de Moisés.

Sin embargo, mi relato difiere en lo referente a la edad en la que murió el profeta. Deuteronomio 34, 7 afirma que fue a los ciento veinte años y que Moisés conservaba, entonces, todo su vigor, y que su vista no había disminuido; pero el objetivo de los redactores bíblicos no era, ciertamente, la información histórica ni se preocupaban por la veracidad fisiológica. Por mi parte, sitúo esta edad entre los cuarenta y los cincuenta años, algo que, debemos recordarlo, suponía una edad avanzada por aquel entonces y lo siguió siendo, por otra parte, hasta comienzos del siglo XX. Prematuramente ajado por las pruebas y la inaudita intensidad de sus emociones, es posible que Moisés sucumbiera sencillamente a un desfallecimiento cardíaco.

Por lo que se refiere a su tumba, el anonimato del que habla el Pentateuco es turbador. Moisés, en efecto, tiene una estatura histórica y simbólica igual por lo menos, si no superior, a la de Abraham, cuya tumba, la célebre Tumba de los Patriarcas, en Hebrón, era y sigue siendo un lugar conocido y reverenciado por todo el mundo. ¿Por qué debía ser anónima la tumba de Moisés? Es uno de los numerosos puntos oscuros del Pentateuco. En cualquier caso, me parece que el lugar más indicado no era un valle sino la cima del monte Piskah, llamado también Nebo, desde donde había contemplado, por última vez, la Tierra Prometida. Pero, claro está, ésta es sólo una deducción lógica entre otras muchas...

Índice

Prefacio. El hombre que hizo el mundo moderno 7

I. El éxodo 11

1. La urgencia 13
2. «No tienen dios del mar» 24
3. Primeras pesadumbres 34
4. El oro de los príncipes, la sangre de la libertad 43
5. La levadura 49
6. «¡Beber! ¡Comer!» 57
7. La jornada de los cálculos 63
8. Primera oposición 70
9. «¡Sin Él, eres sólo una lechuza!» 77
10. Lo que dijo Alí, el caravanero 85
11. La acción de gracias olvidada 91
12. La carne caía del cielo 95
13. La pelea por las codornices 99
14. Los blasfemos 105
15. Primeras armas, primer triunfo 111
16. Soledad 117
17. Regreso a Ecyon-Geber 122

II. La montaña del Señor 125

1. El perfil de las espadas 127
2. Los corderos de la discordia 133
3. Primera instalación 141
4. Los intrusos 147
5. El hilo y la aguja 154
6. En el Monte de la Preparación 160
7. La melena de fuego 164

8.	El sueño del Arca	171
9.	Apis	175
10.	Los objetos de la Presencia	181
11.	La conversación con Miriam	187
12.	Rebeliones	194
13.	Las leyes	202
14.	La cólera y la conspiración	211
15.	La enfermedad y las serpientes	214
16.	Lo que vieron los exploradores	219
17.	La sombra de los egipcios	225

III. EL LEJANO AMANECER 235

1. Lutos y desaires 237
2. Tres sones de trompa 242
3. Primera conquista 245
4. El asno de Balaam 250
5. Los hermanos perdidos 256
6. «¿Qué seríamos sin él?» 259

Prefacio a la bibliografía y a las notas críticas 265
Bibliografía y notas críticas 269

Esta edición
se terminó de imprimir en
Grafinor S.A.
Lamadrid 1576, Villa Ballester,
en el mes de febrero de 2000.